Das Buch

Die Faszination durch Gewalt ist keineswegs nur ein Phänomen unseres Medienzeitalters, sondern ist offensichtlich so alt wie die Menschheit. Schon in der Bibel finden sich genaue Schilderungen von Mord und Totschlag, und die uns allen vertrauten ›Kinder- und Hausmärchen‹ der Gebrüder Grimm sind voll davon: da muß eine böse Königin in glühenden Pantoffeln tanzen, eine Stiefmutter köpft ihre Stiefkinder, ein Vater sargt seinen Sohn ein, ein Ehemann zerstückelt seine Frau, und die Bösewichter kommen in siedendes Öl. Carl-Heinz Mallet hat über zweihundert Grimmsche Märchen unter dem Aspekt der Gewalt analysiert und zeigt, daß sie nicht Spiegelbilder einer schönen, heilen Welt sind. Die vertrauten Märchen von Rotkäppchen, Schneewittchen und von den sieben Geißlein bekommen plötzlich ein neues Gesicht, um harmlose Kindergeschichten geht es hier nicht mehr. Tiefendimensionen des Menschlichen beginnen sichtbar zu werden. Dabei wird deutlich, daß Gewalt einen Teil des menschlichen Daseins ausmacht. Sie entwickelt eine faszinierende und einladende Kraft und zieht alle in ihren Bann. Mallet will helfen, die eigene Gewalttätigkeit zu erkennen und abzubauen, denn »wer sich seinen eigenen Anteil an der Gewalt bewußt macht, trägt wahrscheinlich schon zur Verringerung der Gewalttätigkeit bei«.

Der Autor

Carl-Heinz Mallet, geboren 1926, wurde mit 22 Jahren Lehrer. Zwischen 1966 und 1981 war er Rektor einer Schule für Lernbehinderte, danach Lehrbeauftragter. 1953 legte er seine erste Arbeit über Märchen vor. Zur gleichen Thematik veröffentlichte er 1981 das Buch ›Kennen Sie Kinder?‹ und 1982 ›Das Einhorn bin ich‹; 1987 erschien sein Buch ›Untertan Kind‹.

Carl-Heinz Mallet:

Kopf ab!
Über die Faszination der Gewalt im Märchen

Deutscher
Taschenbuch
Verlag

dtv

Von Carl-Heinz Mallet
sind im Deutschen Taschenbuch Verlag erschienen:
Kennen Sie Kinder? (15012)
Das Einhorn bin ich (15013)

Ungekürzte Ausgabe
1. Auflage März 1990
Deutscher Taschenbuch Verlag GmbH & Co. KG, München

ISBN 3-89136-018-5
Umschlaggestaltung: Boris Sokolow
Gesamtherstellung: C. H. Beck'sche Buchdruckerei, Nördlingen
Printed in Germany · ISBN 3-423-15077-7
1 2 3 4 5 6 · 95 94 93 92 91 90

Inhalt

Die Gewaltszenen wurden in der Hauptsache folgenden Märchen der Brüder Grimm entnommen:

Tischlein deck dich
Der singende Knochen
Dat Erdmänneken
Der starke Hans
Die beiden Wanderer
Die Krähen
(Urfassung von 1815)
Herr Korbes
Katze und Maus in
Gesellschaft
Die alte Bettelfrau
Der Wolf und die sieben
Geißlein
Frau Trude
Marienkind
Das eigensinnige Kind
Das junggeglühte
Männlein
Die Schwiegermutter
(Urfassung von 1812)
Die sechs Schwäne
Die zwölf Brüder
Der Liebste Roland
Schneewittchen
Brüderchen und
Schwesterchen
Hans mein Igel
Blaubart
(Urfassung von 1812)
Fitchers Vogel
Der Räuberbräutigam
Von dem
Machandelboom
Der Meisterdieb
Ferenand getrü un
Ferenand ungetrü
Des Teufels rußiger Bruder
Das blaue Licht
Der Ranzen, das Hütlein
und das Hörnlein

Daneben wurden viele andere Märchen aus aller Welt herangezogen.

Vorwort

Die Märchen

Für viele sind Märchen mit schönen Kindheitserinnerungen verbunden. Man denkt an die Weihnachtsmärchen, an Hänsel und Gretel und an das Knusperhaus, an Rotkäppchen, Dornröschen und Rumpelstilzchen, an schöne Prinzessinnen, edle Prinzen und goldene Märchenschlösser. Dazu wird man sich der romantischen Märchenillustrationen erinnern, etwa der stimmungsvollen Bilder von Ludwig Richter.

Trotz aller Anfeindungen, die es immer wieder gegen sie gegeben hat, ist der Zauber der Märchen ungebrochen. Das ist kein Wunder, denn Märchen sind nun einmal Geschichten von besonderer Art. Schließlich haben sie nicht von ungefähr so viele Jahrhunderte überlebt. So mancher einst große Dichter ist längst vergessen, die Märchen aber sind immer noch lebendig und weltweit bekannt und beliebt.

Das dürfte nicht zuletzt an der dunklen Seite der Märchen liegen. Sie wird oft übersehen, manchmal gar nicht wahrgenommen, aber sie ist unzweifelhaft vorhanden. Was wären die strahlenden Heldinnen und Helden auch ohne ihre bösen Gegenspieler? Die Märchen zeigen nicht lediglich eine schöne, heile Welt. Daneben existiert nahezu gleichwertig eine andere: die Welt der Schurken, Hexen, Räuber und Mörder. Diese Bösewichte treiben ganz und gar ungeniert ihr Spiel. Ihre Untaten werden höchst eindrucksvoll und anschaulich in Szene gesetzt, und die Grausamkeiten, die sie begehen, suchen in der Literatur ihresgleichen.

Aus diesem Grund machte ich Märchen zur Grundlage meines Versuches, Gewaltphänomene zu analysieren, und zwar Volksmärchen, insbesondere die der Brüder Grimm. Jacob und Wilhelm Grimm haben sie gesammelt, um dieses alte Erzählgut vor dem Vergessen zu bewahren. Das ist ihr großes Verdienst. Sie taten dies aber in erster Linie als Sprachwissenschaftler und Volkskundler und nicht etwa, um einen Bestseller für Kinder herauszubringen. Man hat die Märchen damals durchaus nicht als reine Kindergeschichten angesehen, und das sind sie ursprünglich auch nicht gewesen. So ist es nicht verwunderlich, daß Jacob Grimm sie ohne weiteres als Texte »von Erwachsenen für Erwachsene« betrachtete, und Albert Ludwig Grimm äußerte: »Ich habe es [das Grimmsche Märchenbuch] immer nur mit dem größten Mißfallen in Kinderhänden gesehen.« (Rölleke, Bd. 3, Nachwort) Daher war folglich die Erstauflage der ›Kinder- und Hausmärchen‹, die sogenannte Urfassung, noch von Gelehrsamkeit umgeben, wie Achim von Arnim fand. In der Vorrede versichern die Brüder Grimm: »Kein Umstand ist hinzugedichtet oder verschönert und abgeändert worden . . .«

Dabei aber blieb es nicht. Wilhelm Grimm gab den Märchen nicht nur den unverkennbaren, biedermeierlichen Märchenton, sondern er hat sehr wohl verschönt und geändert, dazu moralisiert und sexuelle Sachverhalte beseitigt. Zum Verdruß seines Bruders Jacob. Ihm war das »poetische Erfinden« nichts als »Lüge und Untreue«, und das »nichtsnutzige Überarbeiten« ist ihm so zuwider gewesen, daß er seinen Bruder »hart anfuhr«, was sonst wahrhaftig nicht seine Art gewesen ist. (Friedrich Panzer, Vorwort zur Urfassung von 1812/15)

Nun, Wilhelm hat die Märchen nicht völlig auf den Kopf gestellt. Die Grundsubstanz der meisten Geschichten blieb erhalten. Allerdings wird man Wendungen wie bei Basile, der 1634 die erste Märchensammlung herausgab, nicht finden. In seiner Dornröschen-Version ›Sonne, Mond und Talia‹ heißt es, daß der junge König, von der Schönheit der Schlafenden entflammt, »sie mit eigenen Händen auf ein Bett trug und die Früchte der Liebe pflückte«.

Dafür aber hatte Wilhelm Grimm nichts gegen Gewaltszenen. Die blieben unzensiert stehen und wurden nicht selten auch noch ausgemalt. So ist es Wilhelm Grimms Erfindung, daß sich Rumpelstilzchen »mitten entzwei gerissen« hat und daß die Tauben Aschenputtels Schwestern die Augen auspicken. Und beide Brüder wollten das Märchen ›Wie die Kinder Schlachtens miteinander gespielt haben‹ – sie schlachten ein anderes Kind – unbedingt in die Zweitauflage übernehmen. Erst Arnims heftiger Einspruch verhinderte dies. (Friedrich Panzer)

Eine ganz andere Märchenwelt erschloß Charles Perrault,

französischer Beamter, Hofmann und Wissenschaftler. Er veröffentlichte seine Feenmärchen einhundertzwanzig Jahre vor den Grimms, und an Kinder hat er dabei nicht gedacht. Er machte aus Volksmärchen Kabinettstücke höfischer Poesie, versah sie im Stil der Zeit mit gereimten moralischen Nutzanwendungen und widmete sie »Mademoiselle«. Das war nicht irgendein Fräulein, sondern Charlotte Elisabeth d'Orléans, die Nichte König Ludwigs XIV. Perrault tat dies aber nicht unter eigenem Namen. Vielmehr versteckte sich der fast Siebzigjährige hinter seinem Sohn Pierre Perrault, genannt Darmancourt. Märchen galten zu der Zeit als nicht salonfähig, die Beschäftigung mit ihnen war unstandesgemäß. Perrault fürchtete die akademischen Tadler und wollte sich nicht bloßstellen. In seiner Widmung entschuldigt er sich bei Mademoiselle, daß er ihr, einer Dame von »erlauchtem Geiste«, Erzählungen von solcher Einfalt zumute, »die ohne logische Vernunft« seien und aus den »Hütten und Katen« des einfachen Volkes stammten.

Es ist wahr: Märchen galten jahrhundertelang offiziell gar nichts. So war es während des Absolutismus und erst recht im Zeitalter der Aufklärung. Man hielt Märchen für reine Unvernunft (Kant), für abgeschmackt und Aberglauben. Kein zeitgenössischer Verleger hätte solche »Ammengeschichten« auf den Buchmarkt gebracht. Märchen erzählten sich die einfachen Leute in dumpfigen Spinnstuben. Mit Literatur hatten diese Erzeugnisse nach damaliger Auffassung nichts, aber auch gar nichts zu tun.

Die Folge war, daß niemand Märchen auch nur zur Kenntnis nahm. Offiziell existierten sie nicht, weder für die, die sich mit Literatur befaßten, noch für die Obrigkeit oder die Kirche. Das aber bedeutete: Auf Märchen wurde keinerlei Einfluß genommen, was sie schilderten, kümmerte niemanden. Also durften in Märchen – und nur da! – die Köpfe von Königen rollen, Zaren gesotten und Priester in den Sack gesteckt werden. In Märchen – und wiederum nur in ihnen – konnten menschliche Gefühle in einer durch nichts beschränkten Ursprünglichkeit zum Ausdruck kommen, und sie sind zum Ausdruck gekommen! Vom zarten Kuß, der Dornröschen weckt, über selbstlose Hilfsbereitschaft, opferbereite Tapferkeit bis zum Tanz in glühenden Pantoffeln, bis zum Köpfen und Kinderschlachten sind sie ein Spiegel menschlichen, allzu menschlichen und nicht zuletzt unmenschlichen Verhaltens. Jeder kann in ihnen seine Träume und Wünsche wiederfinden – auch die geheimsten –, und das dürfte einen Teil der Faszination ausmachen, die sie nun einmal auszeichnet.

Dazu kommt ein anderes: Märchen haben keinen Autor. Sie verdanken ihr Entstehen einem Gestaltungs- und Ausleseprozeß zwischen Erzähler und Publikum, der sich über viele Generationen erstreckte. Auf diesem langen Weg sind die verschiedensten Erfahrungen, Erkenntnisse und Lebensweisheiten in sie eingegangen, und die Alten, die die Märchen erzählt haben, kannten sich wahrhaftig aus im Leben! Dabei sind die Märchen zu dem geworden, was sie heute sind: dramatische, poetische, grausige oder liebliche Geschichten von hoher Verdichtung und bemerkenswerter Aktualität. »Märchen sind uralte Gegenwart«, hat schon Goethe befunden.

Die Gewalt

Bei meiner Arbeit mit Märchen bin ich zwangsläufig immer wieder auf das Phänomen Gewalt gestoßen. Schließlich wird in kaum irgendwelchen anderen Geschichten so viel geköpft, zerhackt, gehängt oder ertränkt und in Nagelfässern zu Tode geschleift wie im Märchen. Einerseits hat man über diese Grausamkeiten lamentiert – »Böses kommt aus Märchen« – und wollte die Märchen für Kinder am liebsten abschaffen, andererseits scheint man sie kaum wahrgenommen zu haben. So meinte Vilma Mönckeberg – Deutschlands wohl berühmteste Märchenerzählerin – in einer Diskussion, ihr seien Märchen niemals grausam oder gewalttätig erschienen, und das sagte sie mit einiger Empörung in der Stimme. Ähnlicher Meinung dürften schon die Brüder Grimm gewesen sein, heißt es doch in ihrer Vorrede: »Darum geht innerlich durch diese Dichtungen jene Reinheit, um derentwillen uns Kinder so wunderbar und selig erscheinen«, oder: Märchen seien gewiß »aus jener ewigen Quelle gekommen, die alles Leben betaut«. Selbst heute noch halten viele Märchenfreunde die Märchen für das Spiegelbild einer schönen, heilen Welt. Dieser Meinung sind auch etliche Märchengegner, und eben darum wollen sie Kindern die Märchen vorenthalten. Kinder sollen nicht durch Märchenzauber und Märchenidylle der Wirklichkeit entfremdet werden.

Erstaunlich gegensätzliche Standpunkte! Bisher ist man einer Klärung dieser Gegensätzlichkeit ebenso aus dem Wege gegangen wie einer Analyse der Gewalt im Märchen. Ich kann das verstehen, denn im ersten Anlauf bin auch ich an einem solchen Versuch gescheitert. Aus den zweihundert Grimmschen Märchen habe ich alle Gewaltszenen herausgesucht, und angesichts dieser Sammlung von Blut und Schrecken war ich zunächst nicht in der Lage, auch nur eine gewisse Ordnung in dieses Chaos zu bringen, geschweige denn einen Sinn.

Daraufhin habe ich mich der Gewalt in Mythen zugewandt, was ich aber hier vorfand, erwies sich als weit schlimmer. Bei den Griechen war schon Uranos, der Urvater des Göttergeschlechts, auf seine Kinder eifersüchtig und verbannte sie unter die Erde. Gäa, die Urmutter, hetzte den eigenen Sohn Kronos gegen den Vater auf, und Kronos entmannte Uranos mit einer Sichel.

Im Asgard der Germanen ist es kaum friedlicher zugegangen. Loki, Sohn des ältesten Gottes und Blutsbruder Odins, brachte Baldur, den schönsten der Götter, um. Dafür wurde der Mörder mit den Därmen seines Sohnes an drei Felsen gefesselt, und eine Schlange tröpfelte ihm ätzendes Gift aufs Gesicht.

Die erste Gewalttat in der Bibel ist Kains Brudermord, und danach hören Mord und Totschlag nicht auf: Ganze Völker und Glaubensgemeinschaften werden ausgerottet, blühende Städte gehen unter, Heere versinken im Meer, Priester werden geschlachtet.

Im Neuen Testament löst die Geburt Jesu den bethlehemitischen Kindermord aus, und die Evangelien enden mit Christi grausamer Kreuzigung. Im letzten Kapitel der Bibel versinken schließlich Himmel und Erde im Inferno der Apokalypse.

Gewalt und immer wieder Gewalt: so in den Mythen und Sagen, im Alten wie im Neuen Testament und nicht anders in der Realität der menschlichen Geschichte.

Nach der unabweisbaren Erkenntnis, daß Gewalt seit Urzeiten mit dem Leben der Menschen verknüpft ist, bin ich reumütig zu den Märchen zurückgekehrt. Sie ermöglichen wenigstens Distanz zum bedrückenden Thema Gewalt, spielen sich doch in ihnen die Gewaltszenen im Märchenhaft-Unwirklichen ab. Allerdings gibt es dabei keinerlei Beschränkungen, ist praktisch alles erlaubt. Was man kaum zu denken wagt – die Märchen stellen es ungeniert und mit größter Unbefangenheit dar. In plastischen und nicht selten drastischen Bildern und Szenen zeigen sie die ganze Palette menschlicher Gewaltmöglichkeiten, von indirekten und subtilen Formen von Gewalt bis zu mitleidlos brutalen Morden. Dabei kehren sich die Märchen nicht an Moral, gesellschaftliche Normen, christliche Maximen oder ans Strafgesetzbuch. Gewalt wird weder verteufelt noch gepriesen, sie findet lediglich statt.

Und sie wird auf ihren unleugbaren Ursprung zurückgeführt: auf den Menschen. Er ist es, der Gewalt ausübt, erleidet und den Gewalt fasziniert. Das wird durch die Märchen unmißverständlich klar. Nicht nur das: Sie zeigen, daß Gewalt alle gesellschaftlichen Bereiche durchdringt. Sie beginnt in der Familie (und wie!), entwickelt sich gewaltig unter Brüdern und Schwestern, kaum weniger unter Berufsgenossen, Gefährten, Kameraden und nicht zuletzt zwischen Mann und Frau. Sie zeigt sich in der Erziehung, im Konkurrenzkampf, in der Politik. Die Märchen sind dabei immer wieder von überraschender Aktualität.

Aus dem umfangreichen Material habe ich typische Gewaltszenen ausgewählt und analysiert. Sie lassen erkennen, wie Menschen dazu kommen, gewalttätig zu sein, wie sie mit der Gewalt leben, wie sie Gewalt ausüben oder ertragen oder wie sie sich dagegen wehren. Es wird deutlich, was Gewalt auslösen und was ihr Einhalt gebieten kann. Aus immer neuen Perspektiven werden das Phänomen Gewalt und der Mensch, der damit umgeht, dargestellt. Die Vielzahl der Bilder und Beispiele machen Strukturen sichtbar, lassen Motive erkennen, zeigen stets aufs neue die Dynamik der Gewalt, und immer wieder drängen sich Parallelen zur Wirklichkeit und zur Gegenwart auf. Nahezu zwangsläufig ergibt sich daraus eine Erweiterung der Erkenntnisse über das Wesen von Gewalt, aber auch ein Zugewinn an Selbsterkenntnis auf diesem Gebiet. Das sind Voraussetzungen dafür, mit Gewalt besser umzugehen, vielleicht sogar dafür, zum Abbau von Gewalt im Leben beizutragen. Das jedenfalls wünsche ich mir.

Carl-Heinz Mallet

Spaß an Gewalt

Knüppel aus dem Sack

Es genügt dieser kurze Befehl, und umgehend fährt der Knüppel aus dem Sack, dem Korb, dem Ranzen oder aus dem Fäßchen und prügelt, wen immer sein Besitzer geprügelt haben will. Der Knüppel oder Knüttel, der Stock, Hammer oder die Keule tun in den verschiedenen Märchenversionen ihr Werk so lange, bis das Gegenkommando gegeben wird. In der Grimmschen Version dieser Geschichte muß der glückliche Besitzer einer solchen Zaubergabe sagen: »Knüppel in den Sack«, und daraufhin stellt der sofort seinen Tanz auf dem Rücken der Mitmenschen ein und kehrt folgsam in sein Behältnis zurück.

Das ist Spaß an Gewalt, aber zu einem solchen Spaß mag man sich nicht ohne weiteres bekennen, also schafft das Märchen Voraussetzungen, die die Gewalt legitimieren. Die genügten aber den deutschen Bearbeitern der Geschichte, den Brüdern Grimm, nicht. Sie hatten im Prinzip durchaus nichts gegen ein fröhliches Drauflosprügeln, aber es mußte moralisch begründet sein. Bevor sie dem Knüppel erlauben konnten zu tun, was seine Bestimmung ist, haben sie sich folglich Rechtfertigungen erdacht, als Alibi sozusagen.

Es handelt sich hier um das Märchen Nr. 36, ›Tischlein deck dich‹, und das geht so: Drei Brüder ziehen aus, um ein Handwerk zu lernen. Das tun sie mit Erfolg und erhalten ihren Lohn: der erste ein »Tischlein deck dich«, der zweite einen »Goldesel«, der dritte einen »Knüppel aus dem Sack«.

Auf dem Weg heimwärts kehren die beiden ersten in einem Wirtshaus ein, und der Wirt tauscht Tisch und Esel aus. Nichtsahnend ziehen die Brüder weiter. Zu Hause angekommen, laden sie Freunde und Verwandte ein, um ihre Wundergaben vorzuführen. Aber der Tisch deckt sich nicht, und was der Esel auf das schöne Tuch fallen läßt, das man ihm untergelegt hat, das sind mitnichten Dukaten. Die beiden Brüder ernten Hohn und Spott.

Ihnen ist klar, wer schuld hat an ihrem Reinfall: der Wirt. Er ist der Bösewicht in dieser Geschichte, und einen Bösewicht braucht man hier. Er ist die moralische Rechtfertigung für den prügelnden Knüppel, denn Bösewichte haben Strafe verdient, das wird jedem einleuchten. Den bösen Wirt darf man getrost vom Knüppel prügeln lassen.

So geschieht es denn auch: Die beiden betrogenen Brüder haben ihrem dritten Bruder geschrieben, und der trifft nun im Wirtshaus ein, den Sack mit dem großartigen Knüppel über der Schulter. Sofort kommt der Wirt herbei, fragt ihn aus und plant einen weiteren Diebstahl. Nachts schleicht er sich zur Schlafbank seines Gastes. Der hat sich den Sack als Kopfkissen untergeschoben und stellt sich schlafend. Vorsichtig ruckt und zieht der Wirt an dem Sack, und als er gerade einen letzten »herzhaften Ruck« tun will, ruft der Jüngling: »Knüppel aus dem Sack«, und nun ist es soweit. Es geschieht, was gut vorbereitet und überzeugend gerechtfertigt ist und worauf wohl jeder mit Spannung und Vorfreude gewartet hat.

Kein Märchenerzähler läßt sich an dieser Stelle lumpen. Selbst Wilhelm Grimm, der sonst so gerne krasse Schilderungen abschwächt, hält sich hier nicht zurück und malt die in der Urfassung eher kärgliche Szene genüßlich aus: »Alsbald fuhr das Knüppelchen heraus, dem Wirt auf den Leib, und rieb ihm die Nähte, daß es eine Art hatte. Der Wirt schrie zum Erbarmen, aber je lauter er schrie, desto kräftiger schlug der Knüppel ihm den Takt dazu auf den Rücken, bis er endlich erschöpft zur Erde fiel.«

Der Halunke von Wirt hat die Prügel wahrlich verdient, und darum kann jeder die Szene genießen, ohne dabei ein schlechtes Gewissen zu haben. Man darf dem Dieb und Betrüger Pein und Schmerzen von Herzen gönnen, denn Gewalt für die Gerechtigkeit und gegen das Böse war und ist legitimiert.

Eine weitere Rechtfertigung für den prügelnden Knüppel erfolgt bei dessen Übergabe an den Helden. Der Lehrmeister sagt bei dieser Gelegenheit: »Hat dir jemand etwas zuleid getan, so sprich nur ›Knüppel aus dem Sack‹, dann springt dir der Knüppel heraus unter die Leute und tanzt ihnen so lustig auf dem Rücken herum, daß sie acht Tage lang sich nicht regen und bewegen können.«

Man darf sich wehren, Gewalt als Notwehr ist erlaubt; dann

ist es nur recht und billig, wenn die Gegner krumm und lahm geprügelt werden. Unter solchen Bedingungen darf man den Tanz des Knüppels sogar lustig finden. Das ist Spaß an Gewalt ohne Gewissensbisse.

Ursprünglich hat es diese moralische Absicherung nicht gegeben. Sie stammt von den Grimms. In der Urfassung ist die Anwendung des Knüppels nicht an Bedingungen gebunden. Der Held zieht damit los, und es ist keine Rede davon, daß ihm jemand »etwas zuleid« tut. Dennoch läßt er den Knüppel unter den Leuten herumtanzen und sie erbärmlich prügeln. Außer dem Spaß ist der einzige Grund dafür der, daß er das wunderbare Geschenk seines Meisters schließlich ausprobieren muß. In Ludwig Bechsteins »Märchenbuch« läßt er die Dorfhunde prügeln, und überdies gibt er manchmal »einem gestrengen Herrn Bettelvogt« – einer Art Hilfspolizist – »einiges aus dem Säckchen zu kosten«. Also Spaß an Gewalt nur so, ohne besonderen Anlaß, reine Freude an Kraft, Stärke, Überlegenheit und ein wenig Dampf ablassen gegenüber Vertretern der gestrengen Obrigkeit.

Bevor bei den Grimms der Tanz losgehen darf, lassen sie Leute auftreten, die den Helden angreifen. Man tritt ihm »zu nahe«, man will ihm »auf den Leib«, und es sind nicht etwa nur ein oder zwei, die ihn dergestalt herausfordern. Die Grimms haben hier nicht gespart, sie lassen die Angreifer gleich in Scharen auftreten, damit es sich auch lohnt.

Mit Fug und Recht darf sich der dritte Bruder nun wehren. In der Urfassung steht darüber nur ein kurzer Satz, die Grimms machten daraus folgendes: »... alsbald sprang der Knüppel heraus und klopfte einem nach dem anderen den Rock oder Wams gleich auf dem Rücken aus und wartete nicht erst, bis er ihn ausgezogen hatte; und das ging so geschwind, daß, eh sich's einer versah, die Reihe schon an ihm war.«

Der Moral ist Genüge getan, dennoch bleibt der Spaß an Gewalt erhalten, wird sogar noch verstärkt. Wer hätte schließlich nicht gern einen solchen Knüppel? Offensichtlich sehr viele, denn dieses Märchen ist rund um den Erdball bekannt, vom Nordkap bis Indien, und wenn man fragt, von wem ein so praktischer Knüppel zu bekommen ist, dann sind die Antworten darauf vielfältig. Es ist nicht verwunderlich, wenn er vom

Teufel stammt oder von einer Schlange. Aber auch ein Mönch verschenkt ihn, Jesus übergibt ihn gleich mehrfach und sogar der liebe Gott höchstpersönlich. Die Herkunft des weltberühmten Knüppels wird Göttern, Geistern, Zwergen, Tieren und dem Wind zugeschrieben. Er ist wirklich ein Urphänomen. Er teilt seine Beliebtheit mit dem Essen spendenden Wundertisch und dem Goldesel. Mit diesen dreien frönt das Märchen hemmungslos dem Lustprinzip. Das heißt: zunächst einmal Essen und Trinken satt und soviel Geld, wie man haben will. Das ist der genußreiche Traum vom Schlaraffenland. Wer träumt ihn nicht gern? Er ist so aktuell wie eh und je. Heute ist es der Traum vom Toto- oder Lottoglück. Millionen träumen ihn und zahlen dafür jede Woche ihren Einsatz. Das ist legitim und gesellschaftlich anerkannt. Die beiden Wünsche nach Geld und Gut sind nicht tabu. Anders verhält es sich mit dem dritten, mit dem Knüppel. Der aber spielt die Hauptrolle in diesem Märchen, er ist das Wichtigste. Also dürfte der Spaß an Gewalt, den er verkörpert, die Freude an Essen, Trinken und Reichsein sogar noch übertreffen. Ungeniert schildert das Märchen die Prügelszenen, und jeder darf dem Spaß daran rückhaltlos frönen.

Nicht nur in dieser Geschichte! Die Märchen sind voll von unverblümten Gewaltschilderungen, und die weiteren Kapitel dieses Buches werden zeigen, daß der Knüppel aus dem Sack zu den vergleichsweise harmlosen Gewaltdarstellungen gehört. Dennoch galten und gelten Märchen in weiten Kreisen als Hort einer schönen und heilen Welt. Nach dem nun folgenden Kapitel wird sich eine solche Auffassung nur schwerlich aufrechterhalten lassen.

Der Mensch als des Menschen Wolf – Manifeste Gewalt

Belogen, betrogen und dann totgeschlagen

Ein König ließ bekanntmachen, wer das gefährliche Wildschwein erlege, der solle seine Tochter zur Frau haben. Das ist die Ausgangslage im Grimmschen Märchen Nr. 28, ›Der singende Knochen‹.

Zwei Brüder wollen die Prinzessin gewinnen, der ältere ist listig, klug und hochmütig, der jüngere dagegen naiv. Aber er hat ein gutes Herz. Das bringt ihm die Hilfe eines kleinen Männleins ein. Es gibt ihm einen schwarzen Spieß, und damit tötet er das Wildschwein. Vergnügt verläßt er mit der Beute auf dem Rücken den Wald. In einem Wirtshaus trifft er seinen Bruder beim Wein. Der hat, wie es heißt, ein neidisches und boshaftes Herz, verstellt sich aber und lädt ihn freundlich ein. Der jüngere erzählt von dem Männlein und wie er das Schwein getötet hat.

Soweit entspricht das Märchen den Erwartungen. Ein guter und ein böser Bruder stehen sich gegenüber, und man darf hoffen, daß das gute Herz des jüngeren über Neid und Mißgunst des älteren siegt. Dieses Märchen folgt jedoch nicht dem üblichen Schema: Die beiden gehen zusammen fort. Sie kommen zu einer Brücke, da bleibt der ältere ein wenig zurück, schlägt dann seinen Bruder hinterrücks tot und vergräbt ihn. (In der Urfassung sind es zwei Brüder, die gemeinsam den Mord begehen.) Das ist eine schlimme Wendung, und hier greift keine höhere Macht ein, um den Guten zu retten, niemand macht ihn wieder lebendig. Er ist tot und bleibt es, und den Täter rührt seine Tat nicht. Keine Skrupel und kein schlechtes Gewissen plagen ihn.

Keck geht er zum König, weist das Schwein vor, heiratet die Prinzessin und lebt »viele Jahre« zufrieden und ungestört.

Da findet ein Hirte im Sand unter der Brücke ein Knöchelchen, macht daraus ein Mundstück für sein Horn, und als er zum Blasen ansetzt, fängt es von selbst an zu singen: »Ach, du liebes Hirtelein, du bläst auf meinem Knöchelein, mein Bruder hat mich erschlagen, unter der Brücke begraben, um das wilde Schwein, für des Königs Töchterlein.«

Der Hirte bringt das Horn dem König. Der läßt unter der Brücke graben. Man findet das Gerippe. Der Bruder kann die Tat nicht leugnen. Er wird, so heißt es, »in einen Sack genäht und lebendig ersäuft«.

Der böse Bruder ist der negative Held der Geschichte. Man fragt sich, ob er eine Ausnahme ist. Märchen handeln jedoch selten von Ausnahmen und Außenseitern. Allgemeingültiges ist ihr Anliegen. Dafür spricht auch eine schweizerische Fassung dieses Märchens. Sie findet sich in den Grimmschen Anmerkungen und bei Bechstein unter dem Titel ›Das klagende Lied‹. Hier ist der Täter ein unschuldiges Kind, dazu ein gutbehüteter Königssohn. Es gibt keine widrigen Umstände, kein böses Schicksal, nichts, wodurch er hätte zum Mörder werden können. Der kleine Prinz ist ein ganz normaler Junge. Er hat eine Schwester, und die beiden streiten sich, wer einmal König werden soll. Der Knabe pocht auf seine Priorität als Mann: »Ich bin ein Prinz, und wenn Prinzen da sind, kommen die Prinzessinnen nicht zur Regierung.« Die Prinzessin aber hält dagegen, daß sie die Erstgeborene und Älteste sei und ihr der Vorrang gebühre. Sie streiten sich, wie es heißt, in aller Unschuld. Da sie sich nicht einigen können, wenden sie sich an ihre Mutter. Die ist über die Frage betrübt, weil sie darin den bösen Keim der Herrschsucht erkennt. Sie möchte nicht, daß er »wurzeln soll im Gemüte eines Kindes«, und will ihre Kinder davon ablenken. Sie zeigt ihnen eine Blume und sagt, wer die zuerst finde, der werde dereinst König werden. »Ganz harmlos« gehen die Geschwister zusammen in den Wald. Sie sind keine bösen Kinder, und keines von beiden hat Arges im Sinn. Sie suchen die Blume. Dabei verlieren sie sich. Die Schwester findet die Blume. Sie wartet auf den Bruder, wird dabei müde, legt sich aufs Moos und schläft schließlich mit der Blume in der Hand ein.

So entdeckt sie der Bruder, und von einer Sekunde zur anderen ist es vorbei mit seiner Harmlosigkeit und kindlichen Unschuld. »Schwarze Gedanken« steigen auf in seiner Seele, und »Schreckliches« kommt ihm in den Sinn. »Ich muß König werden, ich!«, denkt er. »Und die Schwester soll es nicht werden.« Lieber will er sie töten, und das tut er. Er ermordet sie im Schlaf und verscharrt sie im Wald. Danach packt auch ihn keineswegs das Grausen. Ohne Gewissensbisse nimmt er die Blume, geht nach Hause und erklärt überzeugend und ohne rot zu werden, die Schwester sei von ihm weg- und eigene Wege gegangen. Niemand zweifelt an seiner Erklärung. Als der Prinz mündig ist, wird er König, wie er es gewollt hat. Er freut sich seines Daseins, ist »ein lebenslustiger froher Herr«, liebt Sang und Klang und heitere Feste. Das geht so, bis das klagende Lied aus der beinernen Flöte erklingt: »Er schlug mich im Schlaf, er schlug mich so hart, hat ein Grab gewühlt, mich im Walde verscharrt.« Damit ist die Untat des königlichen Lebemanns offenbar, und jetzt – zum erstenmal – verspürt er Entsetzen. In dem Augenblick, in dem er des Mordes überführt ist, das heißt sein schönes Leben zu Ende ist, trifft es ihn wie ein Schlag. Buchstäblich: Vor Entsetzen fällt er tot um. Was macht seine Mutter? Sie zerbricht die Flöte, »daß niemand mehr das klagende Lied vernehme«.

Das ist verständlich. Von solchen Taten will niemand gern etwas wissen. Sie werden möglichst verschwiegen, verschleiert, unter den Teppich gekehrt. Davor verschließt man gerne Augen und Ohren. Viel lieber sucht man nach Beweisen, daß der Mensch gut und nicht gewalttätig ist. Die Märchen liefern dafür kaum die Beweise. Die meisten zeigen die Menschen, wie sie sind – auch und gerade in bezug auf ihre Gewalttätigkeit. Sie tun es allerdings auf ihre besondere Art: Sie trennen in Gute und Böse. Das hat zur Folge, daß die meisten Leser/Hörer fasziniert auf die guten Heldinnen und Helden dieser Geschichten schauen. Sie identifizieren sich mit den vielen Brüdern und Schwestern, die selbstlos und edel den Armen und Schwachen helfen und stets nur Gutes tun. Man erfreut sich am guten Herzen, das sie haben, und manche meinen gar, so sei der Mensch. Auf diese Weise kommt es zum Glauben an die vielzitierte heile Märchenwelt. Er wird dadurch möglich, daß nur eine Seite gesehen und die andere Seite geflissentlich übersehen wird: die der bösen Brüder und Schwestern.

Dabei kommen diese Antihelden wahrhaftig nicht zu kurz. Häufig stehen sie den guten im Verhältnis zwei zu eins gegenüber. Sie verfolgen und peinigen ihre – meist jüngeren – Geschwister und trachten ihnen nur zu häufig nach dem Leben.

Die beiden erwähnten Märchen lassen an den gewalttätigen Tatsachen nicht mehr vorbeisehen. Hier sind die Bösen die (negativen) Helden. Aus Neid und Mißgunst werden sie zu Geschwistermördern.

Sie sind nicht die einzigen in der gar nicht so heilen Märchenwelt. Das Motiv findet sich vielfach variiert in ganz Europa, in Rußland, Südamerika, Indien und Afrika, dazu in der Bibel und in der griechischen Mythologie. Gewalt unter Geschwistern scheint ein universales Problem zu sein, und es ist nicht gebunden an den Grad der Zivilisation oder an die Hautfarbe. Und was die Täter betrifft, auch nicht an das Geschlecht. Es tötet ein Bruder den anderen, Schwestern bringen sich gegenseitig um oder gemeinsam den Bruder. Zwei Brüder töten den dritten oder ihre Schwester. Es gibt praktisch jede Kombination. Es wird erschlagen, ertränkt, lebendig begraben, und die Täter leben danach unbeschwert weiter, bis eine magische Flöte, Harfe, Geige oder dergleichen sie verrät. Der häufigste Anlaß zur Untat ist eine Erbschaft, die Übernahme eines Königreiches oder eines Besitzes. Bei der Beschaffung eines Heilmittels für den kranken Vater – eines Heilkrauts, Wasser des Lebens – oder eines Kleinods geht es letztlich auch um die Thronfolge, um die Krone. Ähnlich ist es, wenn die Hand einer Prinzessin als Preis lockt. Sie wird keinesfalls aus Liebe begehrt, sondern wegen des Status, der mit der Heirat verbunden ist. Die Täter morden nicht, weil sie vor lauter Verliebtheit den Kopf verlieren, sie morden für Macht und Ansehen, Herrschaft und Besitz. Dafür morden auch die Mädchen. Sie tun dies genauso kaltblütig wie die männlichen Täter und verstehen es, sich so gut zu verstellen wie jene.

Dazu ein Beispiel aus einer alten Ballade. Zwei Schwestern stehen waschend am Meer. Die eine singt:

> »Tritt her auf den grauen Stein!
> Ich will dir waschen die Füßlein fein.«

Die andere tritt auf den Stein, und das hätte sie besser nicht getan, denn die Schwester will ihr mitnichten einen Liebesdienst erweisen, sie will sie vielmehr umbringen. Das tut sie, ohne zu zögern: Sie stößt sie ins Wasser. Ihr Motiv ist Neid. Sie ist auf den vornehmen Freier der Schwester neidisch. Die Betonung muß auf vornehm liegen, denn es geht auch hier nicht um Liebe und Eifersucht, sondern um Prestige.

In anderen Versionen sind die mordenden Mädchen kaum mitleidiger, und Reue kennen sie sowenig wie die männlichen Täter. Das zeigt sich deutlich in der ebenfalls sehr alten Ballade von der sprechenden Harfe: ›The Two Sisters‹. Sie ist in England und in den skandinavischen Ländern heimisch. Dort stößt ebenfalls eine Königstochter ihre Schwester ins Meer. Auf die flehentlichen Hilferufe der Ertrinkenden antwortet sie:

»Und nimmermehr helf ich zum Lande dir,
dein junger Bräutigam wird doch mir.«

Und so kommt es denn auch. Glanzvoll feiert sie mit ihm Hochzeit.

Es wird jedoch nicht nur um Königreiche gemordet, um reiche Prinzen oder Prinzessinnen. Schon weit Geringeres, ja Bagatellen können den mörderischen Gewaltimpuls auslösen. So heißt es in einem russischen Märchen: »Flöte spiele und tröste mein Väterchen und Mütterchen und meine lieben Schwesterlein! Sie brachten mich Arme um, sie erschlugen mich um das Silbertellerchen und die Glaskugel.« In einem Märchen aus dem Kongo neidet ein Junge seinem Bruder zweitausend Kauris (kleine Münzen aus der Schale der Porzellanschnecke). Er bekam nur tausend, und das bringt ihn derart auf, daß er seinen kleinen Bruder tötet. »Der Unbarmherzige« schlug ihn tot, heißt es. Kaum anders geht es zu in einem Märchen der Betschuanen. Dort ermordet ein älterer Bruder den jüngeren hinterlistig wegen einer weißen Kuh. In einem Berbermärchen geschieht der Mord wegen einer Gazelle, in einer anderen Version lediglich wegen ein paar Feigen. In europäischen Märchen sind nichtige Anlässe für den Geschwistermord: zwei goldene Äpfel, ein goldenes Körbchen, ein Kreuzchen, eine Belohnung. In all diesen Märchen sind die Motive verblüffend ähnlich: Immer wieder geht es um Neid, Mißgunst, Habgier.

Die Mord- und Totschlagszenen dieser Geschichten unterscheiden sich von vielen anderen Gewaltszenen in den Märchen durch ihren bedrückenden Realismus. Sie sind in keinem Fall märchenhaft verfremdet, sie sind nicht traumhaft-irreal, nicht zauberisch und niemals so, als gehörten sie in eine andere, unwirkliche Welt. Ihnen fehlt auch jene Übertreibung, die viele Märchen-Gewalttaten eindeutig in den Bereich der Phantasie verweist, wie etwa der Tanz der bösen Stiefmutter in glühenden Pantoffeln.

Die Bruder- und Schwestermorde werden ungemein sachlich geschildert: »... gab er ihm von hinten einen Schlag, daß er tot hinabstürzte.« Oder in der Urfassung vom singenden Knochen: »Als sie vor der Stadt an die Brücke kamen, fielen sie über ihn her, schlugen ihn tot und begruben ihn tief unter der Brükke.« Das könnte in einem Polizeibericht stehen.

Selbst in den Reimen wird diese Sachlichkeit gewahrt:

»Der König hatte zwei Töchterlein,
Die ältere stieß die jüngere ins Meer hinein.«

Es gibt keine Verbrämung, keine Rechtfertigung, keine Entschuldigung. Wie sollte es auch? Die Morde geschehen eindeutig aus böser Absicht und aus niederen Motiven. Das ist der Tatbestand, und der wird realistisch, ungeschminkt und ungerührt geschildert.

Eine derartige Rigorosität hat mir anfangs buchstäblich die Sprache verschlagen. Ich wußte nicht, was ich dazu sagen sollte, geschweige, was ich darüber schreiben könnte. Dann bin ich einen Augenblick in Versuchung gewesen, mir zu sagen: Es sind ja nur Märchen! Das war eine eindrucksvolle Selbsterfahrung, hatte ich doch nun an mir selbst erlebt, wie Unliebsames durch Verharmlosung verdrängt werden kann.

Schließt man aber vor Unliebsamem nicht die Augen und geht man davon aus, daß die Märchen nicht Gefühle von Lebewesen von einem anderen Stern wiedergeben – und wie sollten sie –, dann steht man vor der Tatsache, daß in diesen Märchen festverankerte positive Vorstellungen und unumstrittene Begriffe in ihr Gegenteil verkehrt werden. So bleibt die vielzitierte geschwisterliche Liebe hoffnungslos auf der Strecke. Der Glaube daran hat aber Begriffe geprägt wie Brüderlichkeit, Bruderschaft, Brudervolk. Und wenn Schiller dichtete: »Und alle Menschen werden Brüder«, so erhoffte er sich davon eine glücklichere und friedlichere Welt. Selbst der Redensart »unter Brüdern« liegt die Vorstellung zugrunde, daß Brüder sich nicht übervorteilen. Und »Schwester« ist ein weltweiter Begriff für die Angehörigen jenes Berufsstandes, die Menschen selbstlos helfen. Die Mädchen, die ihre Schwestern aus Neid ins Meer stoßen, sind dazu ein bemerkenswerter Gegensatz. An den Gewalttaten dieser Märchen läßt sich nicht herumdeuteln. So unverblümt und unmißverständlich, wie sie dargestellt werden, sind sie. Sie lassen sich weder beschönigen noch entschuldigen und ohne Krampf nicht hinwegerklären. Es bleibt nichts weiter übrig, als der unangenehmen Tatsache ins Auge zu sehen, daß die Gefühle, die im Märchen Morde auslösen, zur seelischen Grundausstattung des Menschen gehören, daß sie Urreaktionen sind, Primäraffekte oder wie immer man solche Aufwallungen von Gewalt nennen will, jedenfalls etwas, mit dem ein jeder zu rechnen hat.

Die grundsätzliche Bedeutung dieser Tendenz zur Gewalt bestätigt eine Urmythe. Kein Märchenforscher erwähnt sie in diesem Zusammenhang, obwohl die Ähnlichkeit auf der Hand liegt. Diese Mythe ist älter als viele Märchen – und das will schon etwas heißen –, und sie ist bekannter als die meisten Märchen, was nicht weniger bemerkenswert ist. Sie steht in der Bibel unter Moses 1 im vierten Kapitel. Es handelt sich um die Geschichte von Kain und Abel. In ihr verdichten sich alle Elemente der erwähnten Märchen. Sie stellt das Problem in seinen Ursprüngen dar und zeigt meines Erachtens am deutlichsten, worum es geht: Bis zu seiner Untat ist Kain ein braver Ackermann. Er bestellt sein Feld, wie Abel seine Herde hütet. Nichts Auffälliges ist an ihm, und keineswegs ist er böse. Was geschieht, das geschieht plötzlich und unerwartet. Wie aus heiterem Himmel nimmt Gott Abels Opfer an, seines jedoch nicht. Gott redet ihn an, sagt, er solle sich von seinem bösen Gefühl nicht überwältigen lassen, sondern darüber herrschen. Trotz des verständnisvollen Beistands ist Kain dazu nicht in der Lage. Aber er fällt nun nicht etwa in blindem, unbeherrschtem Zorn über seinen Bruder her. Von der Art ist seine Gewalttätigkeit nicht. Kain verstellt sich, er verbirgt seinen Haß. Er tut freundlich mit Abel, begleitet ihn zu seinem Feld. Dort erst erschlägt er ihn hinterrücks. Von Gott zur Rede gestellt, gibt er die zur sprichwörtlichen Redensart gewordene Antwort: »Soll ich meines Bruders Hüter sein?« Sie zeigt deutlicher als viele Märchenversionen, daß er nicht über seine Tat erschrocken ist oder sie auch nur bedauert.

Diese Gewalttat ohne Reue steht in der Bibel am Beginn des menschlichen Familienlebens, und es gibt weitere, sowohl in der Bibel wie in Mythen, Sagen und in vielen Märchen. Sie folgen fast immer dem gleichen Schema. Bezeichnet aber hat man dieses in aller Welt dargestellte menschliche Verhalten niemals. Es gibt dafür keinen Namen. Aber etwas, wofür es keinen Begriff gibt, das hat man in aller Regel auch nicht begriffen, und zwar sehr häufig deshalb, weil man es nicht begreifen wollte. Schließlich ist das »böse Gefühl«, diese üble Mischung aus Neid, Mißgunst und mitleidloser Gewalttätigkeit, nicht schmeichelhaft für den Menschen. Also tat er, was in solcher Lage zu erwarten ist: Er hat weit von sich geschoben, was man den Kain-Affekt nennen könnte. Er hat diese üble Regung verdrängt, und die Spuren der Verdrängung lassen sich vielfach finden.

So haben über anderthalb Jahrtausende abendländischer Glaubenstradition eine moralische Bewertung geschaffen und dogmatisch verfestigt, die gar nicht so naheliegend ist. Seit Paulus steht fest und wurde bis heute nicht ernsthaft bestritten, wer der Sünder der ersten Menschenfamilie ist. Nicht etwa der Brudermörder Kain, sondern Eva, seine Mutter. Zur Erbsünde der Menschen wurde nicht der Brudermord, sondern der vergleichsweise harmlose Griff nach der Frucht der Erkenntnis. Auch hier gerät Gewalt zur Nebensache.

Das geschieht allerdings nicht von ungefähr, denn schon Gott gewichtet Evas Ungehorsam weit schwerer. Sie vertreibt er tatsächlich aus dem Paradies, und alles, was er ihr androht, geschieht auch.

Ganz anders verhält er sich Kain gegenüber, und darum unterscheidet sich diese Geschichte von den meisten Märchen: Kain wird nicht bestraft. Zwar verflucht Gott ihn, und er droht: »Unstet und flüchtig sollst du sein auf Erden«, aber das sind nur leere Worte. Kain zieht zwar fort, wird aber sofort seßhaft, und es geht ihm gut: Er heiratet, bekommt einen Sohn, gründet eine Stadt. Das alles geschieht, obwohl er seine Tat weder bereut noch um Vergebung seiner Schuld bittet. Aber er bittet Gott um seinen Schutz, weil er Angst hat, als Brudermörder erschlagen zu werden. Gott erhört seine Bitte und gewährt ihm bedingungslos den erbetenen Schutz. »Wer immer Kain totschlägt, an dem wird es siebenfältig gerächt«, versichert er, und das sind keine leeren Worte: Er drückt Kain ein Wahrzeichen auf, »damit ihn niemand erschlüge, der mit ihm zusammenträfe«. So ist es gewesen, so steht es im 1. Buch Mose 4,15 in der Bibel.

Weltweit wurde dieser Sachverhalt jedoch umgedeutet, ja in sein Gegenteil verkehrt. Immer wieder erscheint das berühmt gewordene Kainszeichen fälschlich als Schandmal und Brandmarkung des Brudermörders, und das ist noch nicht alles: Vielfach wird behauptet, geschrieben und von vielen geglaubt, Kain sei unstet und von seinem schlechten Gewissen gequält durch die Welt gezogen. Das ist er nicht. Und Gott hat ihn auch nicht mit dem Zeichen versehen, »damit ihn niemand tötet und ihn dadurch von seinem grausamen Schicksal erlöst«, wie die Kirchenauslegung behauptet (Hengge, 1979). Kain hatte kein grausames Schicksal, lebte vielmehr höchst erfolgreich. Darüber hinaus wurde er Stammvater ebenso erfolgreicher Viehzüchter, Handwerker und Künstler – was häufig verschwiegen wird –, und unser Ahnherr ist er auch. Ein weltbekannter Bibeltext wird grundlegend und über Jahrhunderte wirksam in seiner Substanz geändert, und das ist bisher von nahezu niemandem mit Erfolg beanstandet oder gar rückgängig gemacht worden. Kaum jemand hat diesen unglaublichen Vorgang auch nur bemerkt, und folglich konnte sich auch kaum jemand Gedanken darüber machen. Also sucht man weitgehend vergeblich nach Erklärungen oder Begründungen. Aus dem Bisherigen scheint sich nur eine Bedeutung anzubieten: Es muß sich um eine Massenverdrängung handeln, und an deren Aufhebung hätte bis heute kein Mensch das geringste Interesse. Man will offensichtlich ganz einfach nicht wahrhaben, was schwarz auf weiß und ganz unzweideutig in der Genesis steht und von jedem jederzeit nachgelesen werden kann. Wenn das aber so ist, dann muß es die Menschen in hohem Maße beunruhigen und ihre Erwartungen zutiefst enttäuschen, daß Kain so einfach davonkommt. Sie können und wollen unter keinen Umständen hinnehmen, daß ein Brudermörder ungeschoren bleibt und dazu noch als braver Familienvater und wohlhabender Stadtgründer weiterleben darf. Die Abwehr gegen diese Vorstellung ist derart stark, daß sie nicht einmal haltmacht vor der Autorität Gottes. Die verändernden Kräfte beziehen Gott in die Umdeutung ein und machen ihn vom schützenden zum strafenden Gott.

Nur mit tiefsitzenden Ängsten ist ein solcher Vorgang zu erklären. Und es dürften gleich zwei Arten von Angst sein, die hier wirksam werden: Die Angst, so zu handeln wie Kain, so wie er den bösen Impuls nicht beherrschen zu können, wäre die eine. Unter dem Eindruck dieser Befürchtung ersehnt man eine Schranke, die bewirkt, daß Mordgedanken Gedanken bleiben. Eine solche Schranke wäre die Gewißheit, daß ein Brudermörder verdammt, verflucht und gebrandmarkt wird und derart von Skrupeln gequält leben muß, daß Erschlagen-Werden ihm wie eine Erlösung erschiene.

Wie schutzlos aber steht man da, dem Kain-Affekt ausgeliefert, wenn man damit rechnen darf, für einen Brudermord nicht bestraft zu werden, sondern wohlhabend und mächtig weiterleben zu können und das auch noch ohne böses Gewissen. Diese Vorstellung muß Beklemmungen auslösen, und sie ist zutiefst beunruhigend, weil der Mensch ahnt, wie stark seine gewalttätigen Antriebe sein können. Gott nennt sie Sünde, als er mit Kain spricht und ihm dessen Situation erklärt: »So lauert die Sünde vor der Tür, und nach dir steht ihre Begierde; du aber sollst Herr werden über sie.«

Die Geschichte erweist, daß sich manche Menschen – so wie Kain – dem Zugriff dieser Sünde nicht entziehen konnten und es auch nicht wollten. Das sind oft Söhne von wirklichen Königen gewesen, und sie waren so mächtig, daß sie keine Strafe – für was auch immer – zu fürchten hatten. Nicht wenige haben tatsächlich ihre Brüder umgebracht. Ihr Motiv ist häufig dasselbe gewesen wie in vielen der Märchen: die Erbfolge, die Übernahme der Herrschaft, das Erstreben der Krone. Im Gegensatz zu den Märchen ist hier allerdings manch älterer Bruder umgebracht worden, weil der jüngere ihm sein Erbe neidete. In den Erbfolgekriegen floß dann noch mehr Blut.

Man findet solche Untaten verwerflich, so wie man Kains Tat verwerflich findet, und das ist nur zu verständlich. Niemand will seinen Bruder erschlagen. Man will nicht sein wie Kain, und dieser Wunsch entspricht einem tiefwurzelnden menschlichen Bedürfnis: der Sehnsucht nach Frieden und Brüderlichkeit.

Aber man will auch nicht Abel sein und sich vom bösen Bruder totschlagen lassen. Hier liegt die zweite Ursache der Angst. Sie dürfte der ersten in nichts nachstehen, und sie fordert wie diese die Bestrafung des Mörders. Denn wie unsicher wäre die Welt und wie gefährdet wäre jeder einzelne, wenn ein Bruder straflos den anderen erschlagen dürfte? Zutiefst bedrückend würde die Situation, wenn man den Begriff Bruder aus der verwandtschaftlichen Enge löste: der Mensch als Bruder – der Mensch als Kain. Niemand wäre seines Lebens sicher. Unter dieser bedrückenden Angst leiden heute viele. Nur sind sich die meisten des wahren Problems nicht bewußt. Sie verdrängen ihre eigenen Kain-Tendenzen und leben unter der vereinfachenden Prämisse, sich selbst für den guten Abel, den bösen anderen aber für den mörderischen Kain zu halten. Was im Märchen lediglich Dramaturgie ist, übertragen sie ohne weiteres aufs Leben. Sie teilen die Welt ein in die Guten, die Frieden und Eintracht wollen und zu denen sie sich zählen, und in die Bösen, die Unfriedlichen, die anderen. Vor denen fürchten sie sich, denen unterstellen sie, daß sie sie vernichten wollen. Also greifen auch sie zum Knüppel, wenn möglich zu einem größeren als der des Gegners. Da liegt das Dilemma.

Der Antagonismus gut – böse, friedlich – gewalttätig liegt zunächst nicht in der äußeren Welt, sondern in der eigenen Seele. Schließlich kann zwischen Menschen nichts geschehen, was als Möglichkeit nicht in jedem einzelnen begründet ist. Aber wir einzelnen lassen uns nicht einteilen in die bösen Kains und die guten Abels. Wir sind sowohl Kain als auch Abel. Wir sind die guten jüngsten Kinder der Märchen so gut wie die bösen älteren. Das ist keine besondere Erkenntnis und keine bedeutsame Neuigkeit. Danach befragt, wird niemand sich für einen Engel halten und die bösen anderen für Teufel. Theorie und Praxis klaffen hier aber auseinander. Was jeder einzelne aus voller Überzeugung sagt und vertritt, wird im Ernstfall immer wieder zunichte. Dann sehen wir im bösen anderen eben doch den Teufel und zählen uns zu den Guten, die die rechte Moral, die rechte Weltanschauung, die rechte Politik oder was auch immer gepachtet haben. Was sich auf diese Weise außen abspielt, ist letztlich eine Widerspiegelung der Verhältnisse in der eigenen Seele. Wir haben eben seit Kains Zeiten nicht dazugelernt, nicht getan, was Gott Kain so dringlich geraten hat. Wir sind immer noch nicht Herr im eigenen Haus und weiterhin unseren gewalttätigen Affekten ziemlich hilflos ausgeliefert. Das ist die Ausgangslage für die Projektion unserer unbewältigten Gefühle: Weil wir mit dem potentiellen Gewalttäter in uns nicht fertig werden, verlangen wir nach der strafenden Autorität. Der tatsächliche Ausgang der Kain-und-Abel-Geschichte ist für uns zutiefst enttäuschend und weckt unsere Ängste. Das ist der Grund für ihre Umdeutung.

Die Märchen enttäuschen uns nicht. Sie erfüllen unsere Erwartungen. Sie stürzen uns nicht in Ängste. Sie sind so erzählt, daß sie in aller Regel unsere seelischen Bedürfnisse befriedigen. Diese wohltuende Funktion haben sie im Laufe der Jahrhunderte angenommen. In den Märchen gibt es folglich die von uns erwartete und erhoffte »Gerechtigkeit«. Wie es sich gehört, kommen laue Halbheiten kaum vor, werden die Bösen bestraft: Sie werden umgebracht.

An dieser Stelle könnte sich die Frage stellen nach Gottes Gerechtigkeit. Warum hält er seine schützende Hand über den Brudermörder? Und warum rächt er Abel nicht, der doch auch ihm der liebere von den beiden Brüdern gewesen ist? Mit diesen zweifelnden Fragen unterstellen wir Gott unsere Gefühle. Wir, die wir sonst den liebenden Gott so schätzen, wollen hier den strafenden und rächenden Gott. Deutlicher kann sich die Projektion unserer unbewältigten Gewalttätigkeit kaum zeigen. Selbstverständlich verdammt Gott Kain nicht oder tut ihm gar noch Schlimmeres an. Wie könnte er? Würde er doch damit über uns alle den Stab brechen. Er tut es nicht.

Die Märchen beschäftigen sich weniger mit Gottes Weisheit als mit den Bedürfnissen der Menschen. Sie leisten hier gründliche Arbeit: Der mörderische Bösewicht wird nicht nur schlicht umgebracht, sondern in einen Sack genäht und ins Wasser geworfen. Das ist der zweite Höhepunkt der Brudermordgeschichte und der weitaus angenehmere: Der Gerechtigkeit ist Genüge getan, und das beruhigt. Die Welt ist wieder in Ordnung.

Sie ist es zunächst einmal darum, weil dieser böse Bruder niemanden mehr meuchlings erschlagen kann. Einen weiteren Grund kennen wir auch schon: Derart drakonische Beispiele halten den Kain-Affekt im Zaum, und dann bietet die Tötung des Täters noch eine weitere angenehme Möglichkeit. Per Projektion können wir uns von unseren Gewaltimpulsen befreien. Wir lieben sie durchaus nicht, und es beunruhigt uns, daß sie ständig auf der Lauer liegen, vor der Tür ruhen, wie es in der Bibel heißt. Wir wären sie ganz gern los und damit die Angst, daß sie uns einmal Schlimmes tun lassen könnten. Das macht uns geneigt, derartige Regungen von uns fortzuschieben, und genau das ist hier möglich: Man kann sie den bösen, mörderischen Brüdern in die Schuhe schieben, ihnen kann man aufladen, was man an sich nicht schätzt. Wenn dann die Übeltäter gehängt, geköpft oder ertränkt sind, darf man hoffen, daß die böse Bürde, die man auf sie projiziert hat, mit ihnen gestorben und für alle Zeiten aus der Welt ist.

Das ist natürlich eine trügerische Hoffnung. So kann man sich seiner gewalttätigen Impulse nicht entledigen. Sie lassen sich nicht kurzerhand irgendwohin projizieren. Das zeigt sich auch sofort, jedenfalls bei all denen, die sich mit den Märchenhelden identifizieren. Die nämlich wünschen unversehens, was sich auch Kain gewünscht hat: den Tod des Bruders. Und die meisten freuen sich sogar darüber, wenn er im hohen Bogen ins Wasser geworfen wird und, hilflos in einem Sack, ertrinken muß. Er ist zwar der böse Bruder und hat seine Strafe nach unseren Maßstäben verdient, aber wie wichtig ist das wirklich? Er bleibt der Bruder.

Immerhin haben wir Fortschritte gemacht. Schließlich schlägt man heutzutage seinen Bruder nicht mehr tot und stürzt seine Schwester nicht ins Meer. Es hat sich sehr schnell gezeigt, daß dies kein zweckmäßiges Verhalten ist. Reste solch rabiater Gepflogenheiten sind aber noch zur Genüge vorhanden. In der Phantasie gehen viele so rigoros mit ihren Brüdern oder Schwestern um, wie dies zu Urzeiten wirklich der Fall gewesen sein mag. Etliche Märchen führen uns solche Bilder vor Augen. Und bei Kindern lassen sich gelegentlich diese archaischen Reste unbeherrschter Gewalttätigkeit beobachten. Ihre Miene verzerrt sich wie seinerzeit die ihres Urahnen Kain, und sie schlagen dann manchmal beängstigend ernsthaft zu.

Mit Brudermördern konnte die Menschheit nicht leben. Die vielen Varianten der Geschichte vom singenden Knochen zeigen die allmähliche Wandlung und die Zivilisierung dermaßen brutaler Gewalttätigkeit. Die Entwicklung vollzieht sich in verschiedenen Phasen. Zunächst wird der Bruder noch umgebracht wie in den ursprünglichen Versionen. Aber sein Tod ist nicht mehr endgültig. Er wird wieder zum Leben erweckt. Beispielsweise macht das Zerbrechen der Flöte den Ermordeten wieder lebendig, oder die Flöte gibt den Rat, wie der Tote wieder erweckt werden kann, was dann auch geschieht.

In der zweiten Phase schwächt sich die Rigorosität des Täters ab. Er verübt zwar noch den Mordanschlag, aber das Opfer überlebt ihn. So wird es ins offene Grab gestoßen und vergraben oder in einen Brunnen geworfen, aber man hört sein Rufen und rettet es. Dafür ist auch die biblische Geschichte von Joseph und seinen Brüdern ein Beispiel.

In der dritten und letzten Phase schließlich wird das Geschwister überhaupt nicht mehr erschlagen, sondern lediglich gequält, gedemütigt, verleumdet, betrogen. Die vielen Aschenputtel-Märchen und etliche Drei-Brüder-Märchen zeigen diesen Stand der Entwicklung: Die primäre Gewalt, die auf Vernichtung angelegt war, ist zur strukturellen Gewalt geworden.

Eines fällt auf in allen diesen Geschichten: Der Täter begeht seine Untaten ohne Zittern und Zagen, und auch nach begangenem Mord bleibt er ungerührt. Nicht nur Kain fragt unverfroren, ob er vielleicht seines Bruders Hüter sein solle. Der kleine und wahrhaft noch harmlose Junge aus dem Märchen vom klagenden Lied verhält sich kaum anders, und im singenden Knochen meint der Mörder zum Verschwinden seines Bruders: »Das Schwein wird ihm den Leib aufgerissen haben.« Dabei gehen allen Tätern Lügen und Ausreden erstaunlich leicht über die Lippen und so überzeugend, daß man ihnen ohne weiteres glaubt.

Daraus ergibt sich unzweifelhaft: Das fünfte Gebot bremst keinen Brudermörder. Nichts regt sich in seinem Inneren gegen die Mordtat, weder vorher noch hinterher. Die Wirksamkeit des Gewissens funktioniert hier nicht. Ganz offensichtlich haben die Täter – alle Täter – das Gebot »Du sollst nicht töten« nicht als ethische Maxime verinnerlicht. Ihr Gewissen schweigt, Skrupel kommen nicht auf, und Schuldgefühle quälen sie nicht. Nicht ein einziges Mal werden moralische Bedenken erwähnt. Kein Über-Ich wird hemmend wirksam.

Das könnte den Menschen als mordgierigen Gewalttäter erscheinen lassen, den keine Moral im Zaum zu halten vermag. Aber dennoch eskaliert der Kain-Affekt nicht zu Brudermorden – wegen der Ängste. Das zeigt sich im zweiten Teil dieser Märchen. Man sieht den Täter förmlich vor Angst und Entsetzen erblassen, wenn seine Untat offenbar wird. Dann ist es vorbei mit seiner gewissenlosen Gelassenheit, dann bricht er zusammen. Auslösendes Moment ist das magische Medium: die Flöte aus dem Knöchelchen des Toten, die sprechende Harfe aus dem Brustbein des Ertränkten, der Dudelsack aus der Haut und den Knochen des Ermordeten. Aus dem Grab heraus strecken die Opfer die Hand aus nach dem Mörder. Der wird »von ungeheurem Grauen durchrieselt«, heißt es im klagenden Lied. Es ist aber nicht sein Gewissen, das ihn auf einmal plagt – warum sollte es plötzlich? –, sondern die wahrhaft erschreckende Erkenntnis, daß jetzt er Opfer der Gewalt wird. Der Ermordete steht unerwartet gegen ihn auf und trachtet nun ihm nach dem Leben. Die Rollen sind vertauscht. Aus Kain wird Abel, aus dem Mörder das Opfer. Und anders als Abel weiß das Opfer, was es zu erwarten hat. Es wird nicht hinterrücks erschlagen, sondern sieht den Sack, in den es genäht, oder den Galgen, an den es gehängt wird. Ihm wird unvermittelt bewußt: Wer seinen Bruder erschlägt, kann durch seinen Bruder umkommen, wer seine Schwester umbringt, kann durch seine Schwester ums Leben gebracht werden, und zwar elendig. Es ist die simple Erkenntnis, daß alles, was man selber wünscht oder will oder auch ausführt, einem in gleicher Weise, ja, noch schlimmer auch geschehen kann. Das ist weit mehr als lediglich Angst vor Strafe.

Zieht man aus dem Bisherigen das Fazit, so lebt der Mensch reichlich gewissenlos und ohne nennenswerte moralische Barrieren zwischen seiner Neigung zum Kain-Affekt, der gleichzeitigen Angst davor, der noch größeren Angst, selbst wie Abel hintergangen und heimtückisch erschlagen zu werden, und schließlich der Angst, durch eine späte Rache des Ermordeten grausam ums Leben zu kommen. Das hieße also: Der Mensch existiert auf einem schmalen Grat zwischen Gewalttätigkeitsgelüsten und etlichen Ängsten, die ihm die Lust daran nehmen, und dieses labile Gleichgewicht hält ihn einigermaßen friedlich.

Wie die Dynamik der Gewalttätigkeit auffallend ähnlich ist, so sind die Motive, die zu den Geschwistermorden führen, auffallend gleich. Woher auch immer die Märchen stammen und wann immer sie entstanden sein mögen, immer wieder sind es Neid und Mißgunst, die Mordgelüste wecken. Diese beiden Eigenschaften sind seit eh und je und vermutlich nach wie vor der Motor für Grausamkeiten und Gewalt. Das deckt sich mit realen Forschungsergebnissen. Es gibt deren nicht viele, denn dem Phänomen des Neids ist man in der Wissenschaft weitgehend ausgewichen. (Schoeck, 1980) Es ist schließlich peinlich, den Menschen als neidisches Wesen erkennen zu müssen. Aber die vorhandenen Quellen und Untersuchungen zeigen, daß Neid und Mißgunst schon in den Kinderzimmern herrschen, und zwar rund um die Welt; hinter den Windschirmen der ach so gern als sanft beschriebenen Buschleute Afrikas so gut wie in den angeblich so aggressionsfrei machenden antiautoritären Kinderläden. Und auch die vielzitierte Friedlichkeit so mancher Jäger- und Sammlerkulturen hat sich inzwischen als freundlicher Mythos erwiesen.

Verraten, verlassen und dann abgeschrieben

Neid und Mißgunst und die daraus resultierenden Totschlagstendenzen gibt es nicht nur unter Geschwistern und unter Kindern. Dafür zeugen etliche Märchen. Bei Grimm ist es unter anderen ›Dat Erdmänneken‹, Nr. 91. Es beginnt ähnlich wie der singende Knochen, nur sind in diesem Fall drei Prinzessinnen zu gewinnen. Und es sind drei Jägerburschen, die ausziehen, sie zu suchen. Das ist eine weit günstigere Ausgangslage als im singenden Knochen. Dort konnte nur einer der beiden Brüder die eine Prinzessin gewinnen, und dadurch war das Drama programmiert. Hier ist es anders. Wenn den dreien gemeinsam die Aufgabe glückte, bekäme jeder eine Prinzessin. Es besteht also eigentlich kein Grund für Neid und Mißgunst, wohl aber eine Situation, die vertrauensvolle Zusammenarbeit begünstigt. Zunächst sind die drei auch ganz solidarisch. Sie losen fair darum, wer zu Hause bleiben und kochen muß. Die anderen beiden suchen derweil die Prinzessinnen, und täglich wechseln sie sich ab. Der älteste Jägerbursche kocht zuerst. Er bekommt Besuch von einem Männchen und bezieht von dem kleinen, aber unglaublich starken Wicht erbärmliche Prügel. Nun sollte man erwarten, er würde den beiden anderen davon erzählen und sie vor dem Männlein warnen, aber er tut nichts dergleichen. Der zweite macht mit dem Erdmänneken die gleiche Erfahrung und wird genauso verprügelt. Am Abend fragt ihn der erste, wie es ihm denn ergangen sei, und da erzählt er ihm, was passiert ist, und die beiden klagen einander ihre Not. Das ist seltsam. Jägerbursche Nummer zwei fühlt sich nicht hintergangen, denn er beschwert sich nicht oder macht dem ältesten Vorwürfe, daß der ihn ungewarnt hat in die Falle tappen lassen. Sollte er es ganz natürlich und normal finden, unter Freunden derart behandelt zu werden? Vermutlich ja, denn er verhält sich nicht anders: Dem jüngsten Jägerburschen wird auch nichts gesagt. Die beiden sind sich darin einig.

Über das Motiv eines solchen Verhaltens gibt das Märchen ›Der starke Hans‹ Aufschluß. Dort ist die Situation die gleiche. Hans wird ebenfalls nicht vor dem rabiaten Wicht gewarnt. Zur Begründung meint der eine Gefährte: »Der muß auch von der Suppe kosten«, und dem anderen macht »der bloße Gedanke« daran »schon Vergnügen«. Damit ist die Katze aus dem Sack: Pure Schadenfreude ist das Motiv. Sie untergräbt als erstes den Gemeinsinn, den die drei für ihre wahrhaftig nicht leichte Aufgabe dringend nötig hätten. Das wäre nicht das Schlimmste, aber die Schadenfreude erweist sich darüber hinaus als der erste Schritt zu späterer Gewalt. Vielleicht hat Schopenhauer nur zu recht, wenn er sie teuflisch findet. Gewiß aber ist sie weit verbreitet. Bereits Kinder unter zwei Jahren äußern sie. (Eibl-Eibesfeldt, 1975) Sprichwörter loben die Lust an der Schadenfreude und verharmlosen ihre Schädlichkeit: »Wer den Schaden hat, braucht für den Spott nicht zu sorgen.« Dieser Spott ist gefährlich, weil er soziale Beziehungen zersetzt und dadurch die Friedlichkeit gefährdet.

Das Männlein hat bei dem jüngsten Jägerburschen keine Chance. Obwohl er von den beiden anderen abfällig der dumme Hans genannt wird, läßt er sich nicht hereinlegen und verdrischt den Wicht seinerseits. Der Kleine schreit um Hilfe und verspricht, das Versteck der Königstöchter zu nennen, wenn Hans nur aufhören wolle. Hans hört auf. Er erfährt das Versteck, und wie die drei befreit werden können, erfährt er auch. Außerdem bekommt er einen guten Rat umsonst dazu: Er solle seinen Gesellen nicht trauen, und »wenn er die Königstöchter erlösen wolle, dann müsse er es allein tun«.

Hans zweifelt nicht an den Worten des Männleins, nimmt die Warnung auch durchaus ernst, wie sich später zeigen wird, aber er trennt sich dennoch nicht von seinen Gefährten. Er wahrt die Solidarität. Hans ist gut, und er bleibt gut, und das ist ein höchst riskantes Verhalten. Nicht etwa darum, weil er deswegen als dumm angesehen und verspottet wird. Solchen Spott nimmt jeder gute Märchenheld klaglos in Kauf. Es ist weit schlimmer: Gut-Sein ist gefährlich – unter Umständen sogar lebensgefährlich. Das ist das Problem. Gut-Sein fordert die Aggressionen der weniger Guten heraus. Es provoziert Arglist, Bosheit, Gemeinheit und Schlimmeres.

Offen und ehrlich berichtet Hans, wie es ihm mit dem Männlein ergangen ist. Er ist großartig mit ihm fertig geworden, und das könnte gewiß den Neid seiner Genossen erregen. Aber was bedeutet dies jetzt noch? Hans kennt das Versteck der drei Prinzessinnen. Sie sitzen in einem Brunnen. Die drei brauchen nur hinzugehen, sie herauszuholen, und sie sind gemachte Leute. Das sind Aussichten, von denen die armen Jägerburschen bisher nur träumen konnten. Vor solchen Möglichkeiten müßten die lächerlichen Eifersüchteleien doch verblassen. Eigentlich könnten die beiden nichts anderes tun, als dem Hans dankbar auf die Schulter zu klopfen. Aber mit ihrer Dankbarkeit ist es nicht weit her. Sie klopfen ihm nicht auf die Schulter. Na, schön. Aber freuen müßten sie sich wenigstens. Sie freuen sich aber nicht. Die großartige Neuigkeit kümmert sie überhaupt nicht. Weder stimmt sie ihr zukünftiger Status froh noch der in greifbare Nähe gerückte Besitz einer schönen Prinzessin. Immer noch bewegt sie weit mehr, daß Hans mit dem Männlein besser fertig geworden ist als sie und ihm auch noch eine so wichtige Information entlocken konnte. Ihr Neid ist stärker als die Aussicht auf Reichtum, Macht und eine schöne Frau. Sie freuen sich nicht, sondern ärgern sich, und zwar so sehr, daß sie gelb und grün werden. Was für ein unsinniges und unzweckmäßiges Verhalten! Sie schaden sich damit nur selbst, ihr Neid bringt ihnen nicht das geringste ein. Dennoch verhalten sie sich so.

Man brauchte sich darüber keine weiteren Gedanken zu machen, wenn diese Überwältigung durch Neid lediglich dazu führte, daß zwei dumme Kerle sich gelb und grün ärgerten, statt sich auf eine vielversprechende Zukunft zu freuen. Doch neidisch zu sein und sich damit selbst zu schaden ist eine Sache. Eine ganz andere ist es, wenn Neid zu Mord und Totschlag führt. Das aber ist hier der Fall. Neid erweist sich wieder einmal als gewichtiger Auslöser von Gewalt. Nicht von ungefähr dürfte der Neid eine der sieben Todsünden sein.

Die beiden Gefährten sind nicht nur neidisch, sondern auch sehr bange. Sie trauen sich nicht in den tiefen Brunnen hinunter. Also läßt sich der brave Hans von ihnen in einem Korb hinunterwinden. Dort unten betätigt er sich als heldenhafter Drachentöter. Er befreit die drei Prinzessinnen, und seine beiden Gefährten ziehen eine nach der anderen nach oben und als letzten ihren Kameraden. Sie verdanken ihm alles, und er würde ihnen nichts wegnehmen, nichts streitig machen. Er bedeutet keinerlei Gefahr für sie, beeinträchtigt ihre Interessen kaum, ist kein Konkurrent. Dennoch ziehen sie ihn nur bis zur Hälfte hoch. Dann schneiden sie das Seil durch. Der Korb stürzt in die Tiefe und zerschlägt auf dem Grund. Die beiden können am Schicksal ihres Gefährten keinen Zweifel haben und haben ihn auch nicht: Der sei nun tot, stellen sie befriedigt fest. Sie pressen den drei geretteten Prinzessinnen das Versprechen ab, sie als Befreier anzugeben, gehen dann zum König und begehren ihren Lohn. Die Hochzeit wird angesetzt.

Die älteste Spur dieser Gewalttat findet sich im ersten Jahrhundert vor Christus. Der Grieche Konon erzählte von zwei Hirten aus Ephesus. Sie entdecken eine Schatzhöhle. Einer läßt sich hinunter, der andere zieht die Schätze hoch, nicht aber seinen Gefährten. Der wäre elendiglich umgekommen, wenn ihn der Gott Apoll nicht gerettet hätte.

In einer chinesischen Geschichte von Kan Pao aus dem vierten Jahrhundert gibt es keinen hilfreichen Gott. Ein Nachbar holt ein Mädchen aus der Höhle, nicht aber dessen Geliebten. Dem nützt es nichts, daß die Schöne tagtäglich sehnsuchtsvoll nach ihm ausschaut. Er verschmachtet. Das Motiv findet sich auch in etlichen anderen chinesischen Märchen. Der Märchenforscher Ting schließt auf einen Prototyp.

Dieser Schluß gilt auch für die westliche Hemisphäre, und es dürfte ziemlich sicher sein, daß das Motiv unabhängig im Osten wie im Westen entstanden ist. Es ist auch bei uns weit verbreitet. Im Bolte-Polívka füllen die Anmerkungen zu ›Dat Erdmänneken‹, und das sind weitgehend Aufzählungen von ähnlichen Versionen aus den verschiedenen Ländern, über zwanzig Seiten. Märchen dieses Typs finden sich fast überall in Europa, dazu in Arabien, Persien und bei den Indianern.

Wie schon einmal, so fällt auch hinsichtlich dieser Märchen eine bestimmte Bewertung in der Sekundärliteratur auf. So erscheint niemals das Wort Mord, obwohl in einigen Fällen das Opfer tatsächlich stirbt. Auch wird kaum jemals die tatsächliche Absicht der Täter klar benannt. Es ist nicht die Rede davon, daß sie mit dem Zerschneiden des Seils oder durch entsprechende Handlungen nichts anderes bezwecken als den Tod des Gefährten. Dies wird immer wieder beschönigend umschrieben. In der Motivaufzählung bei Bolte-Polívka heißt es lediglich, daß der Held von den treulosen Gefährten zurückgelassen wird. Das ist alles, und die Täter sind nichts weiter als treulos. Das aber trifft nicht den Kern. Sie haben nie Treue gelobt oder wären dazu verpflichtet gewesen. Sie wären jedoch sehr wohl verpflichtet gewesen, ihren Nächsten nicht zu töten. Aber in all den verschiedenen Versionen dieses Märchens versuchen sie, ihn umzubringen. Das jedoch wird wieder einmal verharmlost und verschleiert. Abermals wird Gewalt zur Nebensache umgedeutet.

Wie sich zeigen wird, verharmlosen die Märchen selbst die bösen Taten keineswegs. Sie bewerten sie als das, was sie sind.

In der Gewißheit, daß ihr dummer Gefährte umgekommen ist, bereiten sich die beiden Jägerburschen auf die Hochzeit vor. Hans aber war gar nicht so dumm. Rechtzeitig genug hat er sich an den Rat des Erdmännekens erinnert und sich nicht in den Korb gesetzt, sondern einen Stein hineingelegt. Sein Märchenbruder, der starke Hans, Nr. 166, legt in gleicher Situation seinen schweren Stab in den Korb. Hans Nummer eins ziehen die Erdmänneken an seinen Haaren aus der Tiefe, dem Hans Nummer zwei hilft ein Zauberring. Also tauchen die Totgeglaubten wieder auf, und für die »treulosen Gefährten« gibt es keine mildernden Umstände. Das »Zurücklassen« ihres Kameraden wird als das gewertet, was es ist, und entsprechend fällt die Strafe aus: Die beiden Jägerburschen werden an den Galgen gehängt. Die drakonische und oft auch grausame Bestrafung ist fester Bestandteil so gut wie aller Märchen dieses Typs. In einer Parallelversion aus der Gegend von Köln werden die beiden in einen Sack voll Schlangen eingenäht und in den Abgrund geworfen. Der starke Hans übt eigenhändig Rache. Mit seinem Stab erschlägt er die beiden Betrüger und wirft sie ins Wasser. Die meisten werden ihm diese Selbstjustiz nicht übelnehmen und den Mordbuben den Tod gönnen.

Beim Hören und Lesen der Märchen kommt es sehr entscheidend auf den Standpunkt an. Identifiziert man sich, was diese Geschichten nahelegen, mit dem Helden, so gibt es keine Probleme. Aus dieser Sicht ist das Leben in den Märchen fabelhaft erfolgreich, und alles endet – fast – immer gut. Aus dieser Sicht erscheint aber auch Gewalt fast immer als gerecht oder berechtigt, wenn nicht als Genugtuung oder als Spaß. Oder sie zählt gar nicht. Nämlich dann, wenn die Bösen sie ausüben. Die können morden, soviel sie wollen, das tut der heilen Märchenwelt keinen Abbruch. Sieht man die Märchen mit den Augen der Helden, dann sind die anderen die Bösen. Mit denen hat man nichts zu schaffen, die gehen einen persönlich nicht das geringste an. Die Kluft zwischen Gut und Böse erscheint unüberbrückbar. Man ist mit größter Selbstverständlichkeit der starke Hans oder der Jäger-Hans, und ebenso selbstverständlich ist man nicht einer seiner Gefährten.

Ein Standpunktwechsel gibt der Geschichte eine ganz andere Dimension. Dann steht man mit den beiden Jägerburschen am Brunnenrand und ist froh, daß der dumme Hans allein hinuntergestiegen ist, um dort in der Tiefe mit gefährlichen Drachen zu kämpfen. Mit großer Befriedigung zieht man die Prinzessinnen nach oben, eine nach der anderen. Wunderbar! Danach aber muß man – sollte man? – den wieder einmal so unangenehm erfolgreichen Hans heraufziehen. Das ist gar nicht wunderbar. Er wird einem die Schau stehlen. Ihn wird alle Welt als Sieger, Drachentöter, Prinzessinnenbefreier feiern, und man wird als bedeutungsloser Statist daneben stehen, vielleicht auf Dauer im Schatten des erfolgreichen Gefährten leben. Gar nicht gut! Und was wäre erst, wenn er erzählte, daß man zu feige gewesen ist, selbst in den Brunnen zu steigen? Schreckliche Vorstellung! Unter diesen Umständen kann man sich doch nur eines sehnlich wünschen: Das Seil möge reißen. Diesen Wunsch setzt das Märchen in Handlung um. Die beiden schneiden das Seil durch. Sie tun, was so mancher in ähnlicher Situation auch nur zu gern täte. Sie zeigen nichts anderes als menschliches, allzu menschliches Verhalten. Sie sind keine verbrecherischen Außenseiter der Gesellschaft. Auch die Gefährten des starken Hans sind keine Kriminellen. Er hat sie sich selbst ausgesucht und zu seinen Freunden gewählt. Der ältere Bruder im singenden Knochen wird listig und klug genannt, nicht aber ein Verbrecher. Und wie ist es schließlich mit Kain gewesen? Vor der Tat ein braver Ackermann, nach der Tat ein Städtegründer, ist auch er kein Schurke schlechthin. All die Bösen sind – von ihrer Untat abgesehen – ganz normale Menschen: Berufskameraden, Gefährten, Freunde, Nachbarn – und bezieht man das vorige Kapitel ein: Brüder. Die Schranke zwischen ihnen und uns bauen wir auf: hie die Guten – da die Bösen. Diese Trennung ist künstlich. Helden und Antihelden stellen nichts anderes dar, als menschliche Möglichkeiten zu denken, zu wünschen und zu handeln. Allenfalls hat der Mensch die Wahl.

Welche Chance aber hat der Gute tatsächlich? Geht es ihm wie Abel? Wird er erschlagen, und kein Hahn kräht danach? Oder wie dem Jüngling im chinesischen Märchen: Ihn läßt man verschmachten, und der Nachbar heiratet sein Mädchen? Unsere Märchenhelden werden gerettet. Aber auf welche Weise? Den einen ziehen sagenhafte Erdmännchen aus der Tiefe, der andere kann sich mit Hilfe eines Zauberringes retten. Den griechischen Hirten befreit ein Gott. Immer sind es Wunder, denen die Guten das Überleben verdanken. Wer aber wird ernstlich an Wunder glauben? Ohne Wunder wären jedoch die Bösen nicht gehängt, in Säcke voller Schlangen eingenäht oder erschlagen worden. Sie hielten Hochzeit mit den Prinzessinnen, gewönnen Macht und könnten bis ans Ende ihrer Tage herrschen. So wie Kain. Das aber hieße: Gewalt zahlt sich aus.

Und sie zahlt sich aus – immer wieder, und Typen wie die Antihelden dieser Märchen sind wahrhaftig nicht aus der Luft gegriffen. Aber ihre guten Gegenspieler sind es auch nicht. Sie mögen für dumm gehalten werden, für naiv, für weltfremde Phantasten, mit denen jeder machen kann, was er will. Aber so werden sie nur von denen gesehen, denen fehlt, was sie auszeichnet. Das ist ja der Grund für ihren Neid. Sie neiden ihnen die Überlegenheit. Nicht die moralische. Darüber mögen sie sich mokieren, nein, die praktische Überlegenheit, und die haben diese ehrlichen und friedfertigen Träumer, obwohl man es nicht glauben möchte.

Die beiden Hansse sind im Gegensatz zu ihren Genossen mit dem Zwerg fertig geworden, und ganz ohne allen Zauber. Der Zwerg kam und bat um ein Stück Brot. Die beiden Älteren schnitten ihm ein Stück ab und gaben es ihm. So weit, so gut, aber nun ließ der Zwerg das Brot fallen und bat darum, es ihm aufzuheben. Das taten die beiden, und das war ihr Fehler. Während sie sich bückten, sprang ihnen das Männlein auf den Rükken und bleute sie unbarmherzig durch. (Bechstein) Der Jüngste aber dachte nicht daran, das Brot aufzuheben, und er empörte sich über dieses Ansinnen: »Was! Kannst du das Stück nicht selber wieder aufheben; wenn du dir nicht mal diese Mühe geben willst für deine tägliche Nahrung, so bist du auch nicht wert, daß du sie ißt.« Daraufhin wurde das Männlein böse und verlangte abermals, daß Hans das Brot aufhob. Aber einschüchtern ließ der sich erst recht nicht, und seine Gutmütigkeit hatte Grenzen. Er packte das Männlein und verdrosch es. Der Kleine gehört in die Gruppe der Märchenfiguren, die den Helden prüfen. Hans hat seine Prüfung bestanden. Darum erhält er seinen Lohn.

Der starke Hans verhält sich ähnlich wie sein Namensvetter. Von ihm verlangt das Männlein Fleisch. Er gibt ihm ein Stück und auch noch ein zweites. Als der Kleine aber ein drittes Stück verlangt, sagt Hans: »Du wirst unverschämt« und gibt ihm nichts. Da wird der Zwerg zornig und will an ihm hochspringen, aber Hans prügelt ihn ohne große Mühe die Treppe hinunter.

Diese geradezu selbstverständliche Sicherheit hat nichts mit Zauberei zu tun. Ebensowenig wie die Furchtlosigkeit der Helden. Sie besitzen diese Eigenschaften, und das zeichnet sie aus. Es zeigt sich auch, daß sie weder naiv noch dumm sind. Ihr Vertrauen zu den Mitmenschen und ihre Treue zu den Genossen arten nicht in Schwäche aus. Im entscheidenden Augenblick handeln sie vorsichtig und klug: Sie setzen sich nicht in den Korb, sorgen aber dafür, daß die oben denken, sie hätten es getan.

Blieben noch die Wunder. Es sind auch Wunder, daß die Prinzessinnen x Klafter unter die Erde gezaubert werden und vielköpfige Drachen sie bewachen. Wunder gehören zum Märchen. In Wirklichkeit sind die magischen Helfer, die die Helden retten, höchst reale Eigenschaften und Fähigkeiten, über die diese verfügen. Man traut sie ihnen nicht zu. Man hat ihnen auch nicht zugetraut, daß sie mit dem Zwerg fertig werden. Man unterschätzt diese »dummen« Hansse, diese »naiven« Jüngsten eben immer wieder. Tatsächlich können sie ein wenig mehr als andere, und sie sind auch ein wenig besser. Damit aber protzen sie nicht. Neben allem anderen sind sie auch noch bescheiden.

In Wirklichkeit mag es nicht viele solcher »Märchenhelden« geben. So zu sein macht das Leben schließlich nicht einfach. Aber sie sind die Zentralfiguren sehr vieler Märchen, und seit Jahrhunderten haben sich die Menschen immer wieder gern mit ihnen identifiziert. Täten sie es, wenn es keine Wesensverwandtschaft gäbe und nicht den Wunsch, so zu sein wie sie? Vielleicht hat das Vorbild so vieler guter Helden doch schon Früchte getragen, und es gibt mehr von ihnen, als es den Anschein hat? Sie setzen sich schließlich nicht gern in Szene.

... und stachen ihm das Auge aus

Wenig Hoffnung auf die guten Kräfte im Menschen macht das Märchen Nr. 107, ›Die beiden Wanderer‹. Es ist kein Einzelfall. Die hier geschilderte Mitleidlosigkeit und Grausamkeit gibt es in vielen ähnlichen Märchen. Es geht ums Augenausstechen. In den verschiedenen Varianten dieser Geschichte kommt es im wesentlichen aus drei Gründen zu dieser furchtbaren Tat. Erstens anläßlich einer Wette. Ein reicher Mann wettet mit seinem Knecht, daß nicht Wahrheit und Gerechtigkeit, sondern Falschheit und Untreue die Welt regieren. Drei Richter – ein Kaufmann, ein Abt und ein Edelmann – sollen entscheiden. Sie dürften sich auskennen in der Welt. Das Urteil fällt ihnen nicht schwer. Sie haben keine Zweifel und sind sich sofort einig: Sie geben dem reichen Mann recht. Daraufhin belegt der umgehend seine These, bindet seinen Knecht an einen Baum und sticht ihm beide Augen aus. Diese Geschichte stammt aus dem Jahre 1522 und geht auf ein ungarisches Predigtmärlein zurück. In einem spanischen Märchen wetten zwei Wanderer, ob Lüge oder Wahrheit mehr Gewinn bringt. Sie machen die Probe. Der lügenhafte Schmeichler wird geehrt, der Wahrheitsliebende aber geblendet. Zwei Araber wetten mit dem gleichen traurigen Ergebnis (1001 Nacht), ebenso zwei Inder (Kathakoca).

Der zweite Grund ist schlichte Habgier. Beispiel dafür ist das Grimmsche Märchen ›Die Krähen‹ (Urfassung von 1815). Ein Soldat hat es den Brüdern Grimm erzählt, von einem Soldaten handelt es auch, und zwar von einem rechtschaffenen und fleißigen. Überdies bringt er sein Geld »nicht, wie die anderen, in den Wirtshäusern« durch, sondern spart es. Durch seine Eigenschaften wie durch seinen Besitz ist er also den meisten seiner Kameraden überlegen, und das ist wieder jene Überlegenheit, die Neid, Mißgunst und Habgier weckt. Auch dieses Märchen zeigt, daß Gut-Sein und Überlegen-Sein unter Umständen Eigenschaften sind, die den Menschen erheblich gefährden, besonders dann, wenn er glaubt, die anderen seien so wie er.

Der Soldat in dieser Geschichte denkt so. Er ahnt nichts Böses, als sich zwei seiner Kameraden »äußerlich ganz freundschaftlich« seiner annehmen, und läßt sich von ihnen aus der Stadt in die Einsamkeit führen. Dort schlagen die beiden ihn nieder und rauben ihm sein Geld. Dabei belassen sie es aber nicht. Zusätzlich stechen sie ihm die Augen aus, schleppen ihn zu einem Galgen und binden ihn daran fest.

Habgier ist gewiß das wesentliche Motiv. Die Grausamkeit nach dem Raub hat jedoch mit Habgier nichts mehr zu tun. Sie dient auch nicht dazu, die Tat zu verschleiern. Dann hätten sie den Mann töten müssen. Diese Grausamkeit ist zwecklos, sinnlos, nützt den Tätern nicht. Sie ist nichts als sadistische Freude am Quälen ihres Kameraden. Märchen mögen häufig ihre Helden idealisieren, aber, wie man sieht, kommen auch die schlechten Seiten des Menschen wahrhaftig nicht zu kurz.

Natürlich gewinnt der gute Soldat sein Augenlicht zurück, dann aber geschieht etwas, das aus dem üblichen Rahmen fällt: Die beiden Übeltäter fallen vor dem wieder sehend gewordenen Kameraden nieder. Der aber nimmt nicht nur keine Rache, sondern, »weil er ein gutes Herz hatte, erbarmte er sich ihrer«. Darüber hinaus gibt er ihnen Nahrung und Kleidung und nimmt sie mit sich.

Damit aber wären weitere Gegenkräfte gegen Grausamkeit und Gewalt gefunden, nämlich Erbarmen und Vergebung. Diese Tendenz ist zwar nicht dominierend, findet sich aber nicht nur in christlichen Märchen. So ist in einem Märchen aus Tibet die »aufrichtige Versöhnlichkeit« des Opfers gegenüber seinem Bruder, der ihn beraubte und blendete, geradezu die Voraussetzung dafür, das Augenlicht wiederzuerlangen. In einem persischen Märchen wird der Held von seinem Reisegefährten des Wassers beraubt, dann auch seiner Augen und obendrein mißhandelt. Genesen und wieder sehend, trifft er seinen ehemaligen Gefährten und verzeiht ihm. In einem indischen Märchen wird dramatisch belegt, daß der Wahlspruch des Helden »Barmherzigkeit triumphiert« tatsächlich über alles Böse siegt. Diese weite Verbreitung mag zeigen, daß der Mensch auch eine Neigung hat zum Vergeben und Verzeihen, und darin liegt immerhin eine Hoffnung.

Diese ausgesprochen humane Einstellung mancher Helden ändert jedoch nichts daran, daß die Täter, denen vergeben worden ist, dennoch ihrer Strafe nicht entgehen. Im Märchen ›Die Krähen‹ hacken die Vögel, die der Geschichte den Namen gegeben haben, den Tätern die Augen aus. Sie lassen es aber dabei nicht bewenden, sondern hacken ihnen »so lange ins Gesicht, bis sie ganz tot waren«. Strafe muß sein! ist eine vielgebrauchte Redensart. Wir wissen inzwischen, welche Wünsche und Bedürfnisse die Bestrafungen der Bösen erfüllen.

Der dritte Anlaß zum Augenausstechen ist ein besonders übler. In kaum noch nachzuempfindender Weise wird von einem Menschen die Notlage eines anderen ausgenutzt: der Hunger. Für ein Stück Brot verlangt der böse Gefährte (oder Bruder!), daß sich sein Wegkamerad ein Auge ausstechen läßt. Es ist erstaunlich, wie häufig sich dieses wahrhaft abwegig erscheinende Motiv findet. Im deutschen Sprachraum ist es in etlichen Versionen verbreitet, es ist in den meisten europäischen Ländern bekannt, außerdem findet es sich bei den Tartaren, Kirgisen und Zigeunern, in Indien und Afrika.

Im Grimmschen Märchen Nr. 107, ›Die beiden Wanderer‹, ist ein Schuster der Täter und ein Schneider das Opfer. Zur Vorgeschichte: Die beiden treffen sich, wandern zusammen. Der Schneider hat ein sonniges Gemüt, ist frisch und munter, und daher gibt ihm jeder gern. Seine Taschen sind stets gefüllt. Der griesgrämige Schuster hat es nicht so leicht und bringt stets weniger mit als sein Kamerad. Aber der Schneider teilt alles redlich mit ihm und hält ihn im Wirtshaus frei. Der Schuster ist darüber jedoch keineswegs froh. Ihm geht es ähnlich wie den Gefährten des Hans: Statt dankbar zu sein und sich zu freuen, schneidet er »ein schiefes Gesicht« und meint: »Je größer der Schelm, je größer das Glück.« Das war damals eine arge Beleidigung, denn Schelm bezeichnete einen Betrüger, einen ehrlosen Menschen. Der Schuster ist mißgünstig, und er ist es, weil er den Schneider beneidet. Wieder sind Neid und Mißgunst die Wegbereiter von Gewalt. Den Schneider stört des Schusters Verhalten nicht, er lacht darüber, und auch das ärgert den Schuster.

Wenig später kann er sich jedoch revanchieren, da ist er es, der lachen kann. Aber das ist kein fröhliches Lachen und kein unbekümmertes, sondern ein bitter-grausames. Er lacht, als der Schneider vor Hunger nicht mehr weiter kann und den Schuster um ein Stück Brot bittet. Der Schneider hat leichtfertigerweise auf den Weg durch einen großen Wald Brot für nur zwei Tage mitgenommen. Der Schuster hat sich dagegen für sieben Tage eingedeckt. Er setzt sich auf einen umgestürzten Baum, läßt es sich schmecken und meint: »Du bist immer so lustig gewesen, da kannst du auch einmal versuchen, wie's tut, wenn man unlustig ist: Die Vögel, die morgens früh singen, die stößt abends der Habicht.« Am fünften Tag kann der Schneider sich vor Mattigkeit nicht mehr erheben. Sagt der Schuster: »Ich will dir heute ein Stückchen Brot geben, aber dafür will ich dir dein rechtes Auge ausstechen«, und das tut er. Am Morgen des siebten Tages sitzt dem Schneider der Tod im Nacken. Zunächst könnte man vermuten, daß den Schuster dieser Zustand seines Gefährten rührt und er Mitleid mit ihm hat, denn er sagt: »Ich will Barmherzigkeit ausüben und dir nochmals Brot geben«, aber seine Worte sind reiner Hohn, denn er fährt fort: »Umsonst bekommst du es nicht, ich steche dir dafür das andere Auge noch aus.« Der Schneider erinnert ihn daran, daß er in guten Tagen alles mit ihm geteilt habe, und er appelliert an sein Mitleid: Wenn er keine Augen mehr habe, könne er sein Handwerk nicht mehr ausüben und müsse betteln gehen. Vergebens. Der geringe Wert der Dankbarkeit als Gegengewicht gegen Gewalt zeigte sich schon. Mitleid scheint kaum mehr zu bewirken: Der Schuster sticht ihm auch das andere Auge aus und läßt ihn unter einem Galgen liegen.

Durch das übliche Wunder erhält der Schneider sein Augenlicht zurück, und sofort gibt er ein Gegenbeispiel zu des Schusters Verhalten. Trotz seines großen Hungers verschont er auf deren Bitten einen Storch, eine Ente und den Honig eines Bienenvolkes und schleppt sich bis zum nächsten Gasthaus. Er bleibt in der Stadt und übt seinen Beruf wieder aus. Durch seine gute Arbeit wird er berühmt und schließlich Hofschneider. Der Schuster ist auch kein schlechter Handwerker, denn am selben Tag wird er Hofschuster. Die beiden begegnen sich, aber der Schneider klagt den Schuster nicht an. Daraufhin heißt es, den Schuster plage sein schlechtes Gewissen. Wer aber nun glaubt, das hieße, er bereue seine Tat, der täuscht sich. Das Gewissen dieses Mannes ist von besonderer Art. Es führt ihn zu folgender Überlegung: »Ehe er [der Schneider] Rache an mir nimmt, muß ich ihm eine Grube graben.« Das ist Psychologie menschlicher Gemeinheit in der Nußschale. Sie setzt sich höchst lehrreich fort: Der Schuster denunziert den Schneider beim König. Er macht ihn beileibe nicht schlecht, behauptet vielmehr, der Schneider verfüge über ganz besondere Fähigkeiten. Ziel seiner Intrige ist natürlich der Tod des Schneiders. Den droht der König dem Schneider auch an, für den Fall nämlich, daß er seine Aufgabe nicht schafft. Dann soll ihn der Scharfrichter »um einen Kopf kürzer« machen. Natürlich geht die Rechnung des Schusters nicht auf, weil die Tiere, die der Schneider verschont hat, ihm helfen. Wie viele »Schneider« bleiben aber in Wirklichkeit auf der Strecke? Und wie viele »Schuster« gibt es?

Der Märchenschneider verliert selbstverständlich nicht seinen Kopf, vielmehr erhält er die Tochter des Königs zur Frau. Das Gute hat wieder einmal gesiegt und wird belohnt. Auch wenn man als Erwachsener das gute Ende nicht immer realistisch finden kann, so gibt doch jedesmal der Sieg des Guten über das Böse erneut die Hoffnung, daß es so sein könnte. Die Märchen vermitteln geradezu die Gewißheit, daß das gute und friedfertige Prinzip dem bösen und gewalttätigen letztlich überlegen ist, und das ist grundsätzlich vielleicht gar nicht einmal falsch. Es müßten dann allerdings die Vorbedingungen erfüllt werden, und über die läßt das Märchen keine Zweifel. In seinem guten Helden werden sie unmißverständlich dargestellt: Der Held überlebt und setzt sich durch, weil er Selbstbewußtsein besitzt, sich nicht beugt, wo es nicht angebracht ist, und sich durchzusetzen weiß. Weil er den Menschen vertraut, aber dabei die notwendige Vorsicht nicht außer acht läßt. Weil er mutig tut, wozu andere zu bange sind, und er sich vor unheimlichen Kräften aus der Tiefe nicht fürchtet. Weil er außerdem fröhlich ist, ein gutes und mitleidiges Herz hat und dazu die Fähigkeit, Unrecht zu verzeihen und sich der Bösewichte zu erbarmen.

So zu sein ist gewiß viel verlangt und ein strenger Maßstab. Nicht wenige stehen lieber am Brunnenrand und schneiden Seile durch. Folgt man aber diesem Märchen und so manchem anderen, so sind der sympathische Schneider und die vielen guten Märchenhelden ähnlicher Art das Prinzip Hoffnung für eine friedlichere Welt.

Der Schneider ist also nun des Königs Schwiegersohn, und wie oft nutzen Menschen eine Machtposition aus, um es Gegnern heimzuzahlen. Der Schneider tut nichts dergleichen. Der unverbesserlich böse Schuster wird nicht bestraft. Ihm wird lediglich befohlen, »die Stadt auf immer zu verlassen«. Aber damit endet das Märchen natürlich nicht. Der Schuster geht, und als er müde geworden ist, legt er sich ausgerechnet unter den Galgen, unter dem er einst den geblendeten Schneider hatte liegenlassen. Zwei Krähen sorgen nun für die übliche Gerechtigkeit. Es sind die, die dem Schneider auf wunderbare Weise wieder zu seinem Augenlicht verholfen haben. Jetzt stürzen sie sich auf den Schuster und hacken ihm die Augen aus. Er rennt in den Wald und muß darin verschmachtet sein, »denn es hat ihn niemand wieder gesehen oder etwas von ihm gehört«, und das ist der letzte Satz des Märchens.

Strafe muß sein, wie gesagt, aber warum muß sie so grausam sein? Das wäre für die bisher herausgearbeiteten Bedürfnisse der Hörer/Leser nicht notwendig. Dennoch werden in so vielen Märchen Menschen bemerkenswert sadistisch umgebracht. Aber auch das erfüllt Bedürfnisse. Sie lassen sich ohne weiteres aus der Geschichte der Hinrichtungen erkennen. Die waren grausam, aber nur solange sie öffentlich abgehalten wurden. Und solange waren sie ein bedeutendes Ereignis, das nicht selten den Charakter eines Volksfestes annahm. Grausamkeit live brachte die Menschen in Massen zu den Hinrichtungsstätten. Und für Abwechslung wurde weiß Gott gesorgt: Vom Hängen, Köpfen, Pfählen und Vierteilen bis zum Verbrennen wurde dem Volk eine große Auswahl geboten. Die Begründung, drakonische Strafen schreckten ab, war pure Heuchelei. Es ging um die Schau. Nach Ausschluß der Öffentlichkeit bei Hinrichtungen wurde niemand mehr aufs Rad geflochten. Mit der Vielfalt der Grausamkeit war es vorbei.

Fazit: Menschliche Gewaltgelüste

Bedenkenlos wird Gewalt gegen Konkurrenten angewandt, und sei der Konkurrent auch der eigene Bruder. Die äußeren Anlässe sind für die Gewalttaten wenig entscheidend. Es wird wegen einer Prinzessin so gut gemordet wie wegen ein paar Feigen. Die Motivation kommt wesentlich von innen, ist ein plötzlich aufbrechendes Gefühl. Das löst Mord- und Totschlagtendenzen aus. Es ist wesentlich geprägt von Neid und Mißgunst. Das Urmodell dafür ist der Kain-Affekt. Weltweit zeigt er sich schon in frühester Kindheit und kommt meist gegenüber Geschwistern zuerst zum Ausdruck. Schon bald entwickeln sich Gegenkräfte, besonders Ängste, und dämmen die Aggressivität ein. Wenig wirksam als Gegenspieler erwiesen sich moralische Maximen, ebenso Mitleid oder Dankbarkeit. Ein schlechtes Gewissen stellt sich bei den Tätern weder vor noch nach der Tat ein.

Die vielfache Grausamkeit der Strafen befriedigt ein anderes Bedürfnis des Menschen: Gewalt fasziniert ihn. Vor allem aber fürchtet er sie. Die Angst vor Gewalttätigkeit führt aber nicht nur zur Bezähmung eigener unfriedlicher Gefühle, sondern auch dazu, daß man sich gegen Angriffe anderer rüstet und dann bemüht ist, für den Ernstfall möglichst über das größere Gewaltpotential zu verfügen.

Die Märchen von den Gefährten zeigen noch deutlicher die Gewalt auslösende Rolle des Neides. Neid läßt die Aussicht auf Macht, Ansehen und Reichtum für zwei arme Jägerburschen zur Nebensache werden. Sie morden aus Neid und Mißgunst, das ist ihr einziges Motiv.

In vielen Märchen wird in Form einer Wette das Gute gegen das Böse, Wahrheit gegen Lüge, Gerechtigkeit gegen Untreue abgewogen. Kompetente Schiedsrichter erkennen in angeblich realistischer Weltsicht stets dem Bösen die Überlegenheit zu, und dem Vertreter des guten Prinzips werden die Augen ausgestochen. Andere Opfer werden aus Habgier oder aus purer Bosheit geblendet. Bei den Tätern sind keine Hemmungen mehr vorhanden. Gewalt scheint sich auszuzahlen.

Bedeutender Gegenspieler ist der jüngste Gefährte. Seine Fähigkeiten und Eigenschaften verhindern, daß Gewalt sich auszahlt. Aber nur ein Wunder setzt ihn in die Lage, so wirksam einzugreifen. Dieses Wunder liegt jedoch grundsätzlich im Bereich der Möglichkeiten. Die Eigenschaften des Helden, von seinem Selbstbewußtsein bis zu seinem Erbarmen, stellen eine Hoffnung dar, der Gewalttätigkeit wirkungsvoll etwas Besseres entgegenzusetzen.

Subtile Gewalt

Mit hemmungsloser Gewalt kann die Menschheit nicht leben und nicht überleben. Ob es sich nun um den Knüppel handelt oder um den Kain-Affekt, der dazu drängt, seinen Bruder zu erschlagen, diese Formen direkter Gewalt sind gesellschaftlich untragbar. Sehr früh sorgten Normen, Regeln und Gesetze dafür, daß niemand ungestraft seinen Nächsten umbringt, ihm die Augen aussticht oder ihn auch nur prügelt. Damit werden allerdings nicht die diesbezüglichen menschlichen Neigungen aus der Welt geschafft. Aber der Mensch ist erfinderisch – auch auf diesem Gebiet. Da ihm die Befriedigung aggressiver Gelüste vielfältig verbaut und verboten ist, fand er andere Wege, sie abzureagieren. Er nahm Zuflucht zu indirekter Gewalt, zu mannigfachen Formen versteckter, verstohlener, subtiler Gewalt. Die Märchen sind voll von solchen Beispielen, und das »Schlachtfeld« für diesen Bereich liegt am häufigsten innerhalb der eigenen vier Wände, ist die Familie.

Gewalt aus allen Ecken

Die Familie beginnt mit dem Paar, und mit einem Paar beginnt das Märchen Nr. 41 der Brüder Grimm, ›Herr Korbes‹, nämlich mit Hähnchen und Hühnchen. Hähnchen hat einen schönen Wagen gebaut mit vier roten Rädern. Er spannt vier Mäuschen davor, das Hühnchen setzt sich neben ihn, und die beiden fahren los. Hähnchen ist guter Laune und hat einen fröhlichen Spruch auf den Lippen: »Ihr Räderchen schweift, ihr Mäuschen pfeift, als hinaus nach des Herrn Korbes seinem Haus.«

So heiter und unbeschwert wie dieses Märchen fangen auch viele Paarbeziehungen an, und nicht wenige Menschen erträumen als Höhepunkt ihres Lebens die Fahrt mit einer schönen Hochzeitskutsche ins gemeinsame Heim. Viele Liebesromane enden an dieser Stelle. Das Märchen fängt hier an. Hähnchen ist in euphorischer Stimmung, und wer wollte ihm seine optimistische Heiterkeit verdenken? Allerdings macht sie ihn vertrauensselig. Eine Katze fragt, wohin die Fahrt gehe. Hähnchen verrät es ihr. Sie will mitfahren. »Recht gern«, sagt er, und sie steigt auf. Ohne Bedenken nimmt er etliche weitere Passagiere mit, als nächstes einen Mühlstein, dann ein Ei, eine Ente und schließlich eine Stecknadel und eine Nähnadel. Damit ist die Reisegesellschaft komplett und erreicht ohne weiteren Zwischenfall das Haus des Herrn Korbes. Der aber ist nicht da, und damit endet der erste Teil des Märchens. Der Wagen mit den schönen roten Rädern hat ausgedient und wird in die Scheune gefahren. Die pfeifenden Mäuschen verschwinden auf Nimmerwiedersehen. Hähnchen und Hühnchen setzen sich auf eine Stange und werden fortan nicht mehr erwähnt. Vorbei ist es auch mit den verniedlichenden Verkleinerungsformen. Nach dem Szenenwechsel ist Schluß mit der romantischen Lieblichkeit. Die Hochzeitsreise ist zu Ende.

Die unterwegs aufgelesene Reisegesellschaft besetzt das Haus. Die Katze legt sich in den Kamin, die Ente setzt sich auf die Brunnenstange. Das Ei wickelt sich ins Handtuch, die Stecknadel steckt sich ins Stuhlkissen, und die Nähnadel springt aufs Bett und steckt sich mitten ins Kopfkissen. Der Mühlstein legt sich über die Tür.

Jetzt kommt Herr Korbes und betritt sein Haus. Er geht zum Kamin und will Feuer machen, da wirft ihm die Katze Asche ins Gesicht. Er eilt in die Küche, um sich zu säubern. Da spritzt ihm die Ente Wasser ins Gesicht. Er greift zum Handtuch und will sich damit abtrocknen. Dabei rollt ihm das Ei entgegen, zerbricht und klebt ihm die Augen zu. Er tastet sich zu seinem Sessel und läßt sich hineinfallen. Sofort springt er wieder hoch, weil ihn die Stecknadel gestochen hat. Darüber wird er »ganz verdrießlich«, wirft sich auf sein Bett und vergräbt seinen Kopf im Kopfkissen. Da fährt ihm die Nähnadel übers Gesicht. Herr Korbes schreit auf, und wütend beschließt er, sein Haus zu verlassen und in die weite Welt zu laufen. Er kommt aber nur bis zur Haustür. Dort springt ihm der Mühlstein auf den Kopf und schlägt ihn tot, und das ist das abrupte Ende des Märchens – jedenfalls in der Urfassung. Die Grimms fügten noch einen Satz hinzu: »Der Herr Korbes muß ein recht böser Mann gewesen sein.«

Das ist eine bloße Vermutung. Die Grimms verfahren hier

wieder nach dem Grundsatz, daß Gewalt moralisch begründet sein muß. Sie ist es nicht, denn Herr Korbes kommt ganz friedlich nach Haus und will etwas durchaus Lobenswertes tun, nämlich Feuer machen. Dann spielt man ihm übel mit, immer wieder, aber Herr Korbes bleibt friedlich, wird nicht wütend, wehrt sich nicht einmal. Er macht eine üble Erfahrung nach der anderen, aber an Gewalt denkt er nicht. Er will nur fort, will raus aus seinem Haus, will »in die weite Welt«, wo er wohl hofft, vor heimtückischen Angriffen sicher zu sein. Aber er kommt nicht weit. Der Mühlstein über der Tür vereitelt seine Absichten. Er springt herunter und schlägt ihn tot. Das Märchen läßt keinen Zweifel an der bösen Absicht des gewichtigen Wächters über der häuslichen Schwelle.

Man kann zu Herrn Korbes stehen, wie man will, aber ein böser Mann ist er nicht. Weit treffender hätte der Schlußsatz lauten können: Herr Korbes muß eine recht böse Frau gehabt haben.

Aber wer ist seine Frau? Wer ist überhaupt Herr Korbes? Erinnern wir uns an den Anfang: Hähnchen und Hühnchen. Die beiden stellten ein verliebtes und frisch verheiratetes Paar dar, und nun spielen sie plötzlich keine Rolle mehr, treten im Haus nicht wieder auf. Sollten sie ganz einfach in der Versenkung verschwunden sein? Wohl kaum. Es hat nicht nur ein Szenenwechsel stattgefunden, sondern auch ein Personenwechsel. Herr Korbes übernimmt nun als leibhaftiger Ehemann die Rolle des Hähnchens. Hühnchen bleibt jedoch weiterhin unsichtbar, verwandelt sich nicht in Frau Korbes, läßt aber unmißverständlich ihre Waffen sprechen.

Liest man das Märchen unter dieser Perspektive, so wird klar, daß Herr Korbes einem gezielten Komplott subtiler weiblicher Gewalt zum Opfer gefallen ist. Alle die merkwürdigen Anhalter, die er so freundlich zum Mitfahren eingeladen hat, sind Fahrgast für Fahrgast weibliche Wesenheiten, die sich in dieser verdinglichten Form nacheinander einstellen: Die Katze ist feminin vom Kopf bis zur Schwanzspitze. Im alten Ägypten wurde sie als Göttin verehrt. Bei der Ente wird niemand an etwas Männliches denken, beim Ei ebenfalls nicht. Der Mühlstein war in alten Zeiten fester Bestandteil der Küche und wurde ausschließlich von Frauen benutzt. Bleiben die beiden Nadeln. Sie stammen aus dem Nähkasten und sind weibliche Symbole par excellence, bis hin zum weiblichen Artikel.

Hähnchen Korbes nimmt diese bemerkenswerten Mitfahrer nun aber weder als Charakterzüge seiner Frau wahr, noch setzt er sich mit ihnen in irgendeiner Form auseinander, und das ist sein Fehler.

Als die Hochzeitsreise zu Ende ist, die schöne Kutsche in der Remise verschwindet und der Alltag beginnt, da wird aus dem Bräutigam-Hähnchen ohne weiteres der Herr Korbes, der Alltagsmensch mit seinen Schwächen und Fehlern. Beim Hühnchen erfolgt keine entsprechende Verwandlung, und das liegt daran, daß das Märchen aus dem Blickwinkel des Herrn Korbes erzählt ist. Er kann sich nicht vom Bild des reizenden Hühnchens trennen und ist für alle anderen – realen – Aspekte des Weiblichen blind, und das heißt: Er übersieht seine Partnerin. Die tut nun etwas durchaus Naheliegendes: Sie macht auf sich aufmerksam. Das geschieht zwar nicht ausgesprochen liebevoll, was auch zuviel verlangt wäre von jemandem, der so eklatant nicht beachtet wird. Aber die Katze zeigt Herrn Korbes schließlich nicht fauchend die Krallen oder bringt ihm gar blutige Kratzer bei. Die Herausforderung hält sich durchaus in Grenzen. Das gilt auch für das Wasserspritzen der Ente. Beides ist noch eher spielerisches Provozieren. Darauf müßte Herr Korbes in irgendeiner Weise reagieren, aber genau das macht er nicht. Er bleibt passiv, verweigert sich, tut das Schlimmste, was er in dieser Situation tun kann, nämlich gar nichts. Was Wunder, daß nun der weibliche Spaß aufhört. Aus dem anfangs neckischen Spiel beginnt Ernst zu werden. Frau Korbes führt nun Waffen ins Feld, die treffen. Mit seinem asche- und eierverschmierten Gesicht ist Herr Korbes nicht mehr ansehnlich und nicht beeindruckend, sondern lächerlich. Aber auch das bringt ihn nicht zum Handeln. Ihm fällt nichts Besseres ein, als sich in seinem Sessel auszuruhen. Dort fährt ihm die Stecknadel in den Allerwertesten, und das ist der Punkt, an dem er spätestens hätte aufwachen müssen. Dieser – weibliche – Nadelstich läßt ihn zwar hochfahren, sonst aber bewirkt er nichts. Ein Mann, der sich so dumm anstellt, darf sich wahrhaftig nicht wundern, wenn seine Partnerin ihre weiblichen Waffen bis zur letzten Konsequenz gegen ihn einsetzt, um ihn endlich aus der

Reserve zu locken. Herr Korbes dürfte jetzt gut und gern aus der Haut fahren. Dann würde er jedenfalls menschlich reagieren. Aber er wird nur verdrießlich, und dann zieht er sich ins Bett zurück. So steht es in der Urfassung. Das fanden selbst die Grimms als Reaktion zu schwach. Sie änderten diese Stelle, ließen Herrn Korbes in Zorn geraten und sich aufs Bett werfen. Der Stich der Nähnadel bringt ihn endlich wirklich in Wallung. Auch in der Urfassung wird er nun »bös und toll«. Aber an Gegenwehr denkt er immer noch nicht, nur an Flucht. Da trifft ihn der Mühlstein. Der Mühlstein hat als weibliche Waffe Tradition. Schon ein Held des Alten Testaments kam so um wie Herr Korbes im Märchen. Im Buch der Richter, im neunten Kapitel, heißt es: »Ein Weib warf Abimelech einen Mühlstein auf den Kopf.«

Herr Korbes ist erledigt. Er wurde gefordert und hat versagt. Er endet als Opfer subtiler weiblicher Gewalt. Es ist jedoch allein seinem Verhalten zuzuschreiben, wenn die als Tiere und Sachen dargestellten weiblichen Wesenheiten nicht friedlichen Zwecken dienen, wie es für jede von ihnen möglich gewesen wäre, sondern ihm als weibliches Waffenarsenal eine vernichtende Niederlage beibringen. Er hat nichts Besseres verdient. Wer wie er jeglichen Kontakt verweigert, jeder Auseinandersetzung aus dem Wege geht und seine Partnerin und ihre Verhaltensweisen ganz einfach nicht zur Kenntnis nimmt, der verhält sich nicht menschlich, und daher findet er den Tod.

So weit das persönliche Schicksal des Herrn Korbes.

Darüber hinaus zeigt das Märchen aber auch, daß ein Mensch den anderen durch Anwendung besonderer Mittel subtiler Gewalt nicht nur zur Verzweiflung treiben, sondern bis zu seiner völligen Vernichtung besiegen kann. Es wird dafür noch weitere Beispiele geben.

Gewalt auf Samtpfoten

Subtile Gewalt kennt viele Formen und Möglichkeiten. Hier wird gezeigt, wie sie fast unmerklich beginnt, sich dann quälend langsam entfaltet und am Schluß schließlich in manifeste, brutale Gewaltausübung umschlägt. Das Grimmsche Märchen

Nr. 2, ›Katze und Maus in Gesellschaft‹, mag wie ein anspruchsloser Schwank wirken, zeigt aber tatsächlich beispielhaft die Psychologie einer perfekt, ja geradezu kunstvoll ausgeübten Unterdrückung. Und es macht unmißverständlich klar, wohin derjenige gerät, der nicht den Anfängen einer solchen Strategie zu wehren weiß.

Der Gedanke, daß Katze und Maus sich zusammentun, erscheint absurd. Welche Maus, so fragt man sich, kann derart widernatürlich dumm sein, mit einer Katze zusammenzuziehen? Die Maus im Märchen tut's. Bevor man dies aber als märchenhaft und unrealistisch abtut, möge man sich all der Fälle erinnern, in denen Menschen wider jede Vernunft und entgegen allen guten Ratschlägen mit absolut unpassenden Partnern Verbindungen eingegangen sind. Das müssen keine männlich-weiblichen Beziehungen sein, es kann sich dabei ebensogut um Freundschaften handeln oder aber um Bindungen an weltanschauliche, politische oder sonstige Propheten, denen sich Menschen unterordnen oder gar unterwerfen. Man hat oftmals den Eindruck, als hätten sie es nicht freiwillig getan, und etliche dürften tatsächlich Opfer raffinierter subtiler Gewalt geworden sein.

Wie es dazu kommen konnte, zeigt die Katze im Märchen. Sie führt vor, wie jemand mit den Mitteln versteckter, indirekter Gewalt dazu gebracht werden kann, in eine gefährliche Abhängigkeit zu geraten. Die Katze macht dabei von keiner ihrer »Waffen« Gebrauch. Sie nutzt nicht ihre körperliche Überlegenheit als Druckmittel. Sie faucht nicht, beißt nicht und zeigt nicht ihre Krallen.

Sie kommt auf Samtpfoten daher, und samtpfotig redet sie auch. Sie erklärt der Maus ihre Liebe, ihre große Liebe sogar. Und sie versichert sie ihrer ebenso großen Freundschaft. Die Maus ist keineswegs gleich hingerissen und fällt mitnichten dem schönrednerischen Schmeichler sofort um den Hals. Das erwartet die Katze auch nicht. Es stört sie nicht und ärgert sie nicht. Sie bleibt freundlich und gelassen, und unbeeindruckt vom Widerstand der Maus wiederholt sie ihre Beteuerungen so lange und so oft, bis die Maus endlich einwilligt, mit »ihr zusammen in einem Haus zu wohnen und gemeinschaftliche Wirtschaft zu führen«.

Auf diese Weise hat die Katze den ersten Schritt geschafft. Sie verfährt nach einer uralten Methode. Es ist eine bereits sprichwörtliche Erkenntnis, daß steter Tropfen den Stein höhlt. Danach handelt sie. Allerdings hätte sie mit der ständigen Wiederholung ihrer Beteuerungen allein ihr Ziel wohl kaum erreicht. In der Hauptsache verführt sie die Maus durch das Schmeichelhafte ihrer Bekenntnisse. Wie muß die sich vorkommen, wenn eine Katze, die normalerweise in Mäusen nichts als Futter sieht, ihr emphatisch Liebe und Freundschaft erklärt? Gewiß wird sie anfangs die Reden der Katze nicht ernst genommen haben, und sie wird skeptisch gewesen sein, aber schließlich haben die hartnäckigen Wiederholungen sie glauben lassen, was gegen alle Vernunft ist: »Nichts wie die Schmeichelei ist so gefährlich dir. Du weißt es, daß sie lügt, und dennoch glaubst du ihr.« (Friedrich Rückert) So beginnt mit unermüdlicher Schmeichelei der Maus Unterdrückung und Entmachtung.

Die beiden ziehen also zusammen. Als erstes sorgen sie vor für schlechte Zeiten. Sie kaufen einen Topf mit Fett. Der muß sicher verwahrt werden. Die Katze schlägt vor, ihn unter den Altar in der Kirche zu stellen, dort würde ihn bestimmt niemand stehlen. Das hört sich vernünftig an, und die Maus hat nichts dagegen. Aber dann folgt der Pferdefuß. Die Katze sagt: »Du, Mäuschen, kannst dich nicht überallhin wagen und gerätst mir am Ende in eine Falle.« Spricht's und geht allein das Fettöpfchen in die Kirche bringen.

Der Satz der Katze klingt harmlos. Er ist es nicht. Zunächst macht sie als gerissener Taktiker seelischer Vergewaltigung aus der Maus ein Mäuschen. Das ist simpel, aber wirksam. Die Verkleinerung des Partners ist seit eh und je ein hervorragendes Mittel, ihn besser zu beherrschen. Die Skala bewährter Diminutive ist groß. Sie reicht vom Mäuschen, Püppchen, Kindchen und mein Kleines bis zum immer wieder in so vielen Schlagern besungenen Baby. Für manchen mögen sich diese Koseworte herzig anhören, manchmal werden sie auch so gemeint sein, aber gewiß nicht immer und hier überhaupt nicht. Für die Katze bedeutet die Bezeichnung »Mäuschen« eiskalte Manipulationsstrategie.

Die Verkleinerung des Partners ist geschickt kombiniert mit scheinbarer Fürsorge: »... gerätst mir am Ende in eine Falle.«

Wer hätte es nicht gern, wenn sich jemand um ihn sorgt, ihn vor Gefahren bewahren will? Hier aber ist die Fürsorglichkeit nichts als ein Mittel, der Maus die Freiheit zu nehmen. Die geschickte Katze legt damit deren Rolle als graues Hausmütterchen fest. Dabei ist die Begründung so fadenscheinig und falsch, daß selbst das dümmste Mäuschen dies merken müßte, denn was hat die Maus vorher getan? Sie ist selbstverständlich ausgegangen und hat mit den Fallen gelebt wie alle anderen Mäuse auch.

Es dauert nicht lange, da überkommt die Katze ein Gelüste nach dem Fett. »Was ich dir sagen wollte, Mäuschen ...«, beginnt sie und erzählt dann eine Lügengeschichte. Ihre Base habe ein Söhnchen geboren, sie sei zu Gevatter gebeten worden, und das Mäuschen möge heute allein haushalten. Von Mitkommen ist nicht die Rede. Es versteht sich bereits von selbst, daß die Maus zu Hause bleiben muß. Sie wehrt sich auch nicht dagegen und fügt sich: »Geh in Gottes Namen«, sagt sie. Sie hat A gesagt, indem sie sich zum Mäuschen hat machen lassen und die Fürsorge der Katze akzeptiert hat. Jetzt muß sie B sagen. Sie bedauert das und meint, daß sie von dem süßen, roten Kindbettwein gern ein Tröpfchen getrunken hätte. Das aber nützt ihr nichts, die Katze kümmert's nicht. Sie geht und läuft geradewegs zur Kirche, holt den Topf unter dem Altar hervor und leckt die fette Haut ab. Danach vergnügt sie sich in der Stadt und kommt erst am Abend nach Hause. »Du hast gewiß einen lustigen Tag gehabt«, stellt die Maus fest und will dann wissen, wie das Patenkind heißt. Die Katze hätte nun irgendeinen unverfänglichen Namen nennen können, aber das tut sie nicht. »Hautab«, sagt sie »ganz trocken«, und damit bekommt ihr Verhalten eine neue Nuance. Sie spielt mit der Maus. Was sie tut, entspricht dem, was wirkliche Katzen mit wirklichen Mäusen tun. Es ist ein grausames Spiel. Sie belügt und betrügt ihren Partner nicht nur, sie läßt es ihn auch merken und hat ihre Freude daran, daß er dagegen machtlos ist. Die Katze demonstriert hier eine besonders perfide Art von Spaß an Gewalt.

Mäuschen ist reichlich arglos und etwas schwer von Begriff. Immerhin stutzt es: »Hautab ...? Das ist ein ... seltsamer Name«, findet es, das aber ist alles.

Die Katze hat bald wieder ein Gelüste nach dem Fett. Dieses

Mal spart sie sich alle höflichen Einleitungen und kommt gleich zur Sache: »Du mußt mir den Gefallen tun und nochmals das Hauswesen allein besorgen...« »Du mußt«, sagt sie und erzählt, daß sie zum zweiten Mal zu Gevatter gebeten sei und nicht absagen könne. »Die gute Maus willigte ein«, heißt es.

Die Katze beläßt es dieses Mal nicht bei ein wenig lecken. Sie frißt den Fettnapf halb aus, befindet: »Es schmeckt nichts besser, als was man selber ißt«, wischt sich den Bart ab und ist »mit ihrem Tagewerk ganz zufrieden«. So also sieht die Katze die Situation. Da ist nicht die Spur von schlechtem Gewissen (darauf stoßen wir immer wieder!), sie empfindet nicht die geringste Beklommenheit, plagt sich nicht mit Skrupeln oder moralischen Bedenken. Unterdrückungsstrategen wie diese Katze sind frei von Vorbehalten solcher Art. Mit gleicher Perfidie erklärt sie der Maus, das neuerliche Patenkind heiße »Halbaus«. Nun wundert sich Mäuschen aber doch: »Hautab! Halbaus! Es sind so kuriose Namen, die machen mich so nachdenksam.« Aha, wird man denken, jetzt hat sie es endlich gemerkt, aber bei ihrem Nachdenken kommt nichts heraus. Vielmehr muß sie gleich den nächsten Schlag einstecken, und das ist ein böser Tiefschlag. Die Katze meint zu Mäuschens Bedenklichkeit, daß sie nichts als Grillen fange, und das liege daran, daß sie in ihrem »dunkelgrauen Flausrock« immer nur daheim sitze und niemals ausgehe.

So sehen die gefügig machenden Tricks eines Spezialisten subtiler Gewalt aus! Erst bringt die Katze die Maus mit vorgeblicher Fürsorge dazu, nicht auszugehen, und dann wirft sie ihr genau das höhnisch vor. Mit solchen Methoden wird dem Partner erst die Freiheit genommen und dann sein Selbstbewußtsein untergraben. Die Maus zeigt die entsprechenden Wirkungen: Sie wehrt sich nicht, protestiert nicht, verteidigt sich nicht, und sie läßt die Katze ein drittes Mal gehen. Während die den Fetttopf ganz ausfrißt, besorgt Mäuschen brav das Haus, putzt und räumt auf. Sie ist das nunmehr fast willenlose Opfer ihres Partners.

Die Katze amüsiert sich abermals in der Stadt und kommt diesmal erst in der Nacht nach Hause. Die Maus verliert darüber kein Wort. Ihr hat man die Waffen zerschlagen, die Frau Korbes so geschickt im Haus plaziert hat. Die Maus hat auch keinen Mühlstein über der Haustür hängen. Die Katze kann tun und lassen, was sie will. Mäuschen hat nichts mehr zu melden. Es möchte nur wissen, wie denn wohl das dritte Kind heißt. »Ganzaus«, sagt die Katze. »Ganzaus!« ruft die Maus und findet, dies sei der allerbedenklichste Name. Damit hat sie durchaus recht. Aber was tut sie? Rollt sich zusammen, macht die Augen zu und schläft.

Wie glaubhaft ist so viel naive Arglosigkeit? Der Außenstehende mag sich an den Kopf fassen und stöhnen über die Dummheit dieser Maus, aber in Fällen wie diesen haben Außenstehende leicht reden. Für die Betroffenen sieht die Situation ganz anders aus, und nicht von ungefähr merken sie meist zuletzt, daß sie betrogen werden. Der Grund liegt häufig darin, daß sie sich durch nichts davon abbringen lassen, daß sie mit einem ehrlichen und aufrichtigen Partner zusammenleben. Ihr Prestige und ihre Selbstachtung hängen davon ab. Sie sind nicht zu dumm, den anderen zu durchschauen, vielmehr wollen und mögen sie sich um nichts in der Welt eingestehen, daß man sie hintergeht. Darum denkt Mäuschen nicht weiter nach, macht die Augen zu und schläft: Es will nichts hören, nichts sehen und nichts merken, was am positiven Bild seines Partners Zweifel wecken könnte – und damit an seiner eigenen Entscheidung; denn zweifelte die Maus an ihrer Entscheidung, müßte sie die große Gefahr erkennen, in der sie schwebt. Also verdrängt sie aus Angst die Wirklichkeit.

Folglich glaubt diese ach so menschliche Maus immer noch, daß der Fettnapf wohlgefüllt unter dem Altar steht. Sie sagt: »Komm, Katze, wir wollen zu unserem Fettopfe gehen . . ., der wird uns schmecken.« Über so viel Optimismus wird die Katze sich amüsiert haben. Da sie inzwischen alles bekommen hat, was zu bekommen war, kann sie auf ihre bisherige Höflichkeit und Artigkeit verzichten. »Jawohl«, sagt sie, »der wird dir schmecken, als wenn du deine feine Zunge zum Fenster hinausstreckst.« Aber der große Glaube der kleinen Maus ist unerschütterlich. Sie reagiert nicht darauf, hofft immer noch, obwohl es nichts mehr zu hoffen gibt, und geht mit der Katze zur Kirche. Erst als sie vor dem leeren Fettnapf steht, da kann sie nicht mehr anders, da muß sie der Realität ins Auge sehen. Sie sagt: »Ach«, und damit bricht ihr schöner Traum von der Partnerschaft zusammen. Nun spricht sie aus, was sie bisher mit aller Gewalt nicht hat zur Kenntnis nehmen wollen: »Du hast alles gefressen, wie du zu Gevatter ausgegangen bist, erst Hautab, dann Halbaus, dann ...« »Schweig still!« unterbricht die Katze sie und droht, sie aufzufressen, wenn sie noch ein Wort spricht. Aber das Mäuschen hat das Wort schon auf der Zunge, und es schlüpft ihr heraus. »Ganzaus«, sagt es, und das ist das letzte, was es auf dieser Welt sagt. Die Katze packt sie und schluckt sie hinunter. Das Märchen ist zu Ende. Die Grimms hängen noch einen Satz an: »Siehst du, so geht es in der Welt.«

Es gibt Katzen wie diese Katze, und es gibt Mäuschen wie diese Maus. Die Frage ist, hat die Maus wirklich so enden müssen, war von Anfang an alles für sie verloren? Durchaus nicht, sie hatte ihre Chancen. So überlegen, wie diese raffinierten Katzen tun, sind sie keineswegs. Ihr System hat Lücken, die sich nutzen lassen. Wie vorsichtig und zögernd geht die Märchenkatze beispielsweise bei ihrem ersten Betrugsversuch vor. Es ist wirklich noch ein Versuch, denn sie ist sich ihrer Sache gar nicht so sicher. Sie nähert sich ihrem Ziel mit allzu auffälliger Behutsamkeit: »Was ich dir sagen wollte, Mäuschen ...« Wer so beginnt, ein Anliegen vorzutragen, dessen unlautere Absichten lassen sich unschwer ahnen, und solange jemand noch derart zaghaft vorgeht, ist er unsicher, und man kann sich ihm widersetzen.

Die Katze fragt sogar, ob sie ausgehen dürfe, und Mäuschen könnte nein sagen. Sie fragt allerdings geschickt, denn sie versteht ihr Geschäft, beherrscht die Unterdrückungstechniken: »Laß mich heute ausgehen, und besorge du das Haus allein«, sagt sie. Sie fragt und fragt dennoch nicht. Sie macht es schwer, mit Nein zu antworten, und sie wird wissen, daß es nicht leicht ist, nein zu sagen. Sie spekuliert richtig. Die Maus läßt sie gehen, sogar in Gottes Namen. Das ist ein schwerer Fehler. Damit vergibt sie die entscheidende Chance. Sie wehrt den Anfängen nicht. Beim nächsten Mal wird sie nicht mehr gefragt. Da heißt es »Du mußt ...«, und das ist der Anfang von Mäuschens Ende.

Die Maus hat verloren, erst ihre Selbständigkeit, dann ihre Freiheit und schließlich ihr Leben. Sie hat sich von der Katze einwickeln lassen. Hypnotisiert von deren Schmeicheleien und aalglatten Reden, hat sie sich keinen einzigen Gedanken über den wahren Charakter der Katze gemacht. Widerstandslos läßt sie sich versklaven, und sie kommt noch nicht einmal auf die Idee, ihrem Unterdrücker davonzulaufen. Sie tut gar nichts und wird daher gefressen.

Wie weit ist Mäuschen schuld an seinem schlimmen Schicksal? Es selbst hätte gewißlich jede Mitschuld bestritten, sogar noch im Maul der Katze. Das wäre nicht einmal gelogen, denn ihm muß es so scheinen. Es wird aus Überzeugung sagen, daß es nichts gewußt habe und nichts habe wissen können. Es wird in der Gewißheit sterben, daß es das arme und unschuldige Opfer der betrügerischen Katze geworden ist. Das ist zwar eine Selbsttäuschung, aber kann man sie ihm vorwerfen? O ja, man kann! Es ist wahrhaft sträflich, in welchem Maße die Maus vor den Realitäten die Augen verschlossen hat. Sie wagt nicht einmal einen kritischen Gedanken zu denken, geschweige denn, sich kritisch zu zeigen. Ihr fehlen Mut und Ehrlichkeit, und sie besitzt kein bißchen Selbstvertrauen. Wer so ist, der fordert Katzen geradezu heraus, ihn zu fressen.

Für den bemerkenswerten Erfolg der Katze könnte man ihre Überlegenheit verantwortlich machen, ihre Größe und Stärke, gegenüber denen die Maus von vornherein machtlos ist. Die vielen anderen Märchen ähnlicher Art zeigen aber, daß die Größenverhältnisse und Kraft und Stärke bei vergleichbaren Machtkämpfen keine Rolle spielen. Die Kombination Katze–Maus ist die Ausnahme. In einer Version aus Hessen betrügt ein Hühnchen sein Hähnchen, ebenso in pommerschen und brandenburgischen Märchen. In diesen Fällen läßt sich das Unglück nicht voraussehen, denn welches Hähnchen wird von vornherein seinem Hühnchen mißtrauen? In einem isländischen Märchen erzählt eine alte Frau, die das Butterfaß ausgenascht hat, ihrem Mann, sie sei bei der Taufe von Rand, Mitte, Bodenrand und Boden gewesen, und am Schluß bringt sie den Mann mit einem Hammer um. Der klassische Meister trickreicher Gewalttätigkeiten ist der Fuchs. Er ist folglich der häufigste Held dieser Geschichten. Er legt den weit stärkeren Wolf herein, den Bären, auch die Frau Füchsin und sogar den Tiger. Der Fuchs hat einen schlechten Ruf, vor dem könnte man sich in acht nehmen, zumindest wäre man gewarnt. Seine Rolle spielt in anderen Märchen ein Schakal, der einen Löwen betrügt, ein Huhn und – man sollte es nicht für möglich halten – ein Kaninchen.

Man kann diese raffinierten Gewaltstrategen nicht an ihrem Äußeren erkennen. Sie können physisch stark sein oder schwach, klein oder groß, männlich oder weiblich. Man muß halt auf der Hut sein, in den eigenen vier Wänden wie außerhalb. Wer das nicht ist, dem kann es ergehen wie der Maus oder wie Herrn Korbes. Es nützt ihnen nichts, daß sie gut sind, friedlich, arglos und daß sie auf alle Gewalt verzichten. So werden sie nicht mit der Gewalt der anderen fertig, und eben darum sind sie nicht die Helden der beiden erwähnten Märchen. Helden überleben und erhalten ihren verdienten Lohn. Die Maus und Herr Korbes müssen sterben. Das ist ihr Lohn.

Verführer von der Art der Katze können nicht nur ihre Partner versklaven. Mit ihrer Strategie sind sie genausogut imstande, sich Gruppen untertan zu machen oder Massen in Bann zu schlagen. Wer wie sie die Kunst der Manipulation und der Anwendung subtiler Gewalt meisterhaft beherrscht, der kann jeden zugrunde richten, der seinen Verstand so wenig gebraucht wie die allzu brave Maus im Märchen. Wer aber darüber hinaus auch noch so unkritisch ist wie diese Maus und so bereit, an das Gute im anderen zu glauben, der hat überhaupt keine Chance. Dafür gibt es historische Beispiele. Dieses Märchen ist auch ein politisches Lehrstück.

Altmutter in Flammen

In der folgenden Geschichte unterliegt der Held nicht. Er wehrt sich, und darum überlebt er. Er gibt ein Beispiel, aber keines, von dem man in Erbauungsbüchern liest. Das Thema ist weitgehend tabu, aber dieses Märchen packt es an.

›Die alte Bettelfrau‹ ist kein bekanntes Märchen. Es gehört zu den kleinen, kurzen und ganz unscheinbaren, füllt nicht einmal eine Seite und steht ziemlich am Ende der Grimmschen Sammlung. Es trägt die Nummer 150. Man wird es leicht überlesen, aber das wäre schade, schildert es doch die Methode einer Täterin, der kaum jemand Gewalttaten zutraut und schon gar nicht so raffinierte. Ganz so offen wie in den bisherigen Geschichten geht es hier aus naheliegenden Gründen nicht zu. Man muß ein wenig den Schleier lüften, um hinter die Mechanismen dieser Art von Gewalt zu kommen.

»Es war einmal eine alte Frau«, beginnt das Märchen und fährt fort: »Du hast wohl ehe eine alte Frau sehn betteln gehn?« Mit dieser Frage wird zweierlei festgestellt: erstens, daß eine alte Frau betteln geht, und zweitens, daß dies nichts Besonderes ist, weil vorausgesetzt wird, daß wohl jeder es schon einmal gesehen hat. Dann kommt das Märchen vom Allgemeinen zum Speziellen: »Diese Frau bettelte auch«, und wenn sie etwas bekommt, dann sagt sie: »Gott lohn Euch.« So weit die Vorrede, jetzt beginnt die Handlung.

Die alte Bettelfrau kommt »an die Tür«, also nicht an irgendeine, sondern an eine ganz bestimmte. Dahinter steht der Mitspieler Nummer zwei am Feuer und wärmt sich. Er ist ein »freundlicher Schelm von Jungen«, und freundlich wendet er sich der »armen alten Frau« zu, die vor seiner Tür steht und zittert. »Kommt, Altmutter, und erwärmt Euch«, sagt er einladend. Das läßt sie sich nicht zweimal sagen, sie kommt »herzu«, tritt ans Feuer und wärmt sich. Ihr sonst übliches »Gott lohn Euch« sagt sie hier nicht, obwohl der freundliche Junge ein Wort des Dankes doch wohl verdient hätte.

Lakonisch heißt es weiter, die Alte sei zu nahe ans Feuer getreten, so daß »ihre alten Lumpen« zu brennen anfingen. Erstaunlicherweise bemerkt sie es nicht. Der Junge aber sieht es sehr wohl. Na gut, wird man denken, jetzt geht er hin, hilft ihr und löscht das Feuer. Aber das ist es eben: Er tut es nicht. Das Märchen nimmt hier einen völlig unerwarteten Verlauf und hält eine überraschende Pointe bereit: Der junge Mann bleibt seelenruhig stehen, wo er steht. Man hat sich nicht verlesen oder etwas falsch verstanden. Er läßt tatsächlich die Bettelfrau kaltblütig brennen und schaut dabei auch noch gelassen zu. »Der Junge stand und sah das«, heißt es.

Pfui! wird man denken. Aber schließlich gibt es nun einmal Schurken und Übeltäter in Märchen. Hier ist zwar das Motiv des bösen Jungen nicht klar, aber, so wird man sich sagen, er wird schon seine verdiente Strafe bekommen. Man täuscht sich abermals, er bekommt sie nicht, das Märchen verdammt ihn nicht einmal. Es zeigt hier einen Zug, den man sonst so gut wie niemals in Märchen findet: Es bedient sich der Ironie, einer geradezu perfiden Ironie, und nimmt zu der Ungeheuerlichkeit seines Helden wie folgt Stellung: »... er hätt's doch löschen sollen? Nicht wahr, er hätte löschen sollen? Und wenn er kein Wasser gehabt hätte, dann hätte er alles Wasser in seinem Leibe zu den Augen herausweinen sollen, das hätte so zwei hübsche Bächlein gegeben zu löschen.«

Bis der gute Junge so viele Tränen geweint hätte, wäre die arme Bettelfrau längst verbrannt. Und selbst wenn er zwei so hübsche Tränenbächlein produziert hätte – damit ließen sich wohl schwerlich brennende Kleider löschen. Dies aber bedeutet, daß nicht nur der Held die Alte brennen läßt. Die Löschanweisung, die das Märchen gibt, verurteilt sie ebenfalls dazu, in Flammen zu stehen. Und das mit so scheinheilig netten Worten und einem so rührseligen Bild!

Jeder wird nun warten, wie es weitergeht, aber es geht nicht weiter. Mit den empfohlenen Tränenbächlein endet das Märchen. Es läßt uns im Stich, bleibt jede Erklärung schuldig und überläßt es jedem einzelnen, sich Gedanken zu machen. Und dazu reizt es in der Tat.

Was denkt sich der junge Mann eigentlich? Erst lädt er die Frau freundlich ein, gewährt ihr Gastfreundschaft, dann sieht er zynisch zu, wie sie brennt. Er scheint ebenso böse wie widersprüchlich zu handeln, und die Geschichte ergibt keinen rechten Sinn. Das aber nur so lange, wie man in den beiden Akteuren beliebige Personen sieht, die rein zufällig aufeinandertreffen. Wäre dies so, dann hätte es keinen Grund gegeben, sich diese sinnlose Geschichte überhaupt zu erzählen. Man hat sie aber erzählt. Es ist ein altes Volksmärchen, sagt Wilhelm Grimm. Er meint, der Schluß fehle. Das mag sein oder auch nicht. Mit ein wenig Phantasie bekommt das Märchen auch so seinen Sinn und seine Pointe. Und zwar dann, wenn man in dem Bettelweib und dem Jüngling Mutter und Sohn sieht. Die Bezeichnung Altmutter legt dies nahe. Warum sollte sie eine Urahne sein, die eh längst tot wäre? Man kann, glaube ich, die Vorsilbe Alt ... getrost fortlassen. Jedenfalls bekommt dadurch die Geschichte Sinn. Dann allerdings hätte der arge Schelm von Sohn seine eigene Mutter brennen lassen.

Märchen haben gegenüber Müttern wenig Hemmungen und nehmen verschiedentlich keinerlei Rücksicht auf sie. Die meisten Märchenhexen sind Mütter. Oft sind sie als Stiefmütter nur geringfügig getarnt, und nicht wenige von ihnen enden in Flammen. Hier tritt eine Mutter als Bettelfrau auf, als jemand, der die Hand aufhält, der etwas haben will. Für die landläufige Vorstellung von einer Mutter ein unpassendes Bild. Mütter nehmen nicht, sie geben, erst ihren Kindern und dann als liebe Oma ihren Enkeln. Das zeichnet sie aus, und so werden sie im allgemeinen gesehen. Das Märchen sieht sie anders.

Altmutter läßt sich als alte Mutter verstehen, als Mutter, deren Kinder aus dem Haus sind. Sie ist allein und hat keine Aufgabe mehr. Sie mag sich arm vorkommen, verarmt. Für diesen Zustand sind die Lumpen, die sie trägt, das treffende Bild. Und sie friert. Sie zittert vor Kälte. Sie sehnt sich nach Wärme, das heißt nach Zuwendung, in diesem Fall nach der Zuwendung ihres Sohnes. Darum bettelt sie vor seiner Tür. Sie tut es auf indirekte Weise. Sie steht nur da und bietet ein Bild des Jammers in ihren Lumpen. Sie weiß ihr Verlangen ohne Worte auszudrücken. Sie wird verstanden. Er gewährt ihr, wonach sie sich sehnt. Er kann sich ihrem Appell an sein Mitgefühl nicht entziehen und bittet sie herein.

Auf derart theatralische Appelle verstehen sich so manche Mütter. Sie spielen die ergreifende Rolle der armen, einsamen, bedauernswerten Frau, um die man sich kümmern muß. Ihre Auftritte sind in eindeutiger Absicht arrangiert, auf ein klares Ziel hin. Und sie glauben an ihre Rolle. Das macht sie so überzeugend. Die Bettelfrau muß nicht schauspielern, sie zittert wirklich. Dramatisch übt sie Druck über Gefühle aus. Das ist eine höchst wirksame Gewaltstrategie. Sie läßt kaum eine Chance, man ist ihr ausgeliefert, besonders als Sohn.

Das klingt bedrohlich. Was aber ist schließlich dabei, wenn der Junge die Bettelfrau hereinbittet? Soll er vielleicht seine arme, frierende Mutter auf der Schwelle stehenlassen? Schließlich haben vereinsamte Mütter ein wenig Wärme und Zuwendung verdient. Doch das ist hier nicht das Problem. Es geht nicht um die Sache, es geht um die Methode. Der Junge wird nicht gefragt, sie sagt ihm nicht, was sie möchte, was sie sich wünscht, sondern sie manipuliert ihn, und Manipulation ist eine Form indirekter Gewalt. Das ist das Problem, und das ist die Gefahr. Sie wird sofort deutlich: Die Alte tritt ein, aber danke sagt sie nicht. Sie wärmt sich auch nicht still am Feuer, wie es ihr zu gönnen ist. Nein, sie geht zu dicht heran. Sie wahrt nicht die notwendige Distanz. Das ist durchaus im übertragenen Sinne zu verstehen: Sie wahrt zu ihrem Sohn nicht den notwendigen Abstand. Sie tritt ihm zu nahe. Schon das ist eine nicht leicht zu meisternde Situation, denn welchem freundlichen jungen Mann fiele es leicht, seine Mutter zurückzustoßen?

Das aber ist noch lange nicht alles, was Altmutter zu bieten hat. Sie startet sofort ihre nächste Aktion: Sie fängt an zu brennen. Man kann dies für einen echten Unglücksfall halten und nicht für zielgerichtete Absicht. Aber daß sie brennt und es nicht merkt, ist nun wirklich kein Zufall mehr. Das ist eine gezielte Provokation, und sie ist noch weit zwingender als die Szene vor der Tür. Jetzt muß der Junge ganz einfach zur Mutter hinstürzen, sie packen, vom Feuer fortziehen und dann mit allen Mitteln die Flammen löschen. Am besten mit den Tränen, die er ihretwegen aus Mitleid und Anteilnahme weint.

Altmutter erweist sich hier als Meisterin raffinierter Psychogewalt. Sie führt eindringlich vor, wie eine Situation von fast unwiderstehlichem Aufforderungscharakter geschaffen werden kann. Wer wäre so stark, sich diesem effektvollen Auftritt souverän zu entziehen?

Der Märchenschelm ist so stark. Er fällt auf das Theater nicht herein, läßt sich von der dramatischen Schau nicht berühren. Standhaft verweigert er, wozu er mit so viel Geschick gebracht werden soll. Der Junge besitzt die notwendige Selbstsicherheit, und er ist klug. Er versteht es, ein echtes Drama von einer dramatischen Inszenierung zu unterscheiden. Also bleibt er, wo er steht, und läßt Altmutter brennen.

Das Märchen verdammt ihn nicht. Es ist auf seiner Seite und verlangt nicht, daß er hätte hinlaufen und löschen sollen. Es fragt nur mit ironischem Schlenker, ob er's wohl hätte tun sollen. Außerdem ist der Sohn der Held der Geschichte, denn er überlebt. Die Bettelfrau dagegen brennt, und das ist ein Schicksal, das in den Märchen den Bösen vorbehalten ist.

Märchenhelden sind die Guten, die Überlegenen oder diejenigen, die ein Beispiel geben. Der freundliche Schelm dieser

Geschichte gibt ein Beispiel. Er erfüllt durchaus seine Sohnespflicht, wie es sich gehört, ist der Mutter gegenüber hilfsbereit und mitleidig. Doch er läßt sich von ihr nicht vereinnahmen.

Die Bettelfrau gibt auch ein Beispiel, nicht unbedingt ein böses, aber sicherlich ein warnendes. Gehört sie doch zu jener Gruppe von Strategen indirekter Gewalt, die, um zu unterdrücken, geschickt mit Gefühlen operieren. Diese Methode ist ungleich gefährlicher als die der Katze und kaum zu vergleichen mit den eher harmlosen Tricks der Frau Korbes. Sie grenzt oft wirklich an Hexerei. Und glaubt man dem ersten Satz des Märchens, so sind solche Bettelfrauen nicht eben selten.

Hurra, der Wolf ist tot!

»Der Wolf ist tot! Der Wolf ist tot!« schreien die sieben Geißlein und tanzen mit ihrer Mutter um den Brunnen herum, in dem er ertrunken ist. Niemand wird ihnen ihre Freude verargen, denn dieser Wolf ist ein Untier. Er ist schwarz, böse, gottlos und gierig. Das hat er kurz vorher bewiesen: Sechs von den sieben kleinen, unschuldigen Geißlein hatte er verschlungen. Nun ist es um ihn geschehen. Die Geiß und ihre Geißlein triumphieren. Viele Kinder nehmen an diesem Triumph freudigen Anteil, und etliche spielen diese Szene begeistert nach, tanzen selbst im Kreis herum und singen: »Der Wolf ist tot! Der Wolf ist tot!«

Kinder nehmen es als selbstverständlich hin, daß eine alte Geiß und sieben kleine Geißlein den Wolf besiegen. Als Erwachsener stutzt man. Der Wolf ist schließlich ein gefährliches Raubtier, grasfressende Haustiere sind seine bevorzugten Opfer, und er ist so stark und wild, daß er sogar Menschen anfällt und gelegentlich frißt. Und hier soll er einer Ziege und ihren stakbeinigen Zicklein zum Opfer gefallen sein? Das klingt sehr unwahrscheinlich. Allerdings geschieht dies in einem Märchen, und Märchen müssen sich durchaus nicht an zoologische Tatsachen halten. Aber auch für sie gelten gewisse Gesetze und Regeln, und danach ist Wolf nun einmal Wolf. Er mag sprechen können und alle möglichen Eigenschaften besitzen, von denen nichts in Brehms Tierleben steht, aber er ist und bleibt ein ebenso starkes wie zu Recht gefürchtetes Raubtier. In der Geschichte vom Rotkäppchen hat er beispielsweise zwei Menschen gefressen, und es bedurfte eines gestandenen Jägers, um ihn zu erledigen. Hier im Märchen Nr. 5, ›Der Wolf und die sieben jungen Geißlein‹, schafft ihn eine Geiß.

Es wird genau geschildert, wie es dazu kommt. Schritt für Schritt können wir verfolgen, wie die Geiß das scheinbar Unmögliche fertigbringt. Selbstverständlich besiegt sie den Wolf nicht im offenen Zweikampf. Bei einer direkten Auseinandersetzung hätte sie gegen ihn keine Chance – auch im Märchen nicht. Der Wolf kann nur ein Opfer indirekter Gewalt werden, und damit wären wir beim Thema. Diese Geschichte ist in mancher Weise eine Fortsetzung des Märchens von Herrn Korbes. Auch hier stehen sich das Männliche und das Weibliche gegenüber, aber sehr viel schärfer akzentuiert: der böse Wolf gegen die gute Geiß und ihre lieben Kinder. In Gestalt dieser Figuren aus dem Tierreich werden die männlich-weiblichen Gegensätze ins Bild gesetzt. Sie prallen aufeinander und zeigen, mit welchen Methoden der Schwächere den Stärkeren zu bezwingen vermag.

Es handelt sich bei Wolf und Geiß gewiß nicht um Fremde, dafür kennt Mutter Geiß den Wolf viel zu gut. In einer tschechischen Version des Märchens ist denn auch der »Wolf« der zur Geiß gehörige Geißbock. Warum auch sollte die brave Mutter Geiß ohne Mann sein? Der Wolf ist also der Vater und Ehemann. Aber bereits am Beginn der Geschichte hat er nicht mehr viel zu melden. Er ist abgeschrieben. Im Gegensatz zur guten weißen Geiß ist er der böse, schwarzpelzige Außenseiter, der unbehaust draußen im Wald vegetieren muß. Die erste Runde im ehelichen Macht- und Positionskampf hat er bereits verloren. Aber entschieden ist die Auseinandersetzung dennoch nicht. Mutter Geiß muß ihn immer noch fürchten; beispielsweise kann er sich an die Kinder heranmachen, wenn sie nicht da ist. Davor schützt sie sich – auf eine altbewährte und erprobte Weise: Sie macht ihn vor den Kindern schlecht. Er sei ein Bösewicht, behauptet sie, und wenn er nett tue, dann sei das nichts als Verstellung. Tatsächlich wolle er nichts anderes, als die Kinder fressen, und zwar mit Haut und Haar. Sie könnten ihn aber leicht an seiner rauhen Stimme und an den schwarzen

Pfoten erkennen. »Seid auf der Hut vor dem Wolf«, warnt sie und geht dann fort, um Futter zu holen.

Der Wolf verhält sich so, wie die Mutter angenommen hat. Kaum ist sie fort, ist er da. Und was tut er? Der böse, wilde Wolf klopft brav an die Tür und sagt: »Macht auf, ihr lieben Kinderlein, eure Mutter ist da und hat jedem von euch etwas mitgebracht.« Er spricht nicht wölfisch, er handelt nicht wölfisch, dieser Wolf ist kein rechter Wolf mehr. Man hat ihm den Schneid abgekauft. Genauso aber sieht ein Mann aus, der im ehelichen Machtkampf unterlegen ist. Nun buhlt er um die Gunst der Kinder. Er macht seine Sache schlecht. Aber was soll er tun? Als Wolf ist er Persona non grata, gilt als garstiges und gottloses Tier. Also benutzt er die Mittel der Mutter. Sie hat mit Erfolg die Kinder auf ihre Seite gebracht. Ihm aber nützt es nichts, sie zu imitieren: »Du bist unsere Mutter nicht, die hat eine feine und liebliche Stimme«, tönt es ihm von drinnen entgegen, und er muß sich trollen. Es nützt ihm auch nichts, daß er Kreide frißt und nun eine liebliche Stimme hat. Die Kinder erkennen ihn an der schwarzen Pfote. Er macht sie mit Mehl weiß. Er scheut wirklich keine Mühe, um ins Haus zu kommen. Warum und wozu aber das ganze Theater und die Maskerade? Wollte er die Geißlein lediglich fressen, gäbe es wahrhaftig einfachere Möglichkeiten. Offensichtlich liegt ihm wirklich an der Gunst der Kinder. Vielleicht will er, daß sie zu ihm so nett sind wie zur Mutter, und er spielt darum die Rolle der Geiß. Wenn das aber so ist, dann hat er sich vergeblich bemüht. Die Geißlein lassen ihn schließlich ein, aber sie fallen ihm keineswegs um den Hals und sind alles andere als nett. Vielmehr starren sie ihn entsetzt an, und dann stürzen sie voller Angst davon und verstecken sich vor ihm, wo immer sie ein Versteck finden. Da wird der Wolf wütend, was verständlich erscheint, wenn er tatsächlich einen freundlichen Empfang erwartet haben sollte. Jedenfalls beginnt er zu toben, und er holt sie heraus aus ihren Verstecken, eines nach dem anderen. Tische, Stühle und Bänke werden dabei umgestoßen, und die Waschschüssel geht in Scherben. Er reißt die Decken und Kissen aus den Betten, packt sechs der sieben Geißlein und verschlingt sie.

Das ist natürlich ein höchst direkter Akt von Gewalt, aber gewiß nicht die Schilderung eines Raubtiers, das seinen Hunger stillt. Allein darum nicht, weil alle Geißlein den Gewaltakt überleben, ganz und gar unbeschadet überleben, wie sich zeigen wird. Was hier so trefflich geschildert wird, das ist ein häuslicher männlicher Wutanfall. Der Wolf läßt seine Wut an den Kindern aus. Warum? Sie lieben ihn nicht. Er fällt aus Enttäuschung über sie her und versucht sich ihrer mit Gewalt zu bemächtigen, sie sich »einzuverleiben«. Doch es ist nicht das allein. Er tobt auch aus Eifersucht, denn die Geiß liebt nur noch ihre Kinder. Zu ihnen ist sie freundlich, lieb und nett, er aber ist abgeschrieben. Die Kinder haben bei ihr seine Stelle eingenommen.

Sein Wutanfall hat ihm gutgetan. Er hat sich abreagiert und legt sich nun zufrieden aufs Kanapee – jedenfalls in einer deutsch-jüdischen Version dieser Geschichte aus der Bukowina. Dies sei erwähnt, falls jemand den Wolf immer noch für ein echtes Raubtier hält. Ludwig Richter hat ihn mit Biedermeierhosen gezeichnet, mit Gehrock, Weste und Uhrkette auf dem dicken Bauch, neben sich Stock und zeitgemäßen Schlapphut. So liegt er auf der Wiese unter einem Baum, wie es in Grimm Nr. 5 beschrieben ist, und er schnarcht, »daß die Äste zitterten«.

So weit die Vorgeschichte. Sie ist der Auslöser für den nun folgenden Part der Geiß. Sie bedient sich dabei indirekter Mittel, denn der Wolf ist nun einmal der physisch Stärkere. Aber nicht immer entscheiden Kraft und Stärke über Machtverhältnisse. Schon bisher dominierte die Geiß. Sie hat das Haus als Alleinherrscherin in Besitz genommen und gebietet dort als respektierte »Alte«. Die Kinder haben ihr »liebes Mütterlein« ins Herz geschlossen, und nur ihre »feine Stimme« zählt für die Geißlein. Auch moralisch ist sie unantastbar: Sie ist die liebende und treusorgende Mutter. Dagegen hilft dem Wolf seine ganze Stärke nichts. Es nützt ihm auch nicht, die Geißlein zu überfallen. Das letzte Wort wird die Geiß haben.

Sie findet die Haustür offen, die Wohnung verwüstet, und die Geißlein sind verschwunden. Nur das jüngste nicht. Es berichtet von der Untat des Wolfes. Er »hätte ihre lieben Kinder gefressen«, heißt es in der Urfassung, später: »Da könnt ihr denken, wie sie über ihre armen Kinder geweint hat.« In »ihrem Jammer« geht sie hinaus. Wer will ihr bei solcher Beschreibung

Arges zutrauen? Sie läuft aber nicht blind vor Tränen nach draußen. Sie weiß genau, was sie will. Sie sucht den Wolf und ist sicher, daß er nicht weit ist. Er ist in der Tat nicht in die Wälder geflüchtet, sondern nur auf die Wiese gegangen, und da liegt er denn auch. Die Geiß betrachtet den Schläfer »von allen Seiten«. Sie fürchtet sich nicht vor ihm, und ihre Tränen sind versiegt. Sie stellt fest, daß er ihre armen Kinder zum Abendbrot hinuntergewürgt hat, und sie geht davon aus, daß sie noch leben, letzteres stimmt. Daraufhin plant sie ihren Gegenzug. Geißlein Nummer sieben muß Schere, Nadel und Zwirn holen. In der Urfassung ist die Situation ein wenig anders. Da braucht die Geiß den Wolf nicht erst zu finden, um zu wissen, daß die Geißlein noch leben. Dort trägt sie ihrem Jüngsten gleich auf, die Sachen mitzunehmen. Es ist ihr also klar, daß der Überfall des Wolfs die Kleinen nicht das Leben gekostet hat. Die Sache mit dem Hinunterwürgen zum Abendbrot ist eine übertreibende Dramatisierung. Jedenfalls schreitet die Geiß nun, ohne zu zögern, zur Tat. Sie nimmt die Schere und schneidet »dem Ungetüm den Wanst auf«. Ein Ungetüm ist der Wolf also jetzt, aber genau das muß er auch sein, denn das legitimiert das Bauchaufschneiden. Mit Ungetümen darf man derart verfahren. Außerdem geht es um das Leben der armen Geißlein. Sie müssen schließlich gerettet werden. Darum ist es nicht nur gerechtfertigt, dem Wolf den Bauch aufzuschlitzen, es ist geradezu notwendig. Nicht der Schatten eines moralischen Zweifels fällt dabei auf die Geiß. Alle werden sich freuen, daß die lieben Kleinen noch leben. Und wie sie leben! Kaum befreit, da »herzten sie ihre liebe Mutter und hüpften wie ein Schneider, der Hochzeit hält«. Nicht das geringste ist ihnen also passiert, sie »hatten nicht einmal Schaden gelitten«! Das aber ist nicht etwa darauf zurückzuführen, daß der Wolf so schlimm gar nicht ist. O nein! Er hat sie »in der Gier ganz hinuntergeschluckt«, darum leben sie noch. Es darf für den Wolf keine mildernden Umstände geben. Er ist böse, und er muß böse bleiben, denn nach der Befreiung der Geißlein folgt Mutter Geißens Rache, und die muß berechtigt sein. Wie so oft in dieser Welt bereiten Schlechtmachen, Herabsetzen, Verteufeln Gewalttaten vor, und eine derartige Negativpropaganda ermöglicht auch den Spaß daran. Über den Tod eines »gottlosen Tiers« – so nennt die Geiß den Wolf – darf man getrost begeistert sein, und es ist ganz in Ordnung, wenn man vor Freude um den Brunnen tanzt, in dem ein »Ungetüm« umkam.

Mutter Geiß schließt die so glücklich befreiten Geißlein nicht gerührt in die Arme. Das hätte man nach ihrem anfänglichen Jammern und all den Tränen um ihre »armen Kinder« eigentlich erwarten können. Man sollte sich in ihr nicht täuschen. Sie ist nicht sentimental. Wäre sie es, so hätte sie nicht so trefflich mit der Schere hantieren können. Sie weiß genau, was sie tut und warum. Ihre Kinder kommen sofort wieder an die Kandare. Sie macht sie umgehend zu ihren Helfern und dadurch zu Mittätern. Sie müssen die Wackersteine herbeischaffen, und zwar »große und schwere«, wie die Urfassung betont, und erfahren auch, zu welchem Zweck. Sie treibt sie zur Eile. Alle sieben schleppen also die Steine heran und stecken sie dem schlafenden Wolf in den Bauch, »soviel sie hineinbringen konnten«. So wird die Solidarität mit der Mutter wieder hergestellt und die Gegnerschaft zum Wolf unabänderlich. Danach greift Mutter zu Nadel und Faden und näht dem Wolf den Bauch so geschickt wieder zu, »daß er nichts merkte und sich nicht einmal regte«. Sie versteht es vortrefflich, mit ihrem Handwerkszeug umzugehen, und das bedeutet: Sie läßt sich die Kinder vom Mann nicht abspenstig machen – auch nicht mit Gewalt. Und sie zahlt ihm seinen dreisten Überfall heim, läßt ihn dafür büßen. Die Nadel als weibliche Waffe kennen wir schon aus dem Repertoire der Frau Korbes. Hier wird sie noch weit wirksamer eingesetzt und dazu derart geschickt, daß der Wolf von der ganzen Operation nicht das geringste merkt. Aber die Folgen wird er spüren, und zwar nicht zu knapp.

Er wacht auf, und es geht ihm schlecht. Die Geißlein haben sich in Steine verwandelt. So jedenfalls muß es ihm erscheinen, denn er ahnt nichts von der Manipulation. Das Bild von der schweren Last, die sie in ihm aufgehäuft haben, ist treffend. Jedes Geißlein ist nun ein schwerer Stein, und jeder Stein ist ein belastender Vorwurf: Pfui, was für ein Vater, frißt seine eigenen Kinder! Das werden sie nicht laut sagen, denn dann könnte er sich verteidigen. Heimlich haben sie ihm die Steine hineingelegt, und still sind ihre Vorwürfe – indirekt. Damit beschweren sie ihn: mit ihrer Haltung, durch stille Feindschaft, durch eine zur Schau getragene Mißachtung. Sie lassen ihn spüren, daß er für sie ein böser Kinderfresser ist, ein unbeherrschter Wüterich, also ein »garstiger Wolf«, ein »Ungetüm«, ein »gottloses Tier«. Das Märchen schildert im Zeitraffer, was tatsächlich ein langanhaltender Prozeß ist. Jeden Tag und immer wieder wird der Wolf ihre abwertende Einstellung zu spüren bekommen, und das zermürbt. Das ist es, was er »so schwer im Leib fühlt« (Urfassung), und er wird diese Last nicht los. Damit ist er für immer beschwert. Seine Rolle steht fest: Er ist und bleibt der böse Wolf.

Einen anderen wirkungsvoll und auf Dauer zu beschweren, gehört zu den subtilsten Taktiken indirekter Gewalt. Diese Taktik ist weder an Kraft und Stärke gebunden noch ans Geschlecht. Sie kann von einzelnen angewandt werden, von Gruppen oder von Organisationen.

Es ist ungeheuer schwer, sich dagegen zu wehren, denn den Opfern geht es wie dem Wolf: Sie merken gar nicht, was mit ihnen angestellt wird. Das ist das Heimtückische.

So steht der Wolf nach der Behandlung, die man ihm hat zuteil werden lassen, hilflos auf zittrigen Beinen da und fühlt sich genauso miserabel, wie es seine Familie gewünscht hat. Er ist völlig machtlos dagegen. Er weiß nicht, was mit ihm geschehen ist, erst recht nicht, daß ihm absichtlich ein Tort angetan wurde. Niemals käme er auf den Gedanken, daß die Täter neugierig hinter der Hecke lauern, sich an seiner Hilflosigkeit erfreuen und darauf warten, ihren endgültigen Triumph über ihn zu feiern. (Diese Schilderung findet sich nur in der Urfassung.) Der Wolf reagiert, wie viele Männer reagieren, denen die häusliche Situation schwer auf dem Magen liegt, die »Heimniederlagen« erlitten haben: Er empfindet Durst. Folglich beschließt er, »einen frischen Trunk« zu tun. Also begibt er sich zu einem »Brunnen«. Dort mag er sich betrunken haben, um das bedrükkende Gefühl in seinem Innern zu betäuben. In seiner Situation kann er sich eigentlich wirklich nur noch dem tröstenden Trunk ergeben. Dadurch aber verliert er den letzten Rest männlichen Ansehens. Er jagt den Kindern nun keine Angst mehr ein, und sie haben keinerlei Respekt mehr vor ihm. Sie tanzen um ihn herum und singen: Der Wolf ist tot! Er wird nicht physisch tot sein, aber er hat nun endgültig verspielt, als

Mann wie als Vater. Wenn es heißt, er sei in den Brunnen gefallen, so ist dies ein uraltes Bild und eine seit alters bekannte Redensart. Wer in den Brunnen fällt, dessen Hoffnungen und Aussichten werden zunichte, und was in der schwarzen Tiefe einmal verschwunden ist, das gelangt nur selten wieder ans Licht.

Bemerkenswert an diesem Märchen sind die gruppendynamischen Vorgänge, das heißt die familieninternen Prozesse, die zur Gewalt führen. Zunächst stempelt die von der Geiß ausgehende Negativpropaganda das zukünftige Opfer zum bösen Untier. Das ist nichts Neues, so verfährt jede Propaganda, die ein Feindbild aufbaut. Hier aber ist sie so gut, daß sich das Opfer selbst mit dieser Propaganda identifiziert: Es zweifelt nicht an seiner wölfischen Identität, versucht sogar, sie mit künstlichen Mitteln zu kaschieren.

Intern bewirkt die Propaganda Angst vorm bösen Wolf, und diese Angst verbindet die Gruppe. Ganz anders wirkt sie auf den Wolf: Sie provoziert seine Aggressivität und löst sie schließlich aus. Dieser Gewaltakt wiederum eint die Gruppe in ihrem Willen, gegen den Wolf vorzugehen. Das geschieht unter Führung der eindeutig als gut apostrophierten Leitfigur. Gemeinsam wird die Tat begangen – wieder ohne alle Scheu und Gewissensbisse –, und gemeinsam genießt die Gruppe ihren Triumph, ein schönes Beispiel für subtile Gewaltstrategie und deren Wirkungen.

Dieses Märchen verfügt jedoch noch über eine weitere Dimension. Mit seiner eindeutigen Parteinahme stellt es selbst eine Art von Propaganda dar, und damit könnte es auf eine reale Familie unter gewissen Umständen direkt einwirken. Nämlich dann, wenn es dort eine ähnliche Konstellation wie im Märchen gibt. In einem solchen Fall würde es die Frontenbildung verschärfen, indem es die Mutter-Kind-Gruppe stärkt und festigt, den Vater aber isoliert. Es hätte dann selbst die Wirkung subtiler Gewalt.

Der betroffene Vater mag sich dann fragen, wie es zu diesen »Wackersteinen« von Vorurteilen, Abwehr und Ablehnung gekommen ist, die zu verdauen ihm aus Unkenntnis der Vorgänge nicht möglich ist.

Fazit: Raffinierte Gewaltstrategie

In der Geschichte mit dem Knüppel geht es noch recht vergnüglich zu, und man kann seinen Spaß an der Sache haben. Dennoch ist das Fazit gar nicht so lustig, sagt es doch, daß es einen ursprünglichen Spaß an Gewalt gibt, eine Freude daran, sich rücksichtslos durch die Welt zu prügeln. Dieser Freude werden aber Grenzen gesetzt; im Märchen durch die Brüder Grimm mit ihrer Bearbeitung, in der Wirklichkeit sorgen dafür Sitten und Gesetze. Es verbleiben jedoch Ausnahmen. Gewalt für Gerechtigkeit und gegen das Böse ist erlaubt. Und es ist legitim, sich zu wehren. Notwehr ist nahezu weltweit ein anerkannter Grund, seinem Mitmenschen Gewalt anzutun. Das christliche Ideal, auch die linke Wange hinzuhalten, wenn man auf die rechte geschlagen wird, ist reine Theorie geblieben.

Das Märchen vom Knüppel aus dem Sack vertritt keine Ideale, sondern frönt dem Lustprinzip. Mit Tischlein deck dich, Goldesel und Knüppel aus dem Sack schildert es menschliche Urfreuden. Das hat diesem Märchen eine weltweite Verbreitung eingebracht. Der Knüppel aber spielt die Hauptrolle in der Geschichte. Danach dürfte der Spaß an dieser Art von Gewalt nicht zu den geringsten der drei Freuden gehören.

Je zivilisierter die Menschen wurden, desto weniger machten sie von Knüppeln Gebrauch. Die Formen der Gewalt paßten sich den Gegebenheiten eines durch Gebote und Verbote geregelten Zusammenlebens an: Sie wurden indirekt. Subtile Gewalt läßt sich nicht untersagen und nicht bestrafen, und sie bietet viele Möglichkeiten.

In der Geschichte von Herrn Korbes zeigt sie sich zunächst als eine Art Neckgewalt. Damit wird der Partner abgetastet. Man will ihn kennenlernen, will wissen, wie er reagiert und wie stark er ist. Als nächstes erscheint sie als Herausforderung und schließlich als grobe Provokation. Das ist die letzte Aufforderung zur Auseinandersetzung mit dem Partner. Aber Herr Korbes verweigert sich, stellt sich nicht, und das bedeutet seinen Untergang. Er hat sich selbst zum Opfer gemacht, das die ihn vernichtende Gewalt provoziert.

Die Methoden der Katze haben nichts Spielerisches. Bei ihr ist subtile Gewalt reine Unterdrückungsstrategie. Die Katze geht bewußt und systematisch vor. Ihre Mittel sind geschickt angewandte Psychologie, Schönrednerei, Manipulation und überzeugendes Auftreten. Ihr kommt dabei zustatten, daß sie keinerlei Skrupel hat und kein schlechtes Gewissen. So bleibt ihr Erfolg nicht aus: Sie macht ihren Partner gefügig, abhängig und korrumpiert ihn bis zur Selbstaufgabe.

Eine ganz andere Art von subtiler Gewalt übt die Bettelfrau aus. Sie bettelt nicht auf gewöhnliche Weise. Sie bettelt ohne Worte und bekommt, was sie haben will. Ihre Mittel sind theatralisch und sentimental. Sie spielt die ergreifende Rolle einer Mitleid erregenden Frau. Indem sie ein Bild des Jammers bietet, appelliert sie an Gefühle. So übt sie Druck aus und hat damit Erfolg. Sie demonstriert, was es bedeutet, wenn jemand gekonnt eine Szene macht. Sie schafft dadurch eine Situation von fast unwiderstehlichem Aufforderungscharakter und zwingt ihrem Opfer eine bestimmte Handlungsweise auf. Das ist Psychogewalt, die sich der guten Gefühle des Opfers bedient. Das Märchen zeigt durch das Verhalten seines Helden den Ausweg aus einer solchen Situation: Man darf sich nicht aufgeben; man muß sich notfalls verweigern, ganz gleich, was andere darüber denken.

Direkte Gewalt ist wesentlich an äußere Gegebenheiten wie Größe, Kraft und Stärke gebunden. Mit indirekter Gewalt kann schon ein Baby seine Mutter terrorisieren. Im letzten Beispiel setzt sich eine Geiß gegen den körperlich weit kräftigeren Wolf durch. Das Mittel dazu ist klassisch und heute so wirksam wie je: Propaganda. Der Gegner wird schlechtgemacht. Er ist schwarz, böse und gottlos. Die Geiß selbst stellt sich dagegen als weiß, makellos und gut dar. Diese moralisierende Schwarzweißmalerei ist absolut unrealistisch, wird aber immer wieder gern geglaubt. Dazu lügt und heuchelt die Geiß. Es ist ihre Version, daß der Wolf die sechs Geißlein zum Abendbrot hinuntergewürgt hat. Das behauptet sie, und sie weiß, daß es nicht stimmt. Die Tränen, die sie um ihre Kinder vergießt, sind Krokodilstränen. Ihre Ehrenrettung verdankt sie den Brüdern Grimm. Die lassen sie Schere, Nadel und Zwirn erst holen, als sich die Geißlein im Wolfsbauch regen. Gewiß hat der Wolf zunächst um die Kinder gebuhlt, dann – aus Enttäuschung – gegen sie gewütet, tatsächlich jedoch hat er ihnen kein Haar gekrümmt. Die Geiß aber macht aus seinem Wutanfall das böse Kinderfressen, um ihrer Rache frönen zu können. Mit ihrer Greuelpropaganda sichert sie sich moralisch ab und schwört ihre Kinder auf sich ein. Nun kann sie ihm getrost den Bauch aufschneiden und ihm Steine einnähen.

Mit diesem Vorgehen macht die Geiß deutlich, daß Gewalttaten hingenommen, gebilligt, ja, freudig begrüßt werden, wenn man sie nur überzeugend zu motivieren weiß.

Weltweit hat man die Wirksamkeit solcher Methoden erkannt und praktiziert sie mit nicht nachlassendem Erfolg. Es scheint kein Kraut dagegen gewachsen zu sein. Mit einer Frau Korbes kann man sich anlegen. Mit einer Katze braucht man nicht zusammenzuziehen. Altmutter kann man sich verweigern. Wer aber Opfer einer solchen Propaganda wird, wie sie die Geiß im Märchen praktiziert, der kann vermutlich wirklich nur noch in den Brunnen springen, der ist verloren, ohne sich wehren zu können.

Gehorche oder stirb – Schonungslose Lehrstücke

Märchen, die eine solche Moral predigen, nennt man Warnmärchen, Dressier- oder Disziplinierungsmärchen. In diesen Geschichten wird den Kindern klargemacht, wie es mit ihnen enden wird, wenn sie nicht brav sind und gewünschtes Wohlverhalten an den Tag legen. Es gibt weniger davon als häufig angenommen wird. Meines Erachtens hat dies zwei Gründe: Erstens sind Märchen ursprünglich keine Kindergeschichten, also bestand keine Notwendigkeit, darin Kindern Moral zu predigen. Und zweitens: Welchen Reiz haben moralische Lehrstücke? Wer würde sie sich freiwillig anhören? Sie hätten sich kaum über Jahrhunderte erhalten.

Immerhin gibt es die weltbekannte Geschichte vom Rotkäppchen. Darin erhebt des Mädchens Mutter sehr eindeutig den pädagogischen Zeigefinger und sagt ihrer Tochter, was sie zu tun hat: hübsch sittsam gehen, nicht vom Weg abweichen, brav der Großmutter guten Morgen sagen und nicht neugierig in alle Ecken gucken. Rotkäppchen verspricht's, hält aber sein Versprechen nicht. Es übertritt fast alle mütterlichen Gebote. Die Strafe dafür ist drastisch: Der Wolf reißt sein großes Maul auf und frißt die ungehorsame Heldin. Das ist hart, aber so sind nun einmal moralische Lehrstücke, schließlich sollen sie ja warnen, disziplinieren, einschüchtern. In diesem Sinne wurde das Rotkäppchen-Märchen in der Schulpädagogik auch häufig angewandt. Allerdings könnte ein einziger kesser Schüler diese Moral in ihr Gegenteil verkehren, indem er zu der Geschichte bemerkte, daß Rotkäppchen letztendlich doch gar nichts passiert sei, daß es sogar vergnüglich Kuchen gegessen und Wein getrunken habe und es folglich so gefährlich nicht sein könne, der Mutter Ratschläge in den Wind zu schlagen. In der Tat: Aus diesem Märchen ließe sich auch eine emanzipatorische Moral ableiten. Eine eindimensionale Disziplinierungsgeschichte ist die Geschichte von Rotkäppchen jedenfalls nicht, und was die Gewalt anbetrifft, die der Heldin angetan wird: Sie ist nicht vernichtend. Das Kind überlebt und dazu noch gutgelaunt. Das Märchen endet tröstlich.

In den folgenden schonungslosen Lehrstücken ist das nicht der Fall. Sie enden hoffnungslos. Eindimensional sind diese Geschichten sowenig wie das Märchen von Rotkäppchen. Ihre Doppelbödigkeit eröffnet manchmal überraschende Perspektiven.

Tod im Kamin

»Es war einmal ein kleines Mädchen ...« So beginnt das Märchen Nr. 43, ›Frau Trude‹. Dieses Mädchen ist »eigensinnig und vorwitzig«. Damit aber nicht genug: »Wenn ihm seine Eltern etwas sagten, so gehorchte es nicht.« Das Märchen meint dazu: »Wie konnte es dem [Kind] gutgehen?« Mit dieser moralischen Bewertung ist die Erzählperspektive klar: Es ist die von Erwachsenen, die von Kindern Gehorsam verlangen. Die ungehorsame Heldin richtet sich nun aber nicht nach den Wünschen der Erwachsenen, und es geht ihr dabei durchaus nicht schlecht. Keck tritt sie vor ihre Eltern hin und erklärt offen und geradeheraus, daß sie so viel von der Frau Trude gehört habe und sie deshalb besuchen wolle.

Sie zeigt hier, warum sie so unbeliebt ist: Sie fragt nicht und bittet nicht, sie verkündet lediglich ihre Absichten. Die meisten Eltern mögen ein solches Verhalten nicht. Selbstbewußtsein bei Kindern ist wenig beliebt, mehr noch: Es wirkt oft aufreizend, macht ärgerlich, manchmal zornig, und das können Vorstufen zu erzieherischer Gewalt sein. Des Mädchens Verhalten spielt hier jedoch nur eine Nebenrolle. Entscheidend ist der Inhalt seiner Ankündigung: Es will Frau Trude besuchen. Dies ist nicht irgendeine Nachbarin oder sonstjemand Beliebiges. Frau Trude ist eine Hexe, eine besonders bösartige sogar. Sie ist ein dem Teufel nahestehendes Zauberwesen. Wer erklärt, er wolle diese Schreckensgestalt besuchen, kann dies nur aus Unkenntnis vorhaben, oder aber er muß von grenzenloser Naivität und Arglosigkeit sein. Vorwitz zeugt aber nicht von Arglosigkeit, und auch von Unkenntnis kann nicht die Rede sein, denn das Mädchen erzählt freimütig: »Die Leute sagen, es sähe so wunderlich bei ihr aus, und erzählen, es seien so seltsame Dinge in ihrem Hause, da bin ich ganz neugierig geworden.« Was die Leute über Frau Trude sagen, ist folgendes: Sie ist eine ganz und gar unholde Verwandte von Frau Holle, und die hatte schon bedrohlich große Zähne. Ihr Haus ist wunderlich, weil es von einem Zaun aus Menschenköpfen umgeben ist, weil in ihrem Flur Fässer voll Blut stehen und auf ihrem Herd ein Kind im Topf schmurgelt. Und es gibt weitere ähnliche Details, die man von Frau Trude weiß und sich erzählt. Daraus macht niemand ein Geheimnis, auch nicht Kindern gegenüber. Gerade ihnen gegenüber nicht, denn Kindern droht man mit der Trude. Man benutzt sie als Zuchtmittel, zur Disziplinierung. Kinder werden sofort still, wenn jemand sagt: »Schweig, die Trude kommt.« Die Frau Trude nämlich pflegt Kinder mit der Hacke zu erschlagen.

Aber das Mädchen will dennoch zu ihr. Dafür gibt es nur eine denkbare Erklärung: Seine Unkenntnis ist gespielt, seine Arglosigkeit nur vorgetäuscht. Schon sein Auftreten war Ärgernis erregend, dies aber ist eine Provokation, ein Affront. Noch mehr: ein zielgerichteter Angriff. Indem das Kind vorgibt, freiwillig zu diesem Schreckensweib gehen zu wollen, entthront es eine wirksame Einschüchterungsfigur der Erwachsenen. Mit der Frau Trude können die ihm hiernach nicht mehr drohen.

So viel perfide Taktik trauen die Eltern dem Mädchen nicht zu. Aber sie ärgern sich über dieses Kind. Sie werden böse. Sie verbieten ihm, Frau Trude zu besuchen, sagen ihm, daß sie schlecht sei und gottlose Dinge treibe, und schließen: »Wenn du zu ihr hingehst, so bist du unser Kind nicht mehr.« Das ist wahrhaft deutlich. Die Tochter aber bleibt gelassen und von den Warnungen unbeeindruckt. Auch die letzte Drohung prallt wirkungslos an ihr ab. Sie beendet die Auseinandersetzung, indem sie konstatiert, daß sie »doch zu der Frau Trude« gehe, und damit hat sie ihren siegreichen Abgang. Die Eltern werden ihr nicht freundlich nachblicken. Aber sie werden sich sagen, daß sie ihre Pflicht getan haben, daß sie alles versucht haben, das Mädchen von seinem unseligen Entschluß abzubringen. Und sie haben ihm diesen Besuch schließlich streng verboten. Das Kind aber hat nicht auf sie gehört, und nun muß das Schicksal seinen Lauf nehmen. Bei dem aber, was im folgenden geschieht, können die Eltern ihre Hände in Unschuld waschen. Das Mädchen hat's nicht anders gewollt. Es muß nun die Konsequenzen tragen.

So weit die Vorgeschichte, und jetzt führt dieses schonungslose Lehrstück vor, was sich die eigensinnige und vorwitzige Kleine mit ihrem Verhalten eingebrockt hat: Sie gelangt zum Haus der Frau Trude, geht die Treppe hinauf, und schon das, was sie im Treppenhaus erlebt, erschüttert sie zutiefst. Als sie schließlich vor der Hexe steht, da sind ihr Vorwitz und Eigensinn bereits vergangen, und jetzt geht es ihr so, wie es solchen Kindern laut Märchenanfang zu gehen hat: herzlich schlecht. Genauer: Sie ist bleich und zittert am ganzen Leib. »Warum bist du so bleich?« fragt Frau Trude. »Ach«, antwortet sie, gar nicht mehr keck, »ich habe mich so erschrocken über das, was ich gesehen habe.« Im Treppenhaus ist sie drei Schreckensgestalten begegnet. Zuerst sah sie einen schwarzen Mann. Es ist der berüchtigte schwarze Mann, die düstere Drohgestalt, die Kinder bis heute noch nicht vergessen haben, spielen sie doch immer noch das schaurig-schöne Spiel »Wer fürchtet sich vorm schwarzen Mann?« und schreien, sich selbst Mut machend: »Niemand!« Frau Trude aber wiegelt ab und sagt: »Das war ein Köhler.« Nummer zwei war ein grüner Mann. Frau Trudes Erklärung: ein Jäger. Jäger sind erst neuerdings adrette junge Männer, die dem Wildbret oder schönen Mädchen nachstellen. Als wilde Jäger waren sie nicht nur von Kindern gefürchtet, und nur wenige Menschen haben die Begegnung mit ihnen überlebt. Als letztes hat das Kind einen blutroten Mann gesehen. »Das war ein Metzger«, sagt Frau Trude. Sie tut so, als sei die Anwesenheit dieser unheimlichen Gestalten in ihrem Haus ganz selbstverständlich, und hätte das Mädchen nach den Menschenköpfen gefragt, so hätte Frau Trude vermutlich gesagt: »Das ist nur der Zaun, mein Kind.« Ihre Verharmlosungen beruhigen nicht, vielmehr verstärken sie den Horror ihres unheimlichen Hauses. Frau Trude spielt mit dem verängstigten Kind wie die Katze mit der Maus. Das Mädchen wird fürchten, vom Köhler in den Sack gesteckt, vom Jäger erdolcht und vom Schlachter geschlachtet zu werden, und genau das soll es fürchten.

Eine Schreckensfigur hat es vom Podest gestoßen, drei neue

tauchen auf und rächen sich dafür. Sie stammen aus dem pädagogischen Gruselkabinett der Erwachsenen. Hier nehmen sie Gestalt an und zeigen, was sie vermögen: Sie lassen das vorwitzige Mädchen erblassen, und sie bringen es zum Zittern. Sie sind Repräsentanten von Drohgewalt, die Erwachsene gegenüber Kindern anwenden.

Das Mädchen hat noch etwas gesehen. »Ach, Frau Trude, mir grauste, ich sah durchs Fenster und sah Euch nicht, wohl aber den Teufel mit feurigem Kopf.« Es erlebt hier, wohin Neugier führt: ihm graust. Gleich wird ihm noch mehr grausen, denn der Teufel wird nicht mehr hinwegerklärt. Frau Trude läßt die Maske fallen und stellt sich als das vor, was sie wirklich ist: »Oho«, sagt sie, »so hast du die Hexe in ihrem rechten Schmuck gesehen.«

Es ist nicht mehr zu leugnen, daß die Chancen des Mädchens, dieses Haus lebend zu verlassen, gering sind. Aber Frau Trude greift nicht zur Hacke. Sie übt ihre tödliche Gewalt auf eine subtilere Weise aus. Zunächst zögert sie das Ende hinaus. »Ich habe schon lange auf dich gewartet und nach dir verlangt«, sagt sie doppeldeutig. Die Rache für Vorwitz und Eigensinn ist eben furchtbar. Dann spricht Frau Trude das Urteil: »Du sollst mir leuchten.« Aber das Mädchen soll ihr beileibe nicht etwa eine Kerze halten – es soll selbst brennen. Wer hätte auch jetzt noch einen guten Ausgang erwartet? Das Mädchen muß ins Feuer. Frau Trude verwandelt es in einen Holzklotz, den wirft sie in den Kamin. Und als das Holz so richtig schön brennt, da setzt sich Frau Trude daneben, wärmt sich daran und spricht befriedigt das Schlußwort: »Das leuchtet einmal hell.«

Ein wahrhaft erwärmendes Ende! Und das ist es tatsächlich, nämlich für alle diejenigen, die einem eigensinnigen und ungehorsamen Kind Schlechtes gönnen. Das ist die zweite Dimension dieser Geschichte, die lediglich vordergründig ein rabiates Disziplinierungsmärchen ist. Sie ist nicht nur aus der Erwachsenenperspektive erzählt, sondern auch auf Erwachsene zugeschnitten. Die sollen auch einmal ihren Spaß haben. Im ersten Teil darf, ja, muß das Kind auftrumpfen und seinen großartigen Abgang haben, damit im zweiten Teil die Eltern es dem Mädchen so richtig heimzahlen können. Denn Frau Trude ist nichts anderes als die Vollzugsfigur der Eltern, deren

Anwalt und Richter. Sie besorgt der Eltern Geschäft, ohne daß auf diese auch nur der Schimmer eines Makels fiele. Bei Frau Trude wird das Kind endlich einmal bleich und zittert vor Angst. Und dann inszeniert sie großartig und mit genüßlichen Verzögerungen diesen phantastischen letzten Akt und läßt das Kind so schön leuchten: eine beeindruckende elterliche Rachephantasie.

Frau Trude ist ein Phantasieprodukt, ein ehemals mythisches Wesen, später verkommen zum Kinderschreck und in diesem Märchen von der Einbildungskraft Erwachsener zu eigenen Zwecken neu belebt und in Szene gesetzt. Am Schluß des Märchens können sich die Eltern gewissermaßen zusammen mit ihrer Frau Trude ans Feuer hocken und Frust und Verärgerung über ihre ungeratenen Kinder abreagieren. Man sollte ihnen dies nicht verargen. Wie oft werden Eltern von ihren böse gestimmten Kindern im Geiste umgebracht? Die Märchen sind voll von solchen Bildern. Was sind denn die Hexen, die in glühenden Pantoffeln tanzen müssen oder in Schlangenfässern elendig enden, anderes als Mütter? Was den lieben Kleinen recht ist, darf den Erwachsenen hier einmal billig sein. Hier dürfen sie ihre sonst unterdrückten Rachegelüste einmal ausleben und sich für die Länge dieses Märchens aus der Verpflichtung befreien, ihr Kind unter allen Umständen lieben und ihm jederzeit gut sein zu müssen. In diesem Märchen kann jeder sein Kind einmal so recht von Herzen brennen lassen, es leuchten lassen und sich daran auch noch befriedigt wärmen.

Das Märchen kehrt nicht unter den Teppich, daß Eltern derart wütend auf ihr Kind werden können, daß sie es am liebsten von einer Frau Trude umbringen ließen. Diese Realität des Erziehungsalltags wird zwar nicht in aller Offenheit dargelegt, aber der gesellschaftlich gewiß unerwünschte Affekt wird auch nicht mit dem Knüppel rigider Moral bekämpft. Vielmehr bietet diese Geschichte die Möglichkeit der Abreaktion von Wut, Zorn und verletzter Eitelkeit, was in manchen Fällen durchaus ein Weg sein mag, Gewalttätigkeit abzubauen.

»Es war einmal ein Kind eigensinnig und tat nicht, was seine Mutter haben wollte. Darum hatte der liebe Gott kein Wohlgefallen an ihm und ließ es krank werden, und kein Arzt konnte ihm helfen, und in kurzem lag es auf dem Totenbettchen. Als es nun ins Grab versenkt und Erde über es hingedeckt war, so kam auf einmal sein Ärmchen wieder hervor und reichte in die Höhe, und wenn sie es hineinlegten und frische Erde darüber taten, so half das nicht, und das Ärmchen kam immer wieder heraus. Da mußte die Mutter selbst zum Grabe gehn und mit der Rute aufs Ärmchen schlagen, und wie sie das getan hatte, zog es sich hinein, und das Kind hatte nun erst Ruhe unter der Erde.«

Das ist der Text. Kaum jemand kennt ihn, dennoch steht er als Nr. 117 unter dem Titel ›Das eigensinnige Kind‹ in jeder vollständigen Ausgabe der Grimmschen ›Kinder- und Hausmärchen‹. Man muß diese vier Sätze – mehr sind es nicht – immer wieder überlesen haben, und auch die zahlreiche Fachliteratur hat so gut wie gar nicht von diesem Märchen Notiz genommen, jedenfalls keine Stellung zu seinem Inhalt bezogen. Auch die Psychologen nicht oder die Tiefenpsychologen. Hätten nicht wenigstens die Pädagogen sich dazu äußern müssen? Sind doch Grimms Märchen seit ihrem Erscheinen tatsächlich das geworden, wofür die Brüder Grimm sie schon in ihrer Vorrede gehalten haben: ein Erziehungsbuch. In ihrer Vorrede steht auch, durch diese Dichtungen gehe »jene Reinheit, um derentwillen uns Kinder so wunderbar und selig erscheinen ...«. So selig wie dieses Kind in seinem Grab?

Ich habe das Märchen Freunden und Bekannten vorgelesen. Viele waren schockiert, meinten, diese Geschichte müsse auf Kinder geradezu vernichtend wirken. Ihre Argumente schienen schlüssig: Dieses Märchen schildere die totale Gewalt, gegen die sich niemand wehren könne, nicht einmal das Leben. Hier triumphierten Unmenschlichkeit und Gefühllosigkeit. Nach der geradezu apokalyptischen Verfolgung des Kindes bleibe nichts als Grabeskälte und der Eindruck abgrundtiefer Aussichtslosigkeit. Die Ruhe, die das Kind schließlich finde, sei Friedhofsruhe.

Manchmal aber kicherte auch jemand über diese Aneinanderreihung hanebüchener Grausamkeiten.

Die Brüder Grimm zeigten keine Spur von Betroffenheit. Sie charakterisierten das Märchen Nr. 117 im Anhang ihrer Ausgabe von 1815 knapp und ungerührt als eine »einfach kindliche Lehre«. Sie übernahmen es ohne Bedenken in alle weiteren Auflagen. Warum sollten sie nicht? Erzählte doch schon Hans Sachs eine ähnliche Fabel in ›Von der Kinderzucht‹ (1552). Auch darin streckt ein toter Jüngling den Arm aus dem Grab. Auf den Rat von Doktoren und Geistlichen begibt sich dessen Mutter auf den Friedhof und schlägt mit einer Rute die Hand ihres Sohnes blutig. Diese Geschichte ist kein Einzelfall oder eine deutsche Spezialität. Sie findet sich ähnlich in Sagen aus dem Wallis und aus Südtirol, es gibt holländische, französische, spanische, kroatische Versionen, auch Volkslieder behandeln das Thema. Manchmal wird erzählt, man habe die Hand abgehauen und bewahre sie in einer Kirche oder im Rathaus auf. Den Brüdern Grimm waren auch die Sage und der Glaube bekannt, »daß dem, welcher seine Eltern schlägt, die Hand aus der Erde wächst« (Anhang zur Ausgabe von 1815).

Nicht nur in bezug auf Märchen befanden sich die Brüder Grimm mit ihrer weitherzigen Einstellung zu einer derartigen Gewaltpädagogik in guter Gesellschaft. Schon in der Bibel steht, daß Rute und Strafe Weisheit geben (Sprüche 29,15) und: daß, wer die Rute schone, seinen Sohn hasse (Sprüche 13, 24). Sehr nahe an das Märchen kommen die »Maßregeln gegen widerspenstige Söhne« heran, die im 5. Buch Mose 21, 18–21 zu lesen sind. Hier empfiehlt ein Gebot des Moses, einen ungehorsamen Sohn umzubringen. »So sollen ihn steinigen alle Leute der Stadt, daß er sterbe ...«, und zwar zur Strafe und zur Warnung: »... daß es ganz Israel höre und sich fürchte.«

Nun steht so manches in der Bibel, was sich auf Zeiten und Umstände bezieht, die längst vergangen sind. Aber es gab jemanden, der diese Bibelstellen wieder aktualisiert hat, und zwar mit solcher Vehemenz, daß er eine völlig neue Einstellung zur Erziehung mitbegründet hat: Martin Luther. In seiner 1524 erschienenen Schrift ›An die Ratsherren aller Städte deutschen Landes, daß sie christliche Schulen aufrichten und halten sollen‹ nimmt er Bezug auf das alte Mosesgesetz und fordert: »daß man auch durch Gericht töten soll ungehorsame Kinder«. Das ist nicht etwa eine in einem unwichtigen Brief versteckte und daher unbekannt gebliebene Forderung. Luther hat aus seiner Meinung kein Hehl gemacht: Wer den Eltern – oder der Obrigkeit – nicht gehorcht, mißachtet Gott selbst. Wörtlich: »Willst du nun nicht Vater und Mutter gehorchen und dich erziehen lassen, so gehorche dem Henker. Gehorchst du dem nicht, so gehorche dem Streckebein, das ist der Tod.« Und Gott spielt bei ihm eine fast noch schrecklichere Rolle als in diesem Märchen. Das Zitat geht nämlich weiter: »Denn das will Gott kurzum haben: entweder, wenn du ihm gehorchest, Liebe und Dienst tuest, daß er Dirs überschwenglich vergelte mit allem Guten, oder, wo du ihn erzürnst, daß er über dich schicke beide, Tod und Henker.« (Zitiert nach Beuys, Seite 232) Barbara Beuys meint dazu: »So knallhart hatte es noch keiner formuliert: Wer den Eltern oder der Obrigkeit nicht gehorcht, soll sterben.« Luther predigte diese Thesen nicht nur, er lebte auch danach. Anläßlich eines Streits mit seinem ältesten Sohn erklärte er seiner Frau, Philipp Melanchthon und anderen Freunden: »Ich will lieber einen toten Sohn haben als einen ungezogenen.«

Barbara Beuys hat mit ihrer treffenden Bemerkung sicherlich recht, aber kaum weniger »knallhart« setzt das Märchen die These ins Bild. Es läßt geschehen, was Luther nur androht: Das ungezogene Kind stirbt. Wie schon im 5. Buch Mose stirbt es zur Strafe und als abschreckendes Beispiel: daß man sich fürchte. Diese Furcht weiß das Märchen wahrlich anschaulich zu machen. Der methodische Aufbau ist bewundernswert. Deutlicher, als es hier geschieht, kann man nicht machen, daß ein ungehorsames und eigensinniges Kind keine Chance hat. Es steht einer absolut solidarischen Phalanx aus Mutter, Gott und Gesellschaft gegenüber, die es mit unerbittlicher Härte sogar über den Tod hinaus verfolgt. Die These »Gehorche oder stirb« wird zur unmittelbaren und radikalen Erfahrung. Der Schluß suggeriert schließlich, daß selbst im Tod ein eigensinniges Kind erst Ruhe findet, wenn es die Strafe endlich annimmt und sich fügt. Noch weiter geht eine polnische Fassung dieses Märchens. Hier wünscht das Kind sogar die Strafe. Das ist der Grund, warum es seinen Arm noch einmal aus dem Grabe streckt. Die Mutter schlägt darauf, und danach kann es zufrieden endgültig sterben. Das ist das Optimum erfolgreicher Disziplinierung: Das Opfer identifiziert sich mit der rigiden Moral und mit den gewaltsamen Methoden, die diese Moral durchsetzen helfen.

Was hat das Märchen, was hatte Luther und was die damalige Zeit gegen Kinder? Luther war nämlich durchaus kein Einzelfall. Er hat nur am drastischsten ausgesprochen, was man nicht nur in Deutschland empfand. Dennoch hatte man nichts gegen Kinder. Sie galten zwar als amoralisch, sittlich unempfänglich und roh – im Sinne von unfertig, aber darum lehnte man sie nicht ab. Luther liebte unzweifelhaft seine Kinder, auch seinen ältesten Sohn. Doch man hielt sie für noch derart gefühllose Wesen, daß man überzeugt war, ihnen die gewünschte Sittlichkeit und Moral nur mit Gewalt beibringen zu können. Und das tat man eben. Die biblischen Thesen und Gebote hatten etwa vom Beginn der Neuzeit an wieder Konjunktur. Unterordnung, Gehorsam und Brechung des kindlichen Eigenwillens standen auf dem oft nur zu grausamen pädagogischen Programm. Und das Märchen hat recht: Elternhaus, Kirche und Gesellschaft zogen dabei an einem Strang. Die Reihenfolge der pädagogischen Instanzen dürfte im Märchen nicht zufällig so gewählt sein. Sie entspricht der alltäglichen Erziehungspraxis. Als erstes ist es nun einmal die Mutter, die versuchen wird, mit Ungehorsam und Eigensinn ihres Kindes fertig zu werden. Hat sie damit Schwierigkeiten, so wird sie sich auf Gott berufen, mit Gottes schrecklichen Strafen drohen – wie es Luther getan hat. Schließlich wird sie dem Kind klarmachen, daß auch die Leute – die, die den Arm immer wieder unter die Erde drükken – gegenüber Eigensinn keine Rücksicht kennen. Nützt das alles nichts, dann muß die Mutter als letzte Instanz zeigen, daß auch für sie die pädagogischen Maximen von Gehorsam und Unterordnung an erster Stelle stehen, wichtiger sind als die Mutterliebe. Die eigene Mutter wendet sich gegen ihr Kind. Strafen kommt vor Lieben. Das gibt im Märchen den Ausschlag. Danach wird endgültig klar: Das Kind hat keine Chance.

Genauso sah auch die Wirklichkeit aus: Die Kinder hatten keine Chance mehr, und das war etwas völlig Neues. Im Mittelalter hatte die Situation ganz anders ausgesehen. Die Kinder waren in einer heute kaum vorstellbaren Weise frei. Ohne weiteres konnten sie ihr Zuhause verlassen, niemand hielt sie auf. Es gab nicht entfernt die heutige affektive Verbundenheit zwischen Eltern und Kindern. Sogar ein Kreuzzug vieler tausend Knaben und Mädchen aus Deutschland und Frankreich war vor diesem Hintergrund möglich gewesen (Kinderkreuzzug 1212). Meist zog es die Kinder allerdings nur auf die Landstraße. Das bekannteste Zeugnis aus dieser Zeit hinterließ uns Thomas Platter (1499–1582). Er hat sein damaliges Leben geschildert: Kinder und halbwüchsige Burschen verließen ihre Eltern. Vagabundierende Kinderhorden und fahrende Scholaren – Vaganten – bevölkerten die Straßen, und die Zehnjährigen waren beileibe nicht die Jüngsten. Viele führten ganz selbstverständlich und dazu stolz eine Waffe und scheuten keineswegs »blutige Raufhändel« mit den Bürgern. (Freytag) Notfalls warfen sie mit Steinen. Über die Schüler führte niemand nennenswerte Aufsicht. Sie besaßen eigene Organisationen mit bestimmten Bräuchen, unsittlichen Gesetzen, roher Poesie und frechen Liedern. Die älteren Kinder herrschten und verfügten über die jüngeren, und so zogen sie bettelnd, singend und nicht selten randalierend durch die Lande. Kleinvieh war vor ihnen nicht sicher, Respekt nicht ihre Stärke, und gelegentlich bezogen ihre Lehrer Prügel von ihnen. So war's, und jahrhundertelang gab es gegen dieses Treiben keine Einwände. Eltern fanden nichts dabei, die Erziehung ihrer Kinder der Landstraße zu überlassen. Noch in Grimmelshausens berühmtem Roman ›Der abenteuerliche Simplizissimus‹ (1669) spiegelt sich manches von dieser Ungebundenheit.

Irgendwann aber war es mit der Freiheit des Mittelalters vorbei. Gewiß nicht auf einmal oder überall zugleich. Das vollzog sich in einem allmählichen Prozeß, und lange bestanden Altes und Neues nebeneinander, aber der Wandel war eindeutig und letztendlich absolut: Die einstmals gelassen tolerierte Ungebundenheit und Freiheit der Kinder hieß fortan Zügellosigkeit und Anarchie. Die wilden Rangen wurden eingefangen, und statt »Bettelei, Raub und roher Liederlichkeit« (Freytag) galten nun Gehorsam, Ordnung und Disziplin.

Freiwillig haben sich die Freiheit und Unabhängigkeit gewohnten Kinder diesen neuen Prinzipien verständlicherweise nicht gebeugt. Also wurden sie ihnen »eingebleut«. Das geschah ebenso mit groben Handgreiflichkeiten wie mit entsprechend groben moralischen Belehrungen und Drohungen. Luthers markige Maximen belegen dies und auch die brutale Wenn-dann-Moral des Märchens. Damals hielt man die Kinder nun einmal nicht für sensible Geschöpfe. Wie sollte man auch? Dazu hatten die europäischen Landstraßen sie wahrlich nicht gemacht.

Moralisten, Pädagogen und Kirchenmänner, die entdeckt hatten, daß man Kinder erziehen müsse, sorgten dafür, daß dies auch geschah – notwendigerweise hart geschah. Sie kamen damit einem Bedürfnis nach. Man hatte die wilden, respektlosen Kinder und ihr »wüstes Umhertreiben« (Freytag) satt. Sie wurden nun in der Kirche, in der Schule und in der neuen bürgerlichen Kleinfamilie gezähmt und dressiert. Mit ihrer Freiheit und ihren vielen Freiheiten war es ein für allemal vorbei. Die Kindheit war erfunden, und Kinder hatten zu parieren – sonst . . .! Das Märchen zeigt diese Konsequenzen. Es Kindern zu erzählen hielt man gewiß für eine gute Möglichkeit, die Autorität von Eltern, Staat und Kirche zu festigen und zu stützen. Die verwendeten Mittel entsprachen den damaligen Gegebenheiten. Da man die Kinder für grobe Klötze hielt, waren die Keile entsprechend. Also schreckt die Geschichte vor keiner Grausamkeit zurück.

Als Drohgigant wird gleich die allerhöchste Autorität bemüht, und Gott fackelt nicht lange, kennt keine mildernden Umstände. Er ist von unerbittlicher Konsequenz. Hier wird nicht ein pädagogischer Zeigefinger erhoben, sondern drohend die pädagogische Faust geschüttelt. Die Brüder Grimm hat diese Drastik nicht geschreckt. Für sie war diese Geschichte eben nichts als eine »einfach kindliche Lehre«. Uns mutet sie eher wie ein entsetzlicher Moralschocker an.

Das ist dieses Märchen ohne Zweifel. Aber ich meine, es ist nicht nur ein rabiates Lehrstück für ungezogene Kinder. Dafür gibt es zunächst einmal formale Gründe. Was alles teilt dieses Märchen in seiner lakonischen Kürze mit, und wie tut es das! Welche Dichte und welche Dynamik stecken allein in dem zweiten Satz. Schon er schildert ein ganzes Drama: »Darum hatte der liebe Gott kein Wohlgefallen an ihm und ließ es krank werden, und kein Arzt konnte ihm helfen, und in kurzem lag es auf dem Totenbettchen.«

Danach reißt der Spannungsbogen keineswegs ab. Vielmehr

reiht sich eine Steigerung an die andere. Mit dem letzten halben Satz wartet die Geschichte schließlich noch mit einer überraschenden Moral auf. Das alles bietet dieses Märchen in nur wenigen Zeilen. Es ist schon ein bemerkenswertes Stück Prosa – aber nicht nur das. Es beschreibt im biederen Märchenton eine Kette von Ungeheuerlichkeiten. Ungerührt schildert es pädagogische Gewaltakte, die heute an Horrorfilmszenen erinnern. Dann heißt es nicht, Gott hatte kein Wohlgefallen, sondern der »liebe Gott«. Wie aber dieser liebe Gott handelt, ist alles andere als lieb, spricht diesem Adjektiv geradezu Hohn: Ohne Warnung, ohne Erklärung und Begründung schlägt er das Kind mit unheilbarer Krankheit. Damit nicht genug: Er läßt es auch noch sterben – wortlos und ohne jeden Ausweg für das Kind. Was für ein Gott!

Die Diskrepanz zwischen Kinderärmchen, Totenbettchen und der menschlichen wie göttlichen pädagogischen Brachialgewalt ist ungeheuerlich. Die Handlung kommt an die Grenze des ohne weiteres Nachvollziehbaren. Zumindest für manchen heutigen Leser »kippt« die Geschichte. Sie gerät in die Nähe zum Grotesken. Statt daß einem graust, muß man kichern, und dann ist es vorbei mit der Disziplinierung, die abschreckende Wirkung ist dahin. Vielleicht läßt sich sogar ein Hauch von Sarkasmus verspüren, die Andeutung einer höhnischen Kritik an den moralischen Größen: Gott als pädagogischer Popanz, die Mutter als Unmensch? Es gibt weitere Indizien: Gott hat unerbittlich zugeschlagen, was aber passiert? Kaum unter der Erde, da reckt das Kind – schwupp! – sein Ärmchen aus dem Grab in die Höhe – trotz Krankheit und Tod in seinem Eigensinn ungebrochen. Das aber heißt: Der »liebe Gott« hat mit aller Gewalt nichts erreicht.

Danach ist die Gesellschaft gefordert. Sie muß auf die Provokation aus dem Kindergrab reagieren. Man kommt herbei, und unerbittlich wird der eigenwillige Arm wieder unter die Erde befördert. Eigensinn wird gnadenlos verfolgt, egal, ob der Mensch nun lebt oder ob er tot ist. Aber: Die Brutalität nützt nichts. Das Ärmchen kommt wieder hervor – immer wieder. Wenn man so will, so hat das Kind noch aus dem Grab heraus gegen Gott und gegen die Gesellschaft revoltiert.

Natürlich darf es nicht endgültig siegen. Als letzte Instanz macht sich nun die Mutter zum Friedhof auf, und über das, was sie dort tut, kann man gewiß entsetzt sein. Aber wird das Entsetzen nicht überstrapaziert? Ich meine, diese makabere Friedhofsszene am Kindergrab läßt schon an Horror-Comics denken. Sie rutscht ab in Richtung Gewaltkitsch und liegt dadurch irgendwo zwischen Grausen und Grinsen. Das aber wäre die zweite Sabotage der pädagogischen Absicht – durch Übertreibung. Dazu erweisen sich Gott und die Menschen als erfolglos, und das hieße: Das Märchen wirkt auf zwei Ebenen. Vordergründig diszipliniert es durch Gewalt und Schrecken. Hintergründig aber konterkariert es diese Absicht durch subversive Gegentendenzen.

Bliebe die Frage: Ist diese Doppelbödigkeit Absicht? War sie einigen Erzählern wenigstens bewußt? Ganz bestimmt nicht. Das Märchen ist auch nicht wirklich zweigleisig, sondern trotz denkbarer Gegensätzlichkeit ein geschlossenes Ganzes. Erzähler, Zuhörer, Leser dieser Geschichte sind Teil seiner Mehrdeutigkeit, und jedem steht es frei, sich zu grausen, zu grinsen, sich zu empören oder wie auch immer zu reagieren.

Was die Wertung der erzieherischen Gewalt betrifft, so ist sie sehr wesentlich vom Wann und Wo abhängig. Unsere heutige Haltung dazu ist gewiß auch nicht der pädagogischen Weisheit letzter Schluß.

Zum Scheiterhaufen verdammt

Auch das Märchen Nr. 3, ›Marienkind‹, ist vordergründig »eine kindliche Lehre«, ein Moralstück nach dem Motto: Wer nicht brav ist und nicht guttut, dem geht es schlecht. Eine solche Art von Pädagogik hat sich immer wieder großer Beliebtheit erfreut, und aus diesem Grund mag das Märchen unbeanstandet die Zeiten überdauert haben. Es wurde ohne Bedenken von der Urfassung in die zweite Auflage übernommen, und es findet sich in dem Auswahlband ›Die kleine Ausgabe‹ aus dem Jahr 1825, die vorwiegend für Kinder gedacht war. ›Marienkind‹ steht in etlichen Schulbüchern und gehört zu den etwa zwanzig »klassischen Kindermärchen« (Bastian). Niemand hat jemals daran Anstoß genommen, daß es eine der hehrsten Gestalten der katholischen Christenheit ist, die in diesem Märchen gegen ihr Patenkind grausame Gewalt übt: die Jungfrau Maria.

Schon den Brüdern Grimm scheint die Problematik des Märchens bewußt gewesen zu sein. Sie taten, was sie mit anderen Märchen kaum oder doch weit weniger getan haben: Sie erweiterten den ursprünglichen Text um lauter Belanglosigkeiten. Die meisten Zusätze versüßlichen das Märchen. Zweifellos dürften die Grimms der Meinung gewesen sein, dies habe der Text nötig gehabt.

Die Geschichte beginnt düster und traurig. Eltern können ihr Kind nicht mehr ernähren. Es ist drei Jahre alt, ihr einziges, ein Mädchen. Voller Sorgen über das Schicksal seiner Tochter geht der Vater seiner Arbeit nach: Holz hacken im Wald. Plötzlich steht »eine schöne große Frau vor ihm, die hatte eine Krone von leuchtenden Sternen auf dem Haupt«. Sie stellt sich als Jungfrau Maria vor, will das Mädchen mit sich nehmen und wie eine Mutter umhegen. »Bring mir dein Kind«, befiehlt sie, und »der Holzhacker gehorchte«.

Maria begibt sich mit dem Mädchen direkt in den Himmel, und damit verläßt die Geschichte den familiären Bereich mit seinen Sorgen und Nöten, in dem so viele Märchen spielen.

Die ersten elf Jahre ist der Himmel ein wahrer Kinderhimmel – besonders für ein armes und hungriges Kind: Es bekommt dort Zuckerbrot, süße Milch, goldene Kleider und darf mit den Englein spielen. Als das Kind vierzehn Jahre alt geworden ist, hat Maria eine große Reise vor. Sie übergibt dem Marienkind zwölf große Schlüssel und einen kleinen. Es darf zwölf Himmelstüren öffnen und »die Herrlichkeiten darin betrachten«, die dreizehnte nicht. »Die ist dir verboten«, sagt sie und droht: »Hüte dich ...«

Der Ernst des Lebens beginnt, er beginnt mit einem Verbot. Die Heldin muß es beachten, sonst wird sie unglücklich, sagt Maria. Aber warum das Mädchen die dreizehnte Tür nicht öffnen darf, erfährt es nicht, auch nicht, um welche Herrlichkeiten es sich hinter den zwölf Türen handelt. Es fragt auch nicht danach. Aber es verspricht, »gehorsam zu sein«, »ihren [Marias] Befehlen zu gehorchen« (Urfassung). Damit verhält es sich der Situation angemessen. Zweifellos hat es den Hauch der Macht gespürt, der von Maria ausgeht.

Maria spielt in diesem Märchen keine mütterliche Rolle. Sie wird auch niemals als Mutter Maria bezeichnet, und daß sie am Anfang sagt, sie sei »die Mutter des Christkindleins«, ist einer von den verschönernden Zusätzen des Wilhelm Grimm. Mit der Maria der Bibel oder der fürbittenden Maria der Kirche hat sie kaum mehr als den Namen gemein. Sie ist keine freundliche Schutzpatronin. Viel eher ähnelt sie einer heidnischen Göttin. Im Gegensatz zur sanften »Himmelskönigin« der apostolischen Kirche trägt sie ihre königlichen Hoheitszeichen nicht allein als Schmuck. Sie symbolisiert nicht nur eine Königin, sie herrscht auch wie eine Königin. Sie gebietet und verbietet und übt die Schlüsselgewalt über die »Wohnungen des Himmels« aus. Die Märchen-Maria stellt eine Machtfigur dar, die zusätzlich mit himmlischer Autorität ausgestattet ist. Dadurch ist ihre Stellung nahezu unanfechtbar.

Sie unterzieht Marienkind einer Prüfung. Das Mädchen ahnt davon nichts und geht in der neuen, gar nicht mehr kindlichen Welt ganz arglos auf Entdeckungsreise. Jeden Tag öffnet es eine der zwölf erlaubten Türen. Hinter jeder Tür sieht es einen Apostel, und sie alle sitzen »von großem Glanz« umgeben. Das Mädchen freut sich darüber, aber das ist auch alles, und in der Urfassung ist nicht einmal von dieser Freude die Rede.

Nach zwölf Tagen steht Marienkind vor der verbotenen dreizehnten Tür, und bald hält es den kleinen Schlüssel in der Hand, auf den Maria so ausdrücklich aufmerksam gemacht hat. Es dauert nicht lange, da wird das Mädchen von seiner Neugier überwältigt (Urfassung) und schließt die Tür auf. Im dreizehnten Zimmer sieht es »die Dreieinigkeit in Feuer und Glanz sitzen«. Es bleibt »ein Weilchen stehen« und betrachtet »alles mit Erstaunen«, dann aber tritt es furchtlos näher heran und – des Feuers nicht achtend – rührt »ein wenig mit dem Finger an den Glanz, da ward der Finger ganz golden«. Danach schlägt Marienkind »geschwind die Türe zu« (Urfassung) und läuft fort. Aber sein Herz klopft und hört nicht damit auf, bis Maria zurückkehrt und fragt: »Hast du auch nicht die dreizehnte Tür geöffnet?« »Nein«, antwortet es. Maria legt ihre Hand auf sein klopfendes Herz und fragt abermals. Sie sieht auf den goldenen Finger und fragt ein drittes Mal. Marienkind aber leugnet, leugnet dreimal hintereinander.

Damit enden Pracht und Herrlichkeit, und ein mitleidloses Strafgericht bricht aus buchstäblich heiterem Himmel über das Mädchen herein. Schonungslos wird es verurteilt und verdammt. »Du bist nicht mehr würdig, im Himmel zu sein«, erklärt Maria und nimmt ihm als erstes die Sprache. In einer hessischen Fassung des Märchens, welche die Grimms in den Anmerkungen erwähnen, heißt es: »Sie schlägt ihm auf den Mund, daß das Blut hervorquillt und treibt es fort.«

Sie versetzt Marienkind auf die Erde. Das Mädchen findet sich »mitten in einer Wildnis« wieder. Es »will rufen, kann aber keinen Laut hervorbringen«. Es will fortlaufen, ist aber von undurchdringlichem Dornendickicht ringsum eingeschlossen. Kärglich muß es von Wurzeln und Waldbeeren leben. Nachts schläft es in einem hohlen Baum, und der ist auch sein einziger Schutz vor Regen, Kälte, Gewitter und Frost. Seine Kleider verderben allmählich, fallen endlich ab, und danach kann es sich nur noch mit seinen langen Haaren bedecken.

Maria behandelt das Mädchen, als hätte es ungeheure Verbrechen begangen. Tatsächlich hat es sich so verhalten wie eben Vierzehnjährige sich verhalten, zumal, wenn sie, wie Marienkind, derart in Versuchung geführt werden. Und dann hat das Kind gelogen – na schön: Aber Lügen ist kein strafwürdiges Delikt. Kein Gericht bestraft einen Angeklagten, wenn er nicht die Wahrheit sagt, wenn er abstreitet, was ihm vorgeworfen wird. Maria hält sich nicht an das, was ordentliche Gerichte tun. Sie richtet nach eigenem Ermessen, verhängt eine unmäßige Strafe, die in keinem Verhältnis zur Tat steht, und sie zeigt kein Verständnis für das Mädchen, dem sie doch Mutter hat sein wollen.

Maria handelt als Repräsentantin eines festgefügten Herrschaftssystems. Damit ist sie nicht der Moral und der Gerechtigkeit verpflichtet, auch nicht der Menschlichkeit, sondern einzig und allein den Interessen der Institution, der sie vorsteht und die im Märchen »Himmel« heißt. Der Märchenhimmel hat mit Religion und Glauben wenig zu tun. Davon ist nicht die Rede, und darum geht es nicht. Der »Himmel« wäre mit jeder beliebigen Machtinstitution austauschbar. Durch die Versatzstücke, die das Märchen benutzt, jedoch am ehesten mit der Institution Kirche.

»Du hast nicht gehorcht«, wirft Maria dem Mädchen als erstes vor, und das ist schlecht für ein hierarchisches System. Gehorsam ist nun einmal die Grundlage praktisch jeder auf Macht basierenden Autorität. Das gilt bereits für das Elternhaus, gilt für die Schule, für das Staatswesen und selbstverständlich auch für die Kirche. Paulus verlangte Gehorsam gegenüber dem Evangelium und Christus, und er drohte den Ungehorsamen Rache mit Feuerflammen an, dazu Pein und ewiges Verderben (2. Thess. 1,8f.). Was Paulus erst für den jüngsten Tag in Aussicht stellte, setzt Maria gleich in die Tat um. Sie statuiert ein Exempel, wie auf diesem Gebiet eine Menge Exempel statuiert worden sind, viele tatsächlich mit Pein und Feuerflammen. Ungehorsamen ist es unter jedweder Herrschaft schlecht ergangen. Das wird hier demonstriert.

Lügen und eine Untat nicht gestehen, das ist Marias zweiter Anklagepunkt. Für die Kirche hat er eine besondere Bedeutung, stützt sie sich doch sehr wesentlich darauf, daß ihre Anhänger ihre Sünden bekennen. Aber davon abgesehen kann niemand, der Macht ausübt, es hinnehmen, daß man ihn belügt. Aber für Ungehorsam und Lügen ein solches Strafgericht? Es waren nicht Marienkinds einzige Vergehen. Allerdings die einzigen, die Maria dem Mädchen vorhalten konnte, die es in der Lage war zu begreifen. Jedes Kind weiß, daß man gehorchen muß und nicht lügen darf. Aber Marienkind hat Schlimmeres begangen, und das ist dem Kind nicht einsichtig. Zunächst einmal hat es die zwölf Apostel nicht gewürdigt. Sie sind heilige Symbole der Christenheit und seit Jahrhunderten Repräsentanten des christlichen Glaubens. Die Kirche hat ihnen Glanz und Herrlichkeit gegeben, und von jeher wurden sie von allen Gläubigen verehrt. Nicht so von Marienkind. Es öffnet die Türen, guckt, findet Glanz und Pracht bewundernswert, und das ist alles. Das ist zuwenig.

Dann aber steht das Mädchen vor der Heiligen Dreieinigkeit, dem höchsten und heiligsten Symbol der Kirche, und es ist von himmlischem Feuer umgeben. Marienkind ist davon kaum mehr beeindruckt als von den Aposteln. Es ist lediglich neugierig, und es kommt ihm überhaupt nicht in den Sinn, dieser hehren Erscheinung in irgendeiner Form Ehrerbietung zu erweisen, von Anbetung ganz zu schweigen. Vielmehr tritt es dem wahrhaft Unnahbaren, dessen Name nicht einmal leichtfertig ausgesprochen werden darf, respektlos zu nahe, und dann tippt es gar mit dem Finger dagegen. Das ist eine Entweihung, ein Sakrileg, ein Frevel.

Dennoch klagt Maria es deswegen nicht an, denn es würde die Anklage nicht verstehen. Ihm ist ganz einfach nicht klar, daß man an derart Heiliges nicht tippt, und mit Worten könnte man dem Mädchen nicht beibringen, was ihm so völlig abgeht. Also wird ihm grausame Strafe zuteil. Das ist in solchen Fällen das bewährte Mittel. Paulus empfahl Feuerflammen und Pein nicht nur für Ungehorsam, sondern auch für alle, »so Gott nicht erkennen«. Marienkind hat die Dreieinigkeit nicht erkannt.

Für eine solche Ignoranz gibt es keine mildernden Umstände und kein Erbarmen. Es nützt der Heldin nichts, daß es ihr fern lag, ein Heiligtum zu entweihen, und auch ihr Alter kommt ihr nicht zugute. Übertretungen wie diese begeht niemand ungestraft – zu keiner Zeit und in keinem vergleichbaren System. Dabei hat die Strafe nicht nur den Zweck, den Täter zu treffen. Sie soll auch abschreckend wirken. Schließlich gibt es noch einen Gesichtspunkt: Maria nimmt Marienkind die Sprache. Das ist kein Akt spontaner gerechter Empörung, sondern die folgerichtige Reaktion eines Systems: Es kann nicht zulassen, daß das Mädchen herumgeht und erzählt, was es getan hat.

Maria bringt Marienkind zum Schweigen und verbannt es außerdem in die Einsamkeit, zur Strafe und zugleich, um ein heiliges Symbol zu schützen. Sie handelt, wie auch in Wirklichkeit gehandelt wurde: An die Heilige Dreieinigkeit hat man nicht rühren lassen. Wer es je gewagt hat, galt als Ketzer. Schon unangemessene Darstellungen wurden verboten, wenn sie den Grundwert des Symbols antasteten. Wegen solcher Bilder griffen Päpste ein. So gegen die Darstellung der Trinität als drei Personen. Papst Benedikt XIV. (1740–58) verbot sie. Papst Urban VIII. (1623–44) verbot die Darstellung als einen Leib, den Tricephalus, und bezeichnete ihn als »Monstrum«. Wer aber gar Kritik übte an der heiligen Formel der Trinität, daß drei »Götter« ein Gott sind, wurde als Ketzer verfolgt. Krassestes Beispiel sind die Arianer. Sie fanden Jesus mit Gott nur wesensähnlich, nicht aber wesensgleich, wie es kirchliches

Dogma lehrt. Um dieses Jota gab es Kämpfe, Verfolgungen, Krieg, und der Streit dauerte nahezu vierhundert Jahre, bis ins 7. Jahrhundert.

So kritikempfindlich sind heilige Symbole – nicht nur dieses. Notfalls sorgt rücksichtslose Gewalt dafür, daß ihre Unantastbarkeit unangetastet bleibt. Im Märchen muß Marienkind fürs Antasten büßen.

Der Tabucharakter eines heiligen Symbols ist nur ein Aspekt. Im Märchenhimmel tritt er hinter einem weiteren zurück. Hier überlagern Glanz, Pracht und Herrlichkeit alles andere. Die Apostel verschwinden geradezu hinter ihrem Glanz. Ihnen fehlt jede Individualität, sie sind weder Petrus noch Paulus, und nichts weist auf ihre Bedeutung als Prediger, Glaubenskämpfer und Märtyrer. Sie befinden sich zwar in himmlischen Wohnungen, sind aber ohne alles Leben, sind in ihrer Pracht erstarrt. Bei der Dreieinigkeit steigert sich der Glanz noch um das himmlische Feuer.

Wozu der ganze Aufwand? Er dient nicht der Andacht, und niemand wird ihn treiben, allein um den Leuten eine Freude zu machen. Pracht dient stets einem Zweck: Sie soll beeindrucken, und wahrhaft eindrucksvoll sind Apostel und Trinität im Märchenhimmel aufgebaut. Um diesen grandiosen äußeren Schein geht es. In der Urfassung hat Marienkind »sein Lebtag solche Pracht und Herrlichkeit nicht gesehen«. Das ist hier das Thema. Das Märchen stellt Imponierpracht dar. Die Symbole sind austauschbar, das Imponiergehabe in Pracht und Glanz ist dagegen ein universelles Phänomen. Vor allem ist es Repräsentanten von Macht eigen. Das beginnt schon mit dem bunten Federschmuck des Indianerhäuptlings, setzt sich fort in Krone, Zepter und Krummstab und endet mit der Imponierarchitektur, wie sie Herrschaftssysteme, gleich welcher Art, überall in der Welt errichtet haben. Imponierpracht soll Anhänger, Untertanen, Gläubige beeindrucken, und sie soll bewirken, daß sie gehorsame Untertanen, gläubige Anhänger, gottesfürchtige Gläubige sind und bleiben. Das ist der Zweck, jedenfalls einer und nicht der geringste.

An der Märchenheldin prallt nun aber der ganze großartige Aufwand wirkungslos ab. Nicht einmal das himmlische Feuer kann sie dazu bringen, zumindest Distanz zu wahren. Sie läßt sich weder beeindrucken noch einschüchtern. Die ganze Pracht und Herrlichkeit verfehlt bei ihr den Zweck, und das ist ein weiterer Grund, sie aus der Gemeinschaft zu entfernen, denn welch schlechtes Beispiel gibt sie! Ein Anklagepunkt ist dieses Verhalten allerdings auch nicht. Also wird sie verbannt und vegetiert nun kümmerlich und dazu stumm in der Wildnis. Sie ist das Opfer institutioneller Gewalt. Für Ungehorsam, Lügen, mangelnde Ehrfurcht vor heiligen Symbolen und dafür, daß sie sich von Prachtentfaltung nicht einschüchtern läßt, muß sie nun leiden, obwohl sie kein Moralgesetz übertreten und niemandem auch nur weh getan hat. Dieses Schicksal hat sie mit vielen Opfern politischer Gewalt gemein, und auch die Isolation an einem unwirtlichen Ort bei mangelhafter Versorgung mit Nahrung und Kleidung. So wie sie verschwanden und verschwinden Menschen hinter »undurchdringlichen Dornenhecken« und werden zum Verstummen gebracht.

»Ein Jahr nach dem anderen« verbringt die Heldin hoffnungslos in ihrem dürftigen Exil. Da gelingt es einem König, zu ihr durchzudringen. Er bringt sie auf sein Schloß und heiratet sie, obwohl sie stumm ist. Damit, so möchte man meinen, hätte Marienkind nach so langer Leidenszeit seine Strafe verbüßt, und zunächst scheint dies auch so. Nach einem Jahr bringt die junge Königin einen schönen Prinzen zur Welt. Darüber sind der König und das ganze Land erfreut, und wer wollte unserer Heldin dieses Glück nicht gönnen? Aber es währt nicht einmal einen ganzen Tag. In der Nacht erscheint die Jungfrau Maria an ihrem Bett und kommt kalt und nüchtern sofort zur Sache: »Willst du die Wahrheit sagen und gestehen, daß du die verbotene Tür aufgeschlossen hast, so will ich deinen Mund öffnen und dir die Sprache wiedergeben; verharrst du aber in der Sünde und leugnest hartnäckig, so nehm ich dein neugeborenes Kind mit.« Machtinstitutionen haben einen langen Arm und ein ebensolanges Gedächtnis. Und wer sich einmal bei ihnen mißliebig gemacht hat, kann weiterer Aufmerksamkeit ziemlich sicher sein. Die Mittel, wie sie ihre Macht ausüben, sind dabei nur sehr selten an Legalität, Moral oder Menschlichkeit orientiert, und grausam sind sie meist obendrein. Das zeigt das Märchen, aber auf eine Weise, daß dies kaum jemandem bewußt wird. Anders gesagt: Maria kann tun, was sie will, auf sie fällt kein Schatten. Tatsache ist aber, daß sie, die Marienkinds Vergehen wie schwere Sünden verfolgt, weit Schlimmeres tut: Sie begeht Verbrechen, und zwar mit größter Selbstverständlichkeit, so, als sei dies ihr gutes Recht. Sie betätigt sich als Erpresserin, und sie entführt Babys. Beides wird in zivilisierten Rechtsordnungen als Verbrechen verfolgt.

Es gibt hier zweierlei Moral, eine für Maria, das heißt für die Herrschenden, und eine ganz andere für Marienkind, das heißt für diejenigen, die nicht so funktionieren, wie es die Herrschenden von ihnen erwarten. Das ist nichts sonderlich Neues, denn es ist eben ein gewaltiger Unterschied, ob Bürger Verbrechen begehen oder Repräsentanten von Macht.

Wenn aber kaum jemand Maria übelnimmt, wie sie sich verhält, und so gut wie niemand auf den Gedanken kommt, daß sie für ihre Taten verfolgt und bestraft werden müßte, dann bedeutet dies, daß eine Mehrheit akzeptiert oder gar billigt, wenn Machtsysteme jenseits geltender Gesetze und jenseits allgemeiner Moral Gewalt ausüben. Aber das ist – genau betrachtet – auch nichts Neues. Die Geschichte bietet dafür genügend Beispiele, selbst die tägliche Zeitungslektüre. Im Rahmen dieses Märchens läßt sich die Probe aufs Exempel machen durch die Frage: Wie ungesetzlich und wie wenig menschlich ist denn nun Maria? Oder handelt sie gar richtig?

Maria macht ihre Drohung wahr und entführt Marienkinds neugeborenen Sohn. Die junge Königin bringt ein zweites Kind zur Welt. Maria erscheint prompt abermals in der Nacht und fragt: »Willst du gestehen ...?« Marienkind gesteht nicht. In der bearbeiteten Fassung heißt es: »Und die Jungfrau Maria nahm ihr das Kind aus den Armen weg.« Dieses Bild soll wohl zeigen, wie schlimm es ist, einer Mutter dies anzutun. Aber der Verlust ihrer Kinder ist bei weitem nicht das Schlimmste. Maria beschwört ein weit größeres Unheil für Marienkind herauf: Sie gefährdet sein Leben. Es heißt: So ging schon nach dem ersten Kindesraub »ein Gemurmel unter den Leuten, die Königin wäre eine Menschenfresserin und hätte ihr eigenes Kind umgebracht«. Nach dem zweiten Mal »sagen die Leute ganz laut, die Königin hätte es verschlungen«, und auch des Königs Räte verlangen nun, die Königin hinzurichten, aber der König kann es verhindern. Da bekommt seine Frau als drittes Kind eine schöne Tochter, und alles geschieht wie die beiden Male zuvor. Die Leute wie die Räte verlangen jetzt unwiderruflich der Königin Bestrafung, und der König kann nichts mehr dagegen unternehmen, er kann »seine Räte nicht mehr zurückweisen«. So »ward sie verurteilt, auf dem Scheiterhaufen zu sterben«. Ähnliche Szenen werden uns noch mehrfach begegnen, aber im Unterschied dazu hat die Verurteilung hier nichts Phantastisches oder Irreales. Frauen, die ihre Kinder töteten oder die als Menschenfresserinnen galten, wurden hingerichtet beziehungsweise als Hexen auf dem Scheiterhaufen verbrannt.

Goethe hat unter dem Eindruck dieser Rechtspraxis und der damals noch öffentlichen Hinrichtungen im ›Faust‹ das Schicksal Gretchens geschildert: »Die Glocke ruft, das Stäbchen bricht. Wie sie mich binden und packen!« So war es, so erging es unzähligen Frauen, und so geschieht es auch in diesem Märchen: Das Holz für den Scheiterhaufen wird zusammengetragen, die junge Königin an einen Pfahl gebunden, das Feuer angezündet, und bald ist sie von Flammen umgeben. Jetzt endlich denkt Marienkind, daß es die Tat gestehen könne, und in diesem Augenblick kann es sprechen und ruft laut: »Ja, Maria, ich habe es getan!« In buchstäblich letzter Sekunde begreift die Heldin, daß sie wohl tun muß, was von ihr erwartet wird, und damit unterwirft sie sich. Das System hat gesiegt, es mußte siegen, denn es ist um so vieles stärker als ein einzelner kleiner Mensch. Der kann wenig dagegen ausrichten. Der hat nur die Wahl, sich dem System anzupassen oder elend zugrunde zu gehen. Er ist institutioneller Macht nicht gewachsen und nicht der Gewalt, die sie gegebenenfalls bedenkenlos ausübt.

In einem triumphalen Schlußakt wird dieser Sieg nun gefeiert. In der Urfassung tut sich sogar der Himmel auf. Jedenfalls löscht ein Regen die Flammen, ein Licht bricht hervor, die Jungfrau Maria kommt herab, »die beiden Söhnlein zu ihren Seiten und das neugeborene Töchterlein auf dem Arm«. Sie verhält sich wie Vertreter von Machtinstitutionen sich in solchen Situationen in der Regel verhalten: Zu einem Menschen, der sich unterwirft, sind sie freundlich. »Freundlich« spricht sie also: »Wer seine Sünde bereut und eingesteht, dem ist sie vergeben.« Sie übergibt ihr die drei Kinder, löst ihr die Zunge und spendet ihr Glück für das ganze Leben. Das ist der ebenso schöne wie hoffnungsvolle Schlußsatz des Märchens.

Freude über dieses Happy-End wird sich allerdings kaum einstellen, bedenkt man, was ohne der Heldin Geständnis geschehen wäre: Maria wäre nicht erschienen. Institutionelle Gewalt schreckt auch vor der letzten Konsequenz nicht zurück: Marienkind wäre auf dem Scheiterhaufen verbrannt.

Herrschaft ist janusgesichtig wie Maria in diesem Märchen: Wer gehorcht, wer den Machtsymbolen Respekt erweist und sich unterwirft, der erlebt die freundliche Seite. Für den gibt es einen »Himmel«, »Zuckerbrot« und Herrlichkeiten, die er bewundern darf – aber auch bewundern muß. Wer sich nicht anpaßt, sich widersetzt, wer »frevelt«, der bekommt mitleidlos nackte Gewalt zu spüren. Das ist für die Opfer bitter, für die Institutionen jedoch notwendig. Die Kirche hätte niemals so viele Jahrhunderte überlebt, wenn sie nicht immer wieder Ketzer, Kritiker und Abtrünnige umgebracht hätte – einzeln und in Massen und nicht wenige auf dem Scheiterhaufen. Andere Institutionen handelten kaum anders. Das Märchen gibt ein Beispiel dieser Praxis.

Es mag nun verständlich erscheinen, daß Systeme ihre Macht, Herrschende ihre Herrschaft verteidigen – warum aber geschieht dies immer wieder so grausam, und warum haben die Opfer kaum weniger Möglichkeiten, sich zu verteidigen, als das stumme Mädchen im Märchen? Weil es so gut wie keine rechtliche Handhabe gegen Machthaber gibt. Außerdem gibt es kaum rechtliche Handhaben gegen die »Verstöße« der Opfer. Ungehorsam und Lügen lassen sich nur sehr schwer zu Todsünden hochstilisieren, und es läßt sich nun einmal nicht gebieten oder befehlen, Bewunderung und Verehrung zu empfinden oder von Imponierpracht beeindruckt zu sein.

Und in keine Rechtsordnung, auch in die willkürlichste nicht, werden sich Paragraphen einbauen lassen, die Gefühle, die jemand nicht empfindet, unter Strafe stellen. Hier sind klare Grenzen.

Also werden andere Wege beschritten, um »Dissidenten« auszuschalten. Sie werden nicht angeklagt und einem rechtmäßigen Verfahren unterworfen, sondern es werden Gefühle gegen sie mobilisiert. Das geschieht dadurch, daß man sie diffamiert. Sie werden mit unterschiedlichen Begründungen moralisch abqualifiziert. Das ist die Voraussetzung und die Begründung für ihre Strafe: Menschen wie sie sind unwürdig, so unwürdig, daß sie die Privilegien, die das System seinen – angepaßten – Anhängern zu bieten hat, nicht mehr verdienen. Darum werden sie aus der Gemeinschaft ausgestoßen. Manchmal macht man ihnen auch den Prozeß und verurteilt sie für etwas, das sie niemals begangen haben. Marienkind durchläuft alle diese Stadien.

In diesem Märchen fehlt die übliche Eindeutigkeit. Es steht nicht Gut gegen Böse, und man kann sich sogar fragen, wer hier eigentlich die Heldin ist. Entscheidet man sich für Marienkind, muß man hinnehmen, daß das Märchen nicht auf dessen Seite steht – was sehr unüblich ist. Anfangs sieht es sogar so aus, als diene das Mädchen lediglich dazu, daß an ihm ein Strafexempel statuiert wird, und am Ende muß es nachgeben und damit beweisen, wie unrecht es hat und wie recht Maria hatte.

Einen Bösewicht kennt diese Geschichte auch nicht. Wer wollte wagen, Maria dazu zu machen? Sie ist es, die am Schluß siegt, und das sind im Märchen nun einmal stets die Guten. Aber nur scheinbar begünstigt das Märchen die Autorität, die Obrigkeit, das Oben. Durch das sture Leugnen Marienkinds – für das es keine vernünftige Erklärung gibt – wird nicht nur die Dramatik der Geschichte erst ermöglicht, sondern Maria gezwungen, sich als Repräsentantin eines Herrschaftssystems zu zeigen und institutionelle Gewalt auszuüben. Die Heldin wird so zum Agent provocateur. Das wäre dann ihre hintergründige Funktion.

So bewegt sich das Märchen auf einem schmalen Grat zwischen Konformität und Kritik. Es läßt sich durchaus als warnendes Beispiel für ungehorsame Kinder benutzen. Es zeigt aber auch, daß Machtinstitutionen erbarmungslos jemanden verfolgen, strafen und möglicherweise vernichten können, der ihren Erwartungen nicht entspricht. Es zeigt ferner, daß dies auch für eine Institution gilt, die dem Glauben dient und für Frieden und Nächstenliebe eintritt. Das mag manchem gegen den Strich gehen, ist aber nun einmal – blutige – geschichtliche Tatsache. Die Heldin dieses Märchens macht sie nachvollziehbar.

Freud sagte: »Wir wissen, daß der Mensch seine Phantasietätigkeit zur Befriedigung seiner von der Realität unbefriedigten Wünsche verwendet.« Handelt es sich dabei um Gewaltphantasien, dann läßt man gewalttätige Impulse nicht aus sich heraus. Sie spielen sich nur innen, im Kopf, ab, tun also niemandem weh. So jedenfalls glaubt man, nicht zuletzt darum, weil Phantasie als bloße Träumerei nur einen geringen Stellenwert besitzt. Sie gilt wenig im Bereich unserer Fähigkeiten, denn wozu ist sie schon nütze? Ihre Geringschätzung steht allerdings in keinem Verhältnis zu ihrer Verbreitung. Den wenigsten ist bewußt, daß unsere Phantasie eine Dauerfunktion unseres wachen Bewußtseins ist. Das liegt daran, daß sich der menschliche Geist nicht abschalten läßt. Er arbeitet ständig, ob wir dies nun wollen oder nicht. Selbst im Schlaf ruht er nicht völlig, denn wir träumen.

Nun kann aber der wachende Mensch bei bestem Willen nicht pausenlos Vernünftiges denken oder sich vorstellen, nicht einmal Banales, ja, er kann überhaupt nicht dauernd denken. Also füllen mehr oder weniger vage Phantasien die Lücken. Als unaufhörlicher Strom von Vorstellungen und Bildern ziehen sie ständig durch unser Bewußtsein. Wir sind derart daran gewöhnt, daß die meisten diesen unendlichen »inneren Film« kaum noch wahrnehmen. Es geht damit so ähnlich wie mit dem Lärm der Großstadt: Wir hören ihn nicht mehr.

Wir sind unseren Phantasien gegenüber durchaus nicht zur Passivität verdammt. Jederzeit können wir lenkend eingreifen und die Regie übernehmen. So läßt sich ohne weiteres jeder Mißerfolg der Vergangenheit in einen Erfolg »umphantasieren«, und der Zukunftsgestaltung sind keine Grenzen gesetzt. Jeden Wunsch kann man sich erfüllen und alle Hindernisse beseitigen, die sich einem dabei entgegenstellen – mit jedem nur denkbaren Mittel! Man ist an keine Regeln gebunden, nicht an Moral und Ethik, und auch auf alle guten Sitten kann man getrost verzichten. Nirgends ist der Mensch so frei wie in seiner Phantasie. Sie gehört ihm ganz allein. Hier kann er die Puppen tanzen lassen und anstellen, wonach auch immer ihm der Sinn steht. Niemand erfährt, was jemand in seinen Gedanken treibt. Auch gewalttätig darf er in der Phantasie sein, denn wem schadet er damit? Ohne weiteres kann jeder sich genußreich vorstellen, wie einem mißliebigen Nächsten Schmach und Pech und Unglück widerfahren und er schließlich – leider, leider – das Zeitliche segnet. Das wäre dann so etwas wie »Mord im Kopf«.

Aber so direkt und gewollt müssen böse Wünsche und phantasierte Gewalttaten gar nicht ablaufen. Sie können ganz vage bleiben, verschwommen vorbeihuschende Vorstellungen, die kaum ins Bewußtsein dringen und daher das Gewissen so gut wie gar nicht belasten. Bestimmte Alltagsfloskeln erfüllen eine sehr ähnliche Funktion, weil auch sie in ihrer tatsächlichen Bedeutung kaum wahrgenommen werden. Wer denkt sich schon viel dabei, wenn er einem Mitmenschen die Pest an den Hals wünscht oder hofft, daß der Schlag ihn treffe oder der Henker ihn hole.

Diese Beispiele für verdeckte Gewaltphantasie im Alltag mögen banal sein, aber sie sind ein Indiz. Und sie sind die Spitze eines Eisbergs. Im folgenden wird sich zeigen, welche Rolle die Phantasie – und besonders die gewalttätige Phantasie – in unserer seelischen Innenwelt spielt. Sie reicht weit hinab in jenen höchst privaten Dschungel der Seele, in dem das Bewußtsein und unser Wille wenig wirken. Dieser Bereich steckt voller geheimer Wünsche, Lüste, Begierden und mehr oder weniger »böser« Triebe.

In bezug auf den Sexualtrieb haben Psychologen einmal untersucht, wie oft Männer sich in ihren Gedanken mit Sexualität befassen. Sie sind zu dem bemerkenswerten Ergebnis gekommen, daß Männer im Durchschnitt alle zehn Minuten einmal in irgendeiner Form an Sex denken. Das tun sie in der Regel nicht gewollt und bewußt, und mancher würde solche spontanen Einfälle und Vorstellungen nur zu gern nicht haben und sie viel lieber unterdrücken. Nur wenige werden sich zu einer derartigen Sexinvasion in ihre Gedanken bekennen oder gar dazu stehen und sie bejahen. Außer Psychologen ist dieses Phänomen noch der Werbeindustrie hinreichend bekannt, und sie weiß ihre diesbezüglichen Kenntnisse erfolgreich zu nutzen.

Auch viele Märchen kennen diesen menschlich, allzu

menschlichen Bereich. Erstaunlich unbekümmert setzen sie ihn oftmals ins Bild. So hat der Frosch aus dem Märchen Nr. 1 der Grimmschen Sammlung, ›Der Froschkönig und der eiserne Heinrich‹, keine Hemmungen, seine sex-spezifischen Absichten auszudrücken: Er möchte mit der schönen Prinzessin ins Bett. Der Wolf in ›Rotkäppchen‹ macht keinen Hehl daraus, daß er die appetitliche Heldin »vernaschen« möchte. In ›Allerleirauh‹ schämt sich der König-Vater keineswegs, daß er seine Tochter begehrt und sie heiraten will.

Um gewalttätige Gedanken hat sich die Wissenschaft weniger gekümmert. Jedenfalls haben Psychologen sie noch nicht gezählt und statistisch erfaßt. Um auch hier mit dem Banalen anzufangen: Wie oft verspüren Autofahrer aggressive Impulse? Die sind auf diesem Gebiet das Indiz, und sie sind nur die Oberfläche. Was alles sich darunter verbirgt, dürfte kaum geringere Dimensionen haben als im Falle der Sexualität, und die Tendenz zu verdrängen wird hier vermutlich noch größer sein, denn wer bekennt sich schon zur Gewalt?

Ich habe einmal erlebt, daß jemand sich dazu bekannte, und zwar anläßlich einer Lesung aus meinem Buch ›Kennen Sie Kinder?‹. Die Zuhörer diskutierten über die Grausamkeit der Märchen. Dazu hatte die Geschichte von ›Hänsel und Gretel‹ angeregt. Einige fanden, die Sache mit dem Backofen sollte man Kindern nicht erzählen. Dazu fiel einer jungen Dame folgende Kindheitserinnerung ein, die sie lächelnd zum besten gab: »Immer, wenn ich wütend auf meine Mutter war, wenn sie mit mir schimpfte, mir etwas verbot oder ich auch nur nicht meinen Willen bekam, so stellte ich mir vor, sie sei die Hexe und ich Gretel. Ja, und dann habe ich die böse Hexe mit Genuß in den heißen Backofen geschoben.« Nach dieser freimütigen Mitteilung herrschte betretenes Schweigen – bis eine weißhaarige alte Dame, die neben der Erzählerin saß, in die Stille sagte: »Mein Kind, ich muß mich nachträglich doch sehr über dich wundern.« Es war ihre Mutter. Die Spannung löste sich – alles lachte. Zunächst schockierte der Bericht, dann wurde darüber gelacht. Aber so ist es mit der menschlichen Gewaltphantasie: Man mißbilligt sie, verdrängt sie am liebsten und ist sich letztlich doch bewußt, daß sie sehr wohl vergnüglich sein und Spaß machen kann. Auf jeden Fall stellt sie nichts Besonderes oder

Außergewöhnliches dar und schon gar nichts Anomales. Jeder, der einigermaßen ehrlich gegenüber sich selbst ist, wird sie kennen. Außerdem: Was schadet sie schon? Schließlich will niemand in Wirklichkeit tun, was er sich im geheimen ausdenkt. Dennoch läßt sich nicht leugnen: Wir erschaffen uns diese Welt. Unsere Wünsche schlagen sich darin nieder, und darum sind wir – auch –, was wir uns in unseren Phantasien vorstellen, erträumen und erhoffen. Viele Märchen handeln davon. Sie lassen ihre Heldinnen und Helden ausführen, was Menschen sich von jeher und immer noch nur in ihren heimlichen Phantasien gestatten. Im folgenden werden wir großen und kleinen Gewaltakteuren begegnen, die ihre Wünsche rigoros in Taten umsetzen. Damit eröffnet sich eine Welt von ganz besonderer Art.

Ende im Schmiedefeuer

Dies ist nicht der Märchentitel. Das Märchen heißt ›Das junggeglühte Männlein‹, Grimm Nr. 147, und aufgrund der Überschrift besteht kein Anlaß, Gewalttätiges zu vermuten. Auch der Held dieser Geschichte, ein Schmied, macht keinen schlechten Eindruck. Schon gar nicht wirkt er wie ein Verbrecher, und niemand wird einen Mörder in ihm sehen – am Anfang der Geschichte nicht, aber auch nicht an ihrem Ende. Dessenungeachtet bringt dieser Mann seine Schwiegermutter um. Er stößt sie in sein Schmiedefeuer. Für diese Tat wird er nicht verfolgt, nicht verklagt und natürlich nicht gehängt. Man zeigt auch nicht mit Fingern auf ihn. Das Leben geht weiter, als wäre nichts geschehen. Hat dieser Schmied ein vollkommenes Verbrechen begangen? In der Tat, das hat er! Hier – und nur hier – ist das Unmögliche möglich. Dieses Märchen erzählt eine Gewaltphantasie. Darin hat der Täter alle Fäden in der Hand. Er allein führt Regie, und alle Figuren tun, was er will – auch das Opfer. Unter solchen Bedingungen läßt sich wahrhaftig ohne Risiko ein Mord begehen.

Diese Geschichte geht zurück auf Hans Sachs und ist eigentlich mehr ein Schwank als ein Märchen. Sie bleibt an der unterhaltsamen Oberfläche und geht nicht in die Tiefe wie viele der folgenden Beispiele. Dafür aber ist sie vorzüglich geeignet als

Einstieg in das Phänomen der Gewalt in der Phantasie. Also: Grimm Nummer 147 zum Warmwerden mit dem Thema. Das Ende des Märchens läßt keinen Zweifel an der bösen Absicht des Schmieds: Er will seine Schwiegermutter loswerden, und zwar endgültig und ein für allemal. Gründe dafür erfährt man nicht. Von der alten Frau geht nichts Bedrohliches aus, und es wird nichts Böses über sie berichtet. Sie ist nur alt, halbblind und bucklig. Das reicht hier offensichtlich als Mordmotiv, und fürwahr bedarf die Gewalt in der Phantasie keiner zwingenden Gründe. Gefahrlos und risikolos kann man einen jeden leiden und sterben lassen. Es genügt, daß er einem lästig ist oder daß man sein Lächeln nicht leiden kann.

Dennoch gibt es Einschränkungen. Kaum jemand wird blindlings drauflosmorden – auch in der Phantasie nicht. Darum nimmt der Schmied nicht einfach eine Eisenstange, erschlägt die mißliche Alte und verscharrt sie hinter dem Haus. Allerdings ist es nicht die Phantasie, die seinen gewalttätigen Wünschen Grenzen setzt. Er nimmt auch nicht auf andere Rücksicht oder auf die Moral, sondern einzig und allein auf sich. Gewiß möchte er seine Schwiegermutter umbringen und sie dazu noch leiden lassen, keineswegs aber will er dabei als Bösewicht dastehen oder gar als Mörder – nicht einmal vor sich selbst. Nein, seine Makellosigkeit muß gewahrt bleiben. Der perfekte Mord in der Phantasie ist der, den man mit den geringsten Schuldgefühlen begeht. Wie das zu machen ist, wird nun geschildert. Der Schmied verfügt dabei über unbeschränkte Möglichkeiten. So wählt er zur Absicherung seines moralischen Alibis und zur Wahrung seiner Integrität gleich die höchsten Autoritäten: Gott persönlich und dazu den heiligen Petrus. Die beiden klopfen an seine Tür, bitten um Herberge und werden selbstverständlich »willig« hereingebeten. Der Schmied ist nun in denkbar bester Gesellschaft. Sein Haus steht aber nicht nur derart illustren Gästen offen. Auch einem armen Bettler, »von Alter und Gebrechen hart gedrückt«, wird ohne Zögern Gastfreundschaft gewährt. Der Schmied ist eben ein guter Mensch – von eigenen Gnaden, versteht sich. Seine Gäste wurden jedoch nicht allein darum eingeladen, um seinem Ansehen förderlich zu sein. Sie sind vielmehr die notwendigen Akteure für sein schnödes Unterfangen. Ihnen, die jenseits jeden Verdachts stehen, überläßt er zunächst die Initiative und hält sich selbst bedeckt. Petrus tut den ersten Schritt. Er macht einen Vorschlag, und zwar einen, der selbstredend Gutes bewirken will. Er bittet Gott, den armen Alten wieder jung zu machen, »daß er sich selbst möge sein Brot gewinnen«. Obwohl solche Werke zu tun ganz und gar nicht zu des Herrn Gewohnheit gehört, ist er hier sofort damit einverstanden. Schon das mag befremden, aber darüber ließe sich noch hinwegsehen, über das folgende jedoch nicht mehr: Statt kraft seiner göttlichen Allmacht den Bettler ganz einfach zu berühren und dadurch das Wunder zu wirken, erbittet Gott dafür höchst merkwürdige Requisiten: »Sanftmütig«, wie es heißt, begehrt er vom Schmied dessen Esse mit einem anständigen Feuer darin. Er will den Bettler jung glühen, und das heißt, ihn einer Prozedur unterziehen, die normalerweise tödlich verläuft. Der Schmied ist – natürlich! – »ganz bereit«, Gottes Wunsch zu erfüllen. Für ein »groß und hoch« auffunkendes Feuer sorgt Petrus. Er zieht die Blasebälge, und damit ist das Verfahren ganz und gar in heiligen Händen. Was also kann falsch daran sein? Wem könnte es schaden? Es schadet auch nicht. Gott nimmt den alten Mann und schiebt ihn mitten hinein ins große rote Feuer. Nichts Arges geschieht. Der Bettler schreit nicht, fängt nicht an zu brennen, aber er beginnt zu glühen, glüht so schön »wie ein Rosenstock« und lobt dabei Gott mit lauter Stimme. Der steckt ihn nun in den Löschtrog, »daß das Wasser über ihm zusammenschlug«, aber auch durch diese Behandlung nimmt der Alte keinen Schaden. Nachdem er im Trog »fein sittig abgekühlt« ist, erhält er des Herrn Segen, und danach erweist sich das Werk als gelungen: »Zart, gerade, gesund und wie von zwanzig Jahren« entsteigt der Bettler dem Löschwasser. Na bitte! Der Schmied kann weiter getrost im Hintergrund bleiben und das – programmierte – Schicksal seinen Lauf nehmen lassen.

Die erfolgreiche Verjüngungskur spricht sich selbstverständlich herum, und das größte Interesse daran hat natürlich die alte, bucklige Schwiegermutter. Sie reagiert, wie unschwer vorauszusehen war: Sie fragt den so wunderbar verjüngten Alten aus. Vor allem will sie wissen, wie es ihm im Feuer ergangen ist. Sie erhält die beruhigende Antwort, »nie sei ihm besser gewesen«, und diese Worte klingen ihr »die ganze Nacht in den

Ohren«. Am anderen Morgen sind jedoch Gott und Petrus »die Straße weitergezogen«. Aber der Schmied ist noch da, und weil er »fein ordentlich alles mit angesehen habe und es in seine Kunst schlage«, meint er, »er könnte seine alte Schwiegermutter auch jung machen«, und fragt sie, ob sie »wie ein Mägdelein von achtzehn Jahren in Sprüngen daher wollte gehen«. Das ist die entscheidende Frage. Nach allem, was vorhergegangen ist, kann es darauf eigentlich nur eine Antwort geben, und so ist es denn auch: »Von ganzem Herzen« stimmt die Alte dem Vorschlag zu. Der Schmied hält sich nun nicht weiter mit der Vorrede auf. Er macht eine »große Glut« und stößt – mit deren freudigem Einverständnis – »die Alte hinein«.

Hat jemand erwartet, daß ihr ein Wunder widerfährt wie dem alten Bettler? Wohl kaum, und es geschieht auch kein Wunder. Sie glüht nicht schön wie ein Rosenstock, und sie lobt nicht freudig Gott den Herrn. Vielmehr stimmt sie »ein grausames Mordgeschrei an« – was nur zu berechtigt ist –, und voller Schmerz und Pein biegt sie sich im Feuer hin und her.

Nun könnte die Geschichte hier zu Ende sein: Schwiegermutter verbrennt, der Schmied ist sie los, und damit basta. Doch die Geschichte begnügt sich nicht mit der Tat allein. Das Ende der Alten wird künstlich in die Länge gezogen. Sie muß hübsch langsam sterben, und diese Situation wird mit unverkennbar sadistischer Freude ausgemalt. Sie schreit und schreit, und den Schmied rührt es nicht. Wenn er es nicht von Anfang an gewußt hätte, dann müßte ihm nun sofort klar sein, daß die Sache nicht wie bei Gott und Petrus läuft. Jedenfalls zieht er die arme Frau nicht aus dem Feuer. Er läßt sie brennen, und dazu beschimpft er sie: »Sitz still, was schreist und hüpfst du?« Ihr Verhalten läßt ihn zu der Schlußfolgerung kommen, daß das Feuer nicht heiß genug ist. »Ich will erst weidlich zu blasen«, »tröstet« er sie und zieht »die Bälge von neuem, bis ihr alle Haderlumpen brannten«. Sie schreit dabei »ohne Ruhe«.

Das Märchen bedient sich hier eines Kunstgriffs, um den Hörern/Lesern zu ermöglichen, dieser grausamen Gewaltszene ohne Schuldgefühle folgen zu können und um sie in die Länge zu ziehen: Es läßt den Schmied den Tölpel spielen, der die Situation ganz einfach nicht begreift.

Als ihm endlich dämmert, daß etwas nicht stimmen kann,

dämmert es ihm unglaublich langsam. Erst einmal denkt er, und zwar: Die »Kunst geht nicht recht zu«. Klar, kann ja auch nicht. Er ist schließlich nicht der liebe Gott. Endlich – zu spät – handelt er, zieht die Alte aus dem Feuer und wirft »sie in den Löschtrog«. Sie lebt immer noch und schreit ob dieser Behandlung »ganz überlaut«. Dieser Schrei schreckt die Frau Schmiedin und deren Tochter oben im Haus auf, und sie kommen die Stiege heruntergerannt. Im Trog finden sie zu ihrem Entsetzen das Ergebnis des mißglückten Verjüngungsversuchs vor, und es ist immer noch ein Rest von Leben in der Alten. »Heulend und maulend« liegt sie da, »das Angesicht gerunzelt, gefaltet und ungeschaffen«.

Es ist völlig klar, daß sie die Prozeduren des Schmieds nicht überleben kann. Der Tod ist ihr sicher, aber ihr Leidenszustand bleibt erhalten. Das Märchen läßt sie, von Feuer und Wasser schaurig entstellt, im Trog liegen, gönnt ihr den letzten Seufzer nicht, erlöst sie nicht von ihren Qualen, und so endet die Geschichte.

Es sagt sich so leicht hin, daß der Phantasie keine Grenzen gesetzt sind. Erst Beispiele lassen erleben, was eine derartige Freiheit gegebenenfalls bedeuten kann. Dies ist das erste Beispiel, und es hat Schule gemacht. In den vielen Varianten dieses Märchens fallen der gleichen Methode eine Nachbarin zum Opfer, des Täters eigene – häßliche – Tochter, mehrere Ehefrauen, ein alter Vater, eine Kaiserin und ein Zar, von dem noch die Rede sein wird. Man kennt diese Geschichten vom Nordkap bis Italien. Hans Sachs hat sie, wie gesagt, bei uns zuerst aufgeschrieben, aber das Motiv ist alt, reicht zurück ins klassische Altertum. Schon die berühmte Medea verjüngte den König Pelias zu Tode.

Gewaltphantasien sind Privatsache. Jeder mag dazu stehen, wie er will, soll ihnen frönen oder es lassen. Werden aber solche Phantasien von Märchen oder Sagen benutzt, dann treten sie heraus aus der Privatsphäre des einzelnen. Durch Erzähler und deren Zuhörer, durch Bücher und deren Leser gewinnen sie eine gesellschaftliche Funktion. Man kann kaum anders, als sich mit den Helden zu identifizieren, und dadurch vollzieht man ihre Gewalttaten nach. Die meisten tun das gern, und das entlarvt ein menschliches Bedürfnis nach Gewalt. Hans Sachs hat unendlich viele Geschichten erdacht und aufgeschrieben. Ausgerechnet diese Geschichte wurde so oft weitererzählt, daß sie schließlich zu einem Märchen geworden ist. Seit dem Jahre 1562 schreit die arme alte Frau in dieser Geschichte im Feuer und im Löschtrog, und das hat seit über vierhundert Jahren niemanden gestört – vielleicht macht sogar ihr Geschrei den Reiz dieser Geschichte aus und ist der Grund für ihre weite Verbreitung.

Das Thema »Schwiegermutter« wird durch das Märchen Nr. 147 lediglich eingeleitet, und die darin geschilderte Gewalt stellt nur einen schwachen Abglanz des Kommenden dar. Was viele Märchen erzählen, geht weit über das hinaus, was der Volksmund »bösen« Schwiegermüttern immer wieder unterstellt hat und noch unterstellt. Es gibt diese Geschichten in vielen Varianten mit fast identischen Gewaltakten. Was sich aber darin an perfiden Mordversuchen, Menschenfresserei und grausamen Tötungen abspielt, übersteigt so ziemlich alles, was in Wirklichkeit möglich wäre oder jemals tatsächlich geschehen ist. Viele Vorgänge sind von fast archaischer Grausamkeit und Brutalität.

Da wäre zum Beispiel die weltberühmte Geschichte von Dornröschen. Niemand wird dabei an etwas Derartiges denken, vielmehr an zauberhafte Märchenromantik und an den lieblichen Höhepunkt des Märchens, an den Kuß, den der junge Prinz der schlafenden Schönen gibt. Es ist ein geradezu klassischer Kuß und wohl der bekannteste und berühmteste der Weltliteratur. Darauf folgt noch die glanzvolle Hochzeit dieses wahrhaft märchenhaften Paares und als Abschluß der Geschichte der schöne Satz: »... und sie lebten vergnügt bis an ihr Ende.« Nichts gegen erbauliche Geschichten und gegen ein jedermann zufriedenstellendes Happy-End. Aber Märchen gehören nun einmal nicht – oder doch nur scheinbar – in die Kategorie derartiger Trivialdarstellungen, die durch Schönfärberei des Lebens dem Leser zu einer vorübergehenden Flucht aus der Wirklichkeit verhelfen wollen. Dieser Eindruck kann bei dem deutschen Dornröschen-Märchen allerdings entstehen. Das aber liegt daran, daß die Brüder Grimm uns die Fortsetzung unterschlagen haben. Die erste zärtliche Begegnung des jungen Helden mit der Prinzessin ist gewiß eine schöne Szene, aber –

wie die meisten ersten Küsse – erst der Beginn einer Geschichte oder gar – wie in diesem Fall – der Anfang gewalttätiger Entwicklungen. So jedenfalls ist es in den kaum weniger bekannten Dornröschen-Versionen des Italieners Basile, ›Sonne, Mond und Talia‹, und des Franzosen Perrault, ›Die schlafende Schöne im Walde‹. Beide wurden lange vor den Grimmschen ›Kinder- und Hausmärchen‹ veröffentlicht. Nun hätten aber die Brüder Grimm durchaus keine Anleihen bei den beiden Kollegen zu machen brauchen. Die Fortsetzung von ›Dornröschen‹ befand sich in ihrer eigenen Sammlung – was ihnen durchaus bewußt war –, nämlich in dem Bruchstück Nr. 5, ›Von der bösen Schwiegermutter‹. Als Nummer 84 steht es unter dem Titel ›Die Schwiegermutter‹ in der Erstausgabe von 1812. Später verschwand es im Anhang. Mit diesem Märchenfragment wären wir beim nächsten Thema, welches mit Fug und Recht die Überschrift trägt:

Der Schwiegermütter Mordanschläge

Die Protagonisten der folgenden Märchenszenen sind die alten Königinnen, ihre Söhne und Schwiegertöchter. Die jungen Prinzen begegnen einer zauberhaften Schönen. Einige dringen keck und kühn zu ihr vor, und alle sind auf der Stelle von ihr hingerissen. Nicht immer begnügen sie sich damit, ihr nur einen zarten Kuß auf die Lippen zu hauchen, wie dies der brave deutsche Jüngling im Grimmschen ›Dornröschen‹ tut. Viele der berühmten Märchenschönheiten bekommen nach der ersten Begegnung Kinder, oftmals Zwillinge, so bei Perrault, Basile und auch in dem Grimmschen Fragment ›Die Schwiegermutter‹. Aber die verliebten jungen Helden stehen zu den Folgen ihrer Taten und heiraten die Geliebten. Sie tun dies in allen Fällen gegen den Widerstand ihrer Mütter. Das ist zwar wacker gehandelt, aber damit haben sie das Spiel noch lange nicht gewonnen. Die Mütter der jungen Männer werden überraschend zu deren bedrohlichen Gegenspielern.

In dem Grimmschen Märchenfragment geht alles gut, bis der junge König ins Feld ziehen muß. Kaum ist er fort, da hat die Schwiegermutter wahrhaft makabre Einfälle: Sie veranlaßt, daß

Dornröschen und ihre zwei kleinen Söhne »in einen dumpfigen Keller« eingesperrt werden. Ihr fällt noch mehr ein: »Eines Tages nun sprach sie zu sich selbst: Ich hätte so Lust, das eine von den beiden Kindern zu essen.« Kaum hat sie das gedacht, da läßt sie auch schon den Koch kommen, befiehlt ihm, Söhnlein Nummer eins »zu nehmen, zu schlachten« und in einer braunen Soße zuzurichten. Sie ißt das Kind »mit großem Appetit«. Der zweite Sohn muß auch dran glauben. Den wünscht sie in weißer Soße und verspeist ihn »mit noch größerem Appetit«. Aber das reicht ihr noch nicht. Sie will auch ihre Schwiegertochter essen. Also heißt sie den Koch, die junge Königin zu kochen. Das wäre Dornröschens unrühmliches Ende gewesen, aber der Koch ist ihr zugetan. Er hat ihr geholfen und hilft ihr weiter. Niemand ist wirklich zu Schaden gekommen. Die Alte hat statt der Kinder Spanferkel und statt der Schwiegertochter eine Hirschkuh zu sich genommen. Das aber ist nicht das Ende der Geschichte. Sie geht weiter: Die alte Königin bemerkt den Betrug, und die Strafe, die sie sich für den Koch und ihre Schwiegertochter ausdenkt, ist folgende: Sie sollen in ein Gefäß mit Kröten und Schlangen geworfen werden. Unvermutet und gerade zur richtigen Zeit kehrt der junge König zurück, und daraufhin stürzt sich seine Mutter wutentbrannt selbst in den Bottich und wird von den Tieren verschlungen.

So endet die Geschichte auch in Perraults Dornröschen-Version. Sie enthält noch ein interessantes Detail: Der Königssohn verheimlicht seine Ehe vor der Mutter, verschweigt auch die Geburt ihrer beiden Enkelkinder. Bei aller Liebe fürchtet er seine Mutter, weil sie dem Geschlecht der Oger entstammt, die in französischen Märchen menschenfressende Ungeheuer sind. Erst als des Prinzen Vater gestorben, er also selbst König ist, gibt er in aller Öffentlichkeit seine Hochzeit bekannt und bringt Frau und Kinder in sein Schloß. Nachdem er von den Untaten seiner Mutter erfahren hat und den Mord an seiner Frau gerade noch verhindern kann, ist er trotz allem traurig über der alten Königin Tod, »denn schließlich war sie seine Mutter«. Dann aber heißt es weiter: »Er tröstete sich bald mit seiner schönen Frau und seinen Kindern.« Mit diesem Trost schließt das Märchen bei Perrault und ähnlich bei Basile.

Viele der Schönen in diesen Märchen sind stumm. Sie sind an

ein Schweigegelübde gebunden, um ihre verzauberten Brüder zu retten. Dadurch aber können sie sich nicht verteidigen und sind nicht in der Lage, ihrem Mann von den Bösartigkeiten seiner Mutter zu erzählen. So ist es in einem Märchen aus Böhmen, welches unter Nummer 49 in den Anmerkungen steht.

Ein Fürst findet das stumme Mädchen nackt in einem hohlen Baum sitzen und entbrennt in Liebe zu ihr. Dazu genügen »ihre große Schönheit«, »ihre engelsschöne Gestalt« und – nachdem die Kammerfrauen sie gewaschen und in reiche Kleider gesteckt haben – ihr Strahlen »wie der helle Tag«. »Nach einigen Tagen« will er sie heiraten. Da aber stößt er auf unerwarteten Widerstand. Seine Mutter teilt keineswegs seine Begeisterung. Sie ist vielmehr der Meinung, man wisse nicht einmal genau, »ob sie Tier oder Mensch sei«, und sie widersetzt sich heftig dieser Vermählung. »Von einer solchen Ehe stände nichts wie Sünde zu erwarten«, prophezeit sie. Aber er läßt sich nicht hineinreden, und »mithin wurde das Beilager in Schmuck und Freude vollzogen«.

Die Frau des jungen Fürsten ist zwar weiterhin stumm, erweist sich aber als »sittsam und fleißig«, und nach einem halben Jahr wird sie schwanger. Was sollte seine Mutter also noch gegen sie haben? Ohne Arg vertraut der Fürst sie ihr an, als er in den Krieg ziehen muß, und befiehlt, daß sie sie »wohl hüten« soll. Auf eine derartige Gelegenheit hat seine Mutter nur gewartet. Ihr ist »seine Abwesenheit gerade recht«, für alles andere als gute Zwecke.

Die junge Fürstin bringt »einen bildschönen Knaben« zur Welt, aber die Geburt weckt keinerlei freundliche großmütterliche Gefühle in der alten Fürstin, vielmehr nimmt sie ihrer Schwiegertochter das Neugeborene fort, übergibt es einem Diener und befiehlt ihm, »es in den Wald zu tragen und zu morden«. Ihrem Sohn schreibt sie, seine Frau, »die man selbst für ein halbes Tier halten müsse, sei, wie zu erwarten gestanden, eines Hundes genesen, den man habe ersaufen lassen«.

Der Fürst zweifelt nicht an der ungeheuerlichen Darstellung seiner Mutter, und er nimmt ihr ab, daß ein Mensch Hunde zur Welt bringen kann. Dennoch hält er zu seiner Frau. Selbst noch, als sich der Vorgang wiederholt. Dann jedoch inszeniert seine Mutter die gleiche Untat ein drittes Mal, und damit erreicht sie ihr Ziel: Ihr Sohn glaubt nun, »daß ihn Gottes Zorn treffen werde, sofern er länger mit einer Gemahlin lebe, die ihm ... Tiere zur Welt bringe«. Mitleidlos zieht er die Konsequenzen: Er verurteilt sie zum Feuertod. Am Tag ihrer Hinrichtung endet aber ihr Schweigegelübde. Der Fürst erfährt die Wahrheit. Auch die Kinder leben durch glückliche Fügung alle noch. Der Scheiterhaufen ist dennoch nicht umsonst errichtet worden, darauf wird nun »die böse Alte zu Asche verbrannt«. So stirbt Mutter Nummer zwei, aber dieses Mal höchst unfreiwillig.

Abgrundtief böse Schwiegermütter – dieses Motiv findet sich nicht nur in abseitigen Anmerkungen, sondern in sehr vielen bekannten Märchen, so in ›Die sechs Schwäne‹, Grimm Nr. 49. Der Anfang gleicht dem vorigen Beispiel. Außerdem schimpft hier die »böse Mutter« des Königs das Mädchen, welches er liebt, eine Dirne, die »eines Königs nicht würdig ist«, und versucht, die Heirat zu hintertreiben. Vergeblich. Da nimmt auch diese Schwiegermutter ihrer Schwiegertochter die Kinder fort, aber nicht genug: Sie bestreicht »ihr im Schlaf den Mund mit Blut«, geht danach zu ihrem Sohn und klagt seine Frau der Menschenfresserei an. Zweimal kann der junge König sich nicht entschließen, den Reden seiner Mutter Glauben zu schenken. Beim drittenmal aber »konnte der König nicht anders, er mußte sie dem Gericht übergeben«. Erwartungsgemäß verurteilt dieses die junge Königin, »den Tod durchs Feuer zu erleiden«. Das Ende ist wie gehabt: Statt ihrer wird Schwiegermutter »zur Strafe auf den Scheiterhaufen gebunden und zu Asche verbrannt«. Nachdem sie auf diese Weise aus der Welt geschafft ist, lebt der Rest der Familie »lange Jahre in Glück und Frieden«.

In Grimm Nr. 9, ›Die zwölf Brüder‹, wird die Verhinderung des Liebesglücks durch die Schwiegermutter besonders deutlich. Der junge König hätte mit seiner stummen Schönheit aus dem Baum durchaus »vergnügt gelebt«, »wenn nicht seine Mutter gewesen wäre«, die im Märchen ausdrücklich als »böse« bezeichnet wird. So jedenfalls ist es in der Urfassung zu lesen. Wilhelm Grimm mochte dies dem jungen Paar nicht antun. In seiner Bearbeitung gönnt er ihm erst einmal ein paar Jahre ungetrübten Glücks. Das Wesentliche änderte er jedoch nicht:

Schwiegermutter verleumdet die Frau ihres Sohnes dieses Mal als »gemeines Bettelmädchen«, das hinter seinem Rücken »die schändlichsten Dinge treibt« (Urfassung) oder »wer weiß, was für gottlose Streiche« verübt (bearbeitete Fassung). Wie in allen anderen Beispielen sind ihre Beschuldigungen falsch, und ihr Sohn glaubt ihr – »zuerst« – auch nicht, aber alle diese Mütter haben einen langen Atem. Jahrelang lassen sie nicht locker mit ihren Verleumdungen – bei sehr vielen Märchen bis zur Geburt des dritten Kindes. Hier heißt es: »Die Alte trieb es so lange, und beschuldigte sie [die Schwiegertochter] so viel böser Dinge, daß der König sich endlich überreden ließ und sie zum Tod verurteilte.« In der Urfassung läßt er sich von seiner Mutter dazu »verführen«. Im Schloßhof wird daraufhin ein großes Feuer angezündet, »darin sollte sie verbrannt werden«. Oben am Fenster steht der König und schaut den Vorbereitungen zu. Er weint. Warum? »Weil er sie noch immer so lieb hatte.«

In all diesen Geschichten hört der Held nicht auf, seine Frau zu lieben, und wird später ja auch glücklich mit ihr. Wenn er sie verurteilt, tut er dies nicht aufgrund eigener Überzeugung. Seine Mutter bringt ihn dazu. Das gelingt ihr, obwohl er König ist, regiert und alle Macht hat. Er läßt dennoch geschehen, was er eigentlich gar nicht will. Untätig sieht er zu, wie seine schöne Frau an den Pfahl gebunden und der Scheiterhaufen angezündet wird. Er rührt keinen Finger, als »das Feuer an ihren Kleidern mit roten Zungen« leckt. Aber das übliche Wunder geschieht, und es geschieht genau zur richtigen Zeit: Ihre erlösten Brüder »reißen das Feuer auseinander«, die junge Königin darf endlich sprechen, erklärt ihrem Mann alles, und der – nun, der freut sich, daß sie unschuldig ist, »und sie lebten zusammen in Einigkeit bis an ihren Tod«.

Eine Frage ist allerdings noch offen. In der Urfassung wird sie formuliert: Was sollten sie mit der bösen Stiefmutter anfangen? Ganz recht, *Stief*mutter. So steht es da, und das ist selbstverständlich falsch. An keiner Stelle ist in diesem Märchen von einer Stiefmutter die Rede, und kurz vorher heißt es noch: »... die Mutter des Königs, die eine böse Frau gewesen war ...« Ein Druckfehler also? Aber der hätte eigentlich jedem Lektor auffallen müssen, und wie oft sind die Märchen neu aufgelegt und vorher immer wieder kritisch durchgesehen worden. Aber dieser eklatante Druckfehler steht nicht nur in der Erstausgabe, sondern in allen mir bekannten weiteren Ausgaben und Auflagen der verschiedenen Verlage. Und er geistert auch durch die Sekundärliteratur. Selbst Psychoanalytiker wie Graf Wittgenstein und Günther Bittner haben ihn nicht bemerkt. Bewirkte ein Verdrängungsprozeß, daß man dankbar war, daß es eine böse Stiefmutter erwischt hatte, die schließlich von jeher als Märchenuntäterin hat herhalten müssen? Traute sich niemand, aus ihr wieder eine böse Mutter zu machen? Jedenfalls wurde das Märchen ursprünglich richtig erzählt, denn in der handschriftlichen Fassung taucht der Fehler nicht auf.

Was die Antwort auf die oben gestellte Frage betrifft, so fällt sie in diesem Märchen noch ein wenig grausamer aus als in den bisherigen: (Stief-)Mutter beziehungsweise Schwiegermutter wird in ein Faß mit siedendem Öl und giftigen Schlangen gesteckt und stirbt »eines bösen Todes«. Sie ist Opfer Nummer vier, und damit sei es genug des grausamen Spiels.

Es handelt sich in der Tat um eine Art Spiel, ein Spiel der Phantasie, um Gewalt im Kopf, denn real ist nichts an diesem Müttersterben. Allein die letzte Szene zeigt das Unwirklich-Phantastische: Giftige Schlangen in siedendem Öl? Sie wären längst gesotten und damit harmlos. Und eine Hinrichtungsart wie diese hat es niemals gegeben, obwohl die Wirklichkeit auf diesem Gebiet wahrhaftig einfallsreich genug gewesen ist. Vor allem aber ist eines völlig illusorisch: Keine Großmutter fräße ihre Enkel oder käme auch nur auf einen derartigen Gedanken. Und keiner Schwiegermutter fiele es ein, ihrer Schwiegertochter Katzen oder Hunde zu unterschieben. Das sind Phantasieprodukte. Sie sind allerdings erstaunlich weit verbreitet. Das Motiv findet sich schon in der Schwanenritter-Sage des Mönchs Johannes de Alta Silva aus dem Jahre 1190. Der Stoff fand französische, englische, niederländische und deutsche Bearbeiter. Bechstein erzählt ihn unter dem Titel: ›Die sechs Schwanen‹. Es gibt gälische und dänische Versionen, die Eskimo und die Massai in Afrika kennen diese Geschichte. Die Konstellation ist immer wieder die gleiche: Mit allen erdenklichen bösen Intrigen und Grausamkeiten stört die Mutter des Ehemannes dessen Ehe, verleumdet die Schwiegertochter und wird dafür am Ende umgebracht. Dieses Thema findet sich laut Bolte-Polívka schon in vielen mittelalterlichen Erzählungen, und in den Märchen hat es Tradition.

Zunächst fällt eines auf: Die böse Schwiegermutter ist immer die Mutter des Mannes, niemals die Mutter der Frau. Ferner wird niemand an der Bosheit dieser Mütter zweifeln. Man hält sie für die unmenschlichen Gewalttäter dieser Geschichten. Tatsache aber ist: Durch sie wird keinem auch nur ein Haar gekrümmt, geschweige bringen sie ein Enkelkind um oder ihre Schwiegertochter. Schaden erleidet in den vielen angeführten Beispielen immer nur eine Person: die – böse – Schwiegermutter. Sie muß sterben, meist grausam sterben, und alle diese Märchen suggerieren, daß sie sich dieses schlimme Ende durch ihre bösen Taten selbst zuzuschreiben hat. Ihr Tod erscheint gerecht, und bei ihrer Hinrichtung geht alles korrekt zu. Niemand käme auch nur auf den Gedanken, daß jemand anderes dabei seine Hand im Spiel gehabt haben könnte.

Diese Technik kennen wir schon: Auf den Täter fällt nicht der Schatten einer Schuld. Auch hier werden lauter »perfekte Verbrechen« begangen. Es fragt sich nur: Wer ist der Täter? Wer ist so wütend auf die alte Königin, wem ist sie so zuwider, daß er sie am liebsten auf dem Scheiterhaufen brennen sähe? Da bietet sich zunächst die Frage nach dem Nutzen an. Die ist leicht zu beantworten: Der Tod der Schwiegermutter nützt dem Rest der Familie. Nach deren Hinrichtung leben Mann und Frau, Kinder und Schwäger in Einigkeit, Glück und Frieden. Nun werden es gewiß nicht die Kinder sein, die ihre Oma umbringen wollen, und die Brüder der Frau haben kein zwingendes Motiv. Also fragt sich nur noch: er oder sie? Er hat etliche Gründe, seine Mutter nicht zu mögen. Seit er sein Mädchen im Wald aufgelesen hat und begeistert und bis über beide Ohren verliebt zurückgekommen ist, hat sie ihm nichts als Ärger gemacht. Sie teilt seine Begeisterung nicht und versucht, seine Heiratspläne zu vereiteln. In allen diesen Märchen machen die Mütter die Bräute ihrer Söhne schlecht. Diese Abqualifizierung ihrer Liebsten hat die Prinzen gewiß nicht gefreut. Daran ändert auch die Tatsache nichts, daß die Mütter mit ihrer Kritik so unrecht nicht haben. Um die Reputation dieser Waldmädchen ist es wahrhaftig nicht gut bestellt. Und die Gründe, die die jungen Männer bewogen haben, diese Mädchen zu heiraten, werden nicht nur Mütter wenig überzeugend finden: Die Prinzen sehen eine nackte Schöne im Baum, dazu mit langen Haaren, und schon ist es um sie geschehen. Nur eine hat sich etwas mehr Mühe geben müssen, damit der König ihr einen Heiratsantrag macht. Es ist das Mädchen aus dem Märchen von den sechs Schwänen. Es wirft seine Halskette vom Baum herunter, dann seinen Gürtel, schließlich die Strumpfbänder, »und nach und nach alles, was es anhatte und entbehren konnte«. Damit hat die schöne Unbekannte es geschafft, denn es heißt: »So ward des Königs Herz gerührt.« Nicht nur das: Er hüllt sie in seinen Mantel, reitet mit ihr heim aufs Schloß, will »keine andere auf der Welt« heiraten, und nach wenigen Tagen vermählt er sich tatsächlich mit ihr, den Protest seiner Mutter nicht achtend. Keiner der Prinzen läßt sich seine Liebe vermiesen. Alle heiraten ihre Baumschönheiten gegen den Willen und gegen den Widerstand ihrer Mütter.

So weit, so gut, aber wenige Jahre später verurteilen sie alle ihre einstmals so große Liebe zum Tode. Die Herren Prinzen sind keineswegs so männlich-entschlossen und willensstark, wie sie anfangs ihrer Liebsten erschienen sein mögen. Vielmehr stehen sie schwankend und reichlich hilflos zwischen zwei Frauen. Erst verfallen sie einer schönen Frau und sehen ohne zureichende Gründe einen Engel in ihr, dann erliegen sie dem Einfluß ihrer Mutter und sehen genauso überzeugt in derselben Frau eine Mörderin und Menschenfresserin. Ja, und dann stellen sie fest, daß sie hereingelegt worden sind, und wieder wechseln sie die Fronten. Flugs tauschen sie das Opfer auf dem Scheiterhaufen aus. Statt ihrer Frau muß die Mutter brennen.

Sie fallen von einem Extrem ins andere, sind weder den weiblichen Tricks junger Mädchen noch den Intrigen ihrer Mütter gewachsen. Folgt aber daraus, daß sie sich diese Geschichte ausgedacht haben? Sind sie so wütend auf die Mutter, daß sie sie am liebsten auf dem Scheiterhaufen verbrennen würden? Mit Sicherheit nicht. Ein Sohn, dem die Mutter noch leid tut, obwohl sie seine Kinder und seine Frau fressen wollte, ist nicht der Urheber einer solchen Gewaltphantasie. Außerdem hätten die Prinzen, so wie sie handeln und sich verhalten, weder den Mut noch den Nerv, eine derart rabiate Lösung zu erfinden.

Und dann sind die Königssöhne in diesen sehr umfangreichen Märchen nur Nebenfiguren. Sie spielen lediglich die Rolle von Heiratskandidaten für die Mädchen, die in Wirklichkeit Prinzessinnen sind. Sie sind die Heldinnen all dieser Geschichten. Aus ihrer Perspektive sind die Märchen erzählt. Sie haben oben im Baum gesessen, auf den Prinzen gewartet und sich von ihm heimführen lassen. Es wird nicht gesagt, was sie sich vorgestellt haben, aber die Realität muß schrecklich ernüchternd für sie gewesen sein. Ihre Schwiegermutter läßt kein gutes Haar an ihnen, verunglimpft sie, obwohl sie keineswegs hergelaufene Mädchen sind, und dann müssen sie noch feststellen, wie abhängig ihr Mann von seiner Mutter ist, wie sie ihn zu beeinflussen vermag. Sie aber sind stumm, und das heißt machtlos. Sie können ihm nicht sagen, welche Intrigen seine Mutter spinnt. Aber selbst wenn sie reden könnten, würde er ihnen glauben? Männer wie diese Prinzen lassen ungern etwas auf ihre Mutter kommen.

Diese jungen Frauen haben eine Menge guter Gründe, ihre Schwiegermutter zum Teufel zu wünschen. Und sie haben ein zwingendes Motiv, denn sie stehen derart schlecht da, daß sie kaum eine Chance gegen ihre Schwiegermutter haben. Sie hat den Kampf gewonnen und ihren Sohn so fest in der Hand, daß er seine Frau zum Tode verurteilt. Auf diese hoffnungslose Situation reagieren die Frauen mit einer Gewaltphantasie. Sie ist grausam. Aber nicht von ungefähr lassen sie ihre Schwiegermütter die eigenen Enkel fressen. Sie müssen sie derart schlechtmachen, um ihren mutterhörigen Mann zu überzeugen. Ihm darf ganz einfach nichts anderes übrigbleiben, als sich endgültig von seiner Mutter loszusagen. Sie erreichen ihr Ziel, aber in einem Fall doch nur sehr knapp: Der Prinz aus dem Perrault-Märchen hängt danach immer noch an seiner Mutter, er bedauert sie.

Wieweit Schwiegermütter tatsächlich ihren bösen Ruf verdienen und auch in Wirklichkeit dazu neigen, ihre Söhne gegen ihre Frauen aufzuwiegeln und deren Ehe zu stören, muß hier nicht entschieden werden. Allerdings haben sie seit klassischen Zeiten diesen schlechten Ruf. Schon Juvenal (58–140 n. Chr.) wußte: »Solang die Schwiegermutter lebt, solang Hausfriede, lebe wohl.« Auch in etlichen anderen Märchen finden sich Hinweise darauf, daß Schwiegermütter neidisch und eifersüchtig sind, fürchten, Macht und Ansehen zu verlieren, und darum »gar zu gern Unfrieden und Zwietracht zwischen den beiden« anstiften. Dies wird besonders deutlich in Bechsteins ›Die sieben Schwanen‹, aber auch im Grimmschen Märchen Nr. 11, ›Brüderchen und Schwesterchen‹, ist es ursprünglich die Mutter des Königs gewesen, die aus Neid die Heldin – ihre Schwiegertochter – töten lassen wollte. Wilhelm Grimm strich diese Stelle, die man nur noch in den beiden handschriftlichen Urfassungen (1810) findet. In den späteren Ausgaben wurde nach üblichem Rezept aus der Mutter eine böse Stiefmutter, noch dazu die des Mädchens. Auch in der Wirklichkeit werden Mütter von Männern gern in Schutz genommen wie hier von Wilhelm Grimm. In all diesen Märchen zeigt sich aber, daß die jungen Paare ohne die Mütter weit glücklicher und dazu einträchtig leben, und das sogar »bis an ihren Tod«, und daran mag etwas Wahres sein.

... und hieb ihrem eigenen Kind den Kopf ab

Das Märchen Nr. 56, ›Der Liebste Roland‹, beginnt mit »Es war einmal eine Frau«. Diese Frau aber ist eine Mutter. So steht es in der Urfassung. Noch zweimal änderten die Grimms Mutter in »die Alte« und einmal in »die alte Hexe«. Es handelt sich um eine böse Mutter, um eine, die der Tochter nach dem Leben trachtet. Eine Mutter als Mörderin, das wollte den Grimms nicht aus der Feder. Das ist verständlich. Erwachsene haben da Hemmungen.

Anders ist es mit Kindern. Sie nehmen noch nicht viel Rücksicht auf Moral und auf das, was man – eigentlich – nicht mehr denken und sich vorstellen darf. Kinder leben ihre Gefühle noch weitgehend unbekümmert aus, und wenn sie ihrer Phantasie freien Lauf lassen, dann haben sie wenig Hemmungen, gegebenenfalls ihre nächsten Anverwandten – gerade die – rücksichtslos ins Jenseits zu befördern. Von solchen kindlichen Gewaltphantasien handelt dieses Märchen.

Der Anlaß dafür ist lächerlich: Eine Schürze löst das Kopfabschlagen aus. Stieftochter A besitzt sie, Tochter B gefällt sie. Sie ist neidisch und will die Schürze haben. Obwohl häßlich und böse, ist sie, als »rechte Tochter«, der Liebling besagter schlimmer Mutter. Umgehend nutzt sie ihre Vorrangstellung aus, beklagt sich und fordert, daß sie die schöne Schürze haben will und haben muß. Sie beansprucht nicht irgendeine oder eine genauso schöne, nicht einmal eine schönere, nein, die Schürze der Schwester muß es sein. Mit dieser Haltung sind Neid und Mißgunst auf den einfachsten Nenner gebracht. Des häßlichen Mädchens Rechnung geht auf. Die Mutter spricht: »Sei still, mein liebes Kind, du sollst sie auch haben.« Nun geht aber die Mutter nicht einfach zur Stieftochter, nimmt ihr die Schürze fort und gibt sie ihrem Liebling. Das wäre schon ein toller Erfolg gewesen, und Tochter B hätte sich dazu noch über die Tränen der Schwester A freuen können. Wenn man aber in der Phantasie alles haben kann, wozu soll man dann auf halbem Wege stehen bleiben? Kinderwünsche können grenzenlos und von kompromißloser Rigorosität sein. Die Mutter – von Grimm verbessert in »die Alte« – spricht weiter: »Deine Stiefschwester hat längst den Tod verdient; heute nacht, wenn sie schläft, so komm ich und haue ihr den Kopf ab.« Kopf ab wegen einer Schürze! Und Töchterlein stört sich nicht im mindesten an Mutters nächtlichem Mordplan. Um in den Besitz der begehrten Schürze zu gelangen, ist ihr das Kopfabschlagen gerade recht. Sie hat auch nichts dagegen, aktiv dabei mitzumachen. Sie wird dafür sorgen, daß Schwesterlein schön vorn an der Bettkante zu liegen kommt, damit Mutter mit dem Beil der Schwester Kopf gut erreichen kann.

Auf den ersten Blick könnte man dies für eine grandiose Neidphantasie von Tochter B halten, die gern die schwesterliche Konkurrenz los wäre. Das aber stimmt aus zwei Gründen nicht. Niemand wird sich selbst häßlich und böse machen, und selbst Kinder werden mißliebige Konkurrenten möglichst so aus der Welt schaffen, daß auf sie dabei keine Schuld fällt. Dieses Märchen ist nicht aus der Perspektive der Tochter B, sondern aus der der Stieftochter erzählt. Sie ist die Heldin der Geschichte. Aus dem Blickwinkel ihrer Phantasie schildert dieses Märchen kindlichen Machtkampf mit Schwester und Mutter. Der gestaltet sich natürlich ganz und gar nach den Wünschen der Heldin, und die Realität wird dabei mit größter

Selbstverständlichkeit ignoriert – sowohl die äußere als auch die Gegebenheiten des eigenen lieben Ichs. Die Hauptfigur streicht sich kräftig heraus, setzt ihren guten Eigenschaften keine Grenzen. Ihre Gewaltphantasie beginnt – wie die meisten Traumwelt-Epen – damit, daß sie selbst die Allerbeste ist. Daraus folgt zwangsläufig: Ihre Widersacher und Konkurrenten sind schlecht und böse. Also ist Stieftochter A »schön und gut«, laut Urfassung sogar »tausendmal schöner und besser« als ihre häßliche Schwester. Und die Mutter ist eine böse Stiefmutter, dazu noch eine Hexe. Das ist die klassische Konstellation, das Grundmodell solcher Phantasien, und die Ausgangslage dafür, daß die Bösen – eben weil sie so böse sind – umgebracht werden dürfen.

Hier kommt noch etwas hinzu: Trotz ihres Schön- und Gut-Seins wird die Heldin von der Stiefmutter gehaßt. Das macht sie zu einem bedauernswerten Wesen – zum armen Stiefkind –, und sie wird den Lesern/Hörern herzlich leid tun. Schon den Brüdern Grimm tat sie leid. Sie ergänzten den Märchentext durch: »Um das arme Mädchen war es geschehen.«

Ein weiteres angenehmes Gefühl verschafft sich die Heldin durch die schöne Schürze: Sie besitzt sie, nicht die andere. Es mag nicht sehr logisch sein, daß das schlecht behandelte Stiefkind so bevorzugt wird, aber Phantasien müssen nicht logisch sein. Sie sollen befriedigen, und das ist hier der Fall: Die häßliche Schwester ärgert sich, sie ist neidisch, und es macht nun einmal Spaß, beneidet zu werden. Vermutlich kannten die Urmenschen diese Freude schon.

Neid aber ist, wie sich gezeigt hat, immer wieder Anlaß für Gewalt. So wie hier: Mord einer Schürze wegen. Das kann natürlich nur Kindern einfallen. Nur sie können wegen einer derartigen Bagatelle so neidisch und böse werden. In jeder Sandkiste läßt sich beobachten, wie schnell bei ihnen Neid und Mißgunst aufflammen. Die ganz Kleinen setzen ihre Wut meist sofort in Aggression um, und die Heftigkeit, mit der sie Spielkameraden etwas wegreißen, ist manchmal erschreckend. Dieses Verhalten gewöhnen wir ihnen verständlicherweise schnell ab. Später spiegelt sich dann nur noch in ihren Mienen, was sie am liebsten täten. Die Gewalt spielt sich dann vorwiegend im Kopf ab, in der Phantasie. Die Grausamkeit der vorgestellten

Bilder und Vorgänge entspricht dabei der Heftigkeit ihres Neides und ihrer Mißgunst und der Stärke ihres Strebens, die Besten, die Größten und die am meisten Beachteten zu sein. Bei den Erwachsenen ist der Erziehungs- und Anpassungsprozeß so weit fortgeschritten, daß man auch ihren Mienen kaum mehr anmerkt, was in ihnen vorgeht, auch wenn sie einen anderen am liebsten umbrächten.

Der Held oder die Heldin jeglicher Gewaltphantasien ist nicht nur edel und gut, ihm oder ihr geschieht auch niemals etwas. So auch hier: Um das arme Stiefkind ist es keineswegs geschehen. Es ist – ganz zufällig, versteht sich – zur rechten Zeit am rechten Ort, belauscht das Gespräch, hört, was in der Nacht mit ihm geplant ist. Obwohl es sein Kopf ist, der abgeschlagen werden soll, gerät es mitnichten in Panik. Und genau wie seine Schwester ist es ebenfalls nicht etwa über den Mordplan der Stiefmutter entsetzt. Es flüchtet auch nicht, obwohl das naheläge, aus dem Mordhaus, was durchaus möglich wäre und was es später ohne weiteres tut. Das hat schon die Brüder Grimm verwundert, denn sie erfanden dafür einen Grund. Sie fügten den Satz ein: »Es [das arme Mädchen nämlich] durfte den ganzen Tag nicht zur Türe hinaus.« Das »arme Mädchen« möchte aber gar nicht fort. Es beherrscht die Situation, weiß genau, was es will, und macht kühl seine Pläne. Darin ist nun keineswegs vorgesehen, daß es umgebracht wird. Aber es beabsichtigt auch nicht, die Mordtat der Mutter zu verhindern.

Als es Schlafenszeit ist, läuft alles nach Plan, und die Heldin widersetzt sich nicht, als man sie ganz nach vorn an die Bettkante schiebt. Aber sie bleibt wach, während ihre Schwester beruhigt einschläft. Nun zeigt sich, warum das gute Kind nicht fortgelaufen ist: Es benutzt den grausamen Mordplan im eigenen Interesse, indem es den Spieß ganz einfach umdreht: Vorsichtig schiebt es seine schlafende Schwester nach vorn, an die lebensgefährliche Bettkante, legt sich selbst aber auf den sicheren Platz an der Wand und wartet ab. Spät in der Nacht kommt tatsächlich »die Alte geschlichen«, in der rechten Hand ein Beil. Mit der linken tastet sie, ob an der Kante auch jemand liegt. Dann faßt sie die Axt mit beiden Händen, und nun heißt es wörtlich: »... hieb und hieb ihrem eigenen Kind den Kopf ab.«

Ihre Stieftochter sieht der Aktion gelassen zu, rührt sich nicht und bleibt ruhig neben der geköpften Schwester liegen, bis die Mörderin fortgegangen ist. Dann steht sie auf, flüchtet aber immer noch nicht, sondern stiehlt der Stiefmutter erst einmal ihren Zauberstab. Danach tut sie noch etwas: Sie hebt den abgeschlagenen Kopf der Schwester auf, geht damit durchs Haus und »tröpfelte drei Blutstropfen auf die Erde, einen vors Bett, einen in die Küche und einen auf die Treppe«. Die Heldin ist ein bemerkenswertes Mädchen: Sie verliert in kritischen Situationen nicht die Nerven, vermag klug zu planen, gut zu organisieren und setzt ihre Pläne kaltblütig in die Tat um. Gewalt, Mord und Tod schrecken sie nicht. Vor der blutigen Leiche ihrer Schwester hat sie keine Scheu, und Grausen scheint ihr völlig fernzuliegen. Das alles ist zwar nicht wirklich, sondern nur in der Phantasie so, mag aber zeigen: Mädchen träumen wahrlich nicht nur vom Märchenprinzen und einer Hochzeit in Weiß. Manchmal kommen sie auf schier unglaubliche Ideen. Die Märchenheldin trägt den abgeschlagenen Kopf nämlich nicht nur zum Spaß durchs Haus, sondern verfolgt mit den Blutstropfen einen makabren Zweck. Sie will damit ihre Stiefmutter überraschen, und das geschieht so: Am anderen Morgen ruft die Mutter ihre Tochter, um ihr die Schürze zu geben. Sie erhält auch Antwort: zuerst von der Treppe und dann aus der Küche. Die Blutstropfen antworten, sie können nämlich sprechen, denn die Stieftochter kann hexen.

Ja, sie kann hexen. Dann ist auch sie also eine Hexe? Aber nicht doch! Es ist noch lange nicht das gleiche, wenn zwei das gleiche tun. Was die Heldin tut, ist immer wohlgetan – Mord inbegriffen, wie sich noch zeigen wird.

Die Mutter findet ihr Kind nicht, ruft abermals: »Wo bist du?« Da antwortet der dritte Blutstropfen: »Ach, hier im Bette, da schlafe ich.« Sie geht hinauf, geht in die Kammer, tritt ans Bett. Die Überraschung dürfte perfekt gewesen sein. »Was sah sie da?« fragt das Märchen und antwortet mit Genugtuung und Spaß am grausamen Detail: »Ihr eigen Kind, das in seinem Blute schwamm und dem sie selbst den Kopf abgehauen hatte.« Mit diesem Anblick hat das Mädchen der bösen Stiefmutter wahrhaft einen Schlag versetzt. Die kann danach eigentlich nur noch ohnmächtig vor Entsetzen zu Boden sinken.

Sie sinkt nicht zu Boden. Sie reagiert überhaupt nicht auf die blutige Szenerie. Wie sollte sie auch? Es ist die reale Mutter, die hier auftaucht, und die sieht der Heldin grausiges Phantasiegespinst natürlich nicht. Aber sie gerät in Wut, und zwar darüber, daß das Mädchen nicht da ist. Das nämlich stimmt. Es ist tatsächlich fortgelaufen. Es ist zu dem Knaben geflüchtet, der dem Märchen den unverfänglichen Titel gegeben hat: zum Liebsten Roland.

Der Heldin ist etwas Fatales zugestoßen: Sie hat Traum und Wirklichkeit durcheinanderbekommen und beginnt zu glauben, was sie sich ausgedacht hat. Damit ist sie in die Falle ihrer eigenen Phantasie geraten. Solche Pannen können Kindern passieren, denn sie sind noch nicht fähig, die beiden Welten immer ganz genau auseinanderzuhalten. Also erzählt das Mädchen dem Roland allen Ernstes, sie müßten fliehen, weil ihre mörderische Stiefmutter ihr nach dem Leben trachte. So etwas gibt es. Kinder können die schaurigsten Geschichten erzählen, wie schlecht sie zu Hause behandelt werden. Die Märchenbücher sind voll von solchen Phantasiemodellen. Weltbekannt wurde Aschenputtel mit seinen unendlich vielen Varianten. Jede Art von häuslichem Ärger kann ein Kind veranlassen, sich als armes Aschenputtel zu fühlen und in Selbstmitleid zu schwelgen. Schlimmstenfalls läuft es als verfolgte Unschuld wirklich einmal fort. Das ist hier geschehen.

Die Mutter kann nun aber »weit in die Welt schauen« und entdeckt die Flüchtenden sofort. Sie verfügt auch über Meilenstiefel, und so dauert es nicht lange, bis sie die beiden eingeholt hat. Das ist die Wirklichkeit. Sie zeigt, wie klein die Heldin noch ist. Die Mutter kann so große Schritte machen, daß es dem Kind erscheint, als trage sie Meilenstiefel, und sie hat einen derartigen »Weitblick«, daß sich das Mädchen davor nicht verstecken kann. Es kann nicht entkommen, die Mutter ist ihm noch hoffnungslos überlegen. Ginge die Geschichte realistisch weiter, dann hätte sie ihre Tochter umgehend heimgeholt und ihr nachdrücklich den Standpunkt der Wirklichkeit klargemacht.

In Situationen wie diesen hassen aber Kinder nichts so sehr wie die Wirklichkeit, in der sie so gar keine Chance gegen die Eltern haben. Deren Größe, Stärke und Klugheit erfüllt sie dann mit wütendem Ärger. Die Heldin will, kann und mag sich nicht mit ihrer Niederlage abfinden. Sie will nicht immer unterlegen sein, und jetzt schon gar nicht. Also flüchtet sie zurück in die Phantasie und löst das Problem dort. Sie löst es radikal. Zunächst einmal ist sie wieder die Überlegene und entzieht sich der Mutter durch wunderbare Zaubertricks.

Vergeblich versucht die »Hexe«, sie zu überlisten. Dann kommt das Finale. Es mag zeigen, wie stark die Gefühle des Mädchens sind, denn es setzt sie um in einen Akt maßloser Gewalt. Dazu verwandelt es sich in einen Dornbusch und in eine schöne Blume. Dem Liebsten Roland teilt es die Rolle eines Geigenspielers zu. Die Mutter kommt und fragt, ob sie die Blume abbrechen dürfe. »O ja«, antwortet der Geiger, fügt aber hinzu, daß er ihr dazu aufspielen werde. Die Mutter kriecht in die Dornenhecke, er geigt, und sie muß tanzen – ob sie will oder nicht. Die Heldin – als Dornbusch – gibt ihr dann den Rest. Sie bringt sie um, aber nicht etwa gleich. Die Mutter muß, wie schon das Opfer im junggeglühten Männlein, genüßlich langsam sterben. Erst einmal reißt sie ihr die Kleider vom Leib, danach sticht sie sie blutig und wund, und das so lange, bis die böse Stiefmutter endlich »tot liegenblieb«.

»Da waren beide frei«, heißt es in der Urfassung, und in allen späteren Fassungen und Auflagen wird dieses Frei-Sein noch dadurch glorifiziert, daß gesagt wird, sie seien erlöst. Weder das eine noch das andere fällt sonderlich auf, und so ist es immer wieder mit dem Phänomen der Gewalt: Man nimmt es nur zu oft als solches gar nicht wahr. Denn wodurch werden die beiden erlöst, und was macht die Heldin derart frei, daß sie mit ihrem Roland ungehindert losziehen kann? Der simple Umstand, daß sie gerade eben ihre eigene Mutter umgebracht hat. Sie ist außerdem frei, weil sie die einzige Überlebende der Familie ist – von einem denkbaren Vater einmal abgesehen –, und auch dafür hat sie selbst gesorgt. Einen Mord hat das ach so gute Mädchen indirekt und den anderen hat es direkt begangen – das ist das blutige Fazit der Geschichte. Die Tatsache, daß die Gewalt sich lediglich im Kopf abspielt, ist dabei nicht von entscheidender Bedeutung, schließlich beginnt jegliche Gewalt zuerst im Kopf. Und sie beginnt in den Familien. In so vielen Märchen sind »böse« Schwestern und »böse« Mütter die Opfer. Sie leiden und sie sterben auf vielfältige Weise. Und kaum jemand findet etwas dabei, wenn die Mädchen mit Pech übergossen oder von wilden Tieren gefressen werden, ihnen Kröten aus dem Mund fahren oder die Augen ausgepickt werden. Wenn Mütter ertränkt, verbrannt oder in Fässern mit Messern oder Nägeln elendig zu Tode kommen. Die Gewaltphantasien sind ebenso erfinderisch wie nicht wählerisch. Tatsächlich schrecken sie vor kaum einer Grausamkeit zurück. Dabei haben diese alten Geschichten ihren Reiz bis heute nicht verloren. Es ist wohl so, daß wir uns in der grausam-archaischen Wunschwelt immer wieder recht wohl und wie zu Hause fühlen.

Würgestrick, Gift und glühende Pantoffeln

Die Heldin des Märchens Nr. 53, ›Sneewittchen‹, ist gewiß schön, sie ist aber nicht das, was so viele Illustratoren aus ihr gemacht haben: eine Jungfrau mit schwellenden Brüsten. Schneewittchen ist sieben Jahre alt und keinen Tag älter. So steht es im Text, und so verhält sich das Mädchen auch. Nur ein Kind kann derart unbekümmert der Eitelkeit frönen, und genau das macht diese reizende Märchenschönheit, ob uns dies nun gefällt oder nicht. Und noch eines stimmt nicht: Keine Mutter wird vor Eifersucht auf eine Siebenjährige »gelb und grün vor Neid«. Ihr wird sich nicht das Herz im Leibe umdrehen, wenn sie das Kind nur anguckt, und sie wird es nicht hassen. So steht es jedoch im Text, nicht nur im bearbeiteten, sondern auch in der Urfassung, und es hat sich niemals jemand darüber beschwert. Wir alle haben wie selbstverständlich hingenommen, daß Schneewittchen mit sieben Jahren schon so schön und reizvoll gewesen ist, daß seine böse und eitle Mutter es aus Eifersucht gehaßt hat.

Es handelt sich hier abermals um das bekannte Modell: Eine makellos schöne und dazu gute Heldin steht einer bösen und schlechten Widersacherin gegenüber, wenn auch keiner häßlichen. Das geht hier nicht. Der Heldin schmeichelt es weit mehr, wenn sie mit einer bildschönen Königin erfolgreich konkurriert. Um diesen Lustgewinn geht es hier unter anderem, und es ist nicht zweifelhaft, aus wessen Perspektive das Märchen erzählt ist: aus der der tausendmal schöneren Heldin. Deren Gefühle, Vorstellungen und Wünsche hat es zum Inhalt.

Ohne zu überlegen, werden viele das Märchen von Schneewittchen für eine der schönsten Geschichten aus der romantischen Märchenwelt halten, und ein Fachmann bestätigt dieses Urteil. Walter Scherf schreibt in seinem Lexikon der Zaubermärchen: »... die rührend kindlich ausgemalte Erzählung der Brüder Wilhelm und Jacob Grimm verhalf ›Sneewittchen‹ zu seiner außerordentlichen Verbreitung.« Das mag so sein oder auch nicht, aber zumindest ebenso wahr wie die Erkenntnis Walter Scherfs ist, daß dieses Märchen zu den schlimmsten Mord- und Totschlaggeschichten der Grimmschen Märchen gehört. Auf keine andere Heldin werden so viele Mordanschläge ausgeübt wie auf Schneewittchen. Ein großer Teil der Spannung dieser Geschichte besteht aus den pausenlosen Verfolgungen, denen das liebliche Märchenkind ausgesetzt ist. Die ihm zugedachten Todesarten gehen von Erdolchen über Erwürgen bis zum Vergiften. Den Abschluß des Märchens und gleichzeitig den letzten Höhepunkt der Geschichte bildet die Hinrichtung der boshaften Stiefmutter. Das ist die fünfte und einzig erfolgreiche Gewalttat und zugleich die grausamste.

Die mörderische Unholdin des Märchens ist allerdings nur in der überarbeiteten Fassung eine Stiefmutter. Laut Urfassung ist sie die richtige, die leibliche Mutter der Heldin. Wilhelm Grimm hat wieder einmal nicht zulassen mögen, daß eine leibliche Mutter so schlecht zu ihrem Kind ist.

Sie ist wahrhaft schlecht zu ihm. Neid und Eifersucht haben sie derart gepackt, daß sie Tag und Nacht keine Ruhe mehr findet. Endlich wird ihr Haß so groß, daß sie beschließt, ihrem Elend ein Ende zu machen: Das allzu schön gewordene Kind muß verschwinden, und zwar endgültig. Mutter plant Mord. Sie beauftragt damit den Jäger, und jetzt kommt eine der so rührend-kindlich ausgemalten Szenen: »Der Jäger gehorchte und führte es hinaus, und als er den Hirschfänger gezogen hatte und Schneewittchens unschuldiges Herz durchbohren wollte, fing es an zu weinen und sprach: ›Ach lieber Jäger, laß mir mein Leben ...‹«

Der Heldin unschuldiges Herz bleibt selbstverständlich unangetastet, und Lunge und Leber werden ihr nicht herausgeschnitten, wie es eigentlich Auftrag des Jägers ist. Er läßt Schneewittchen laufen, sticht einen Frischling ab und bringt dessen Lunge und Leber als Beweis für Schneewittchens Tod mit. Der Koch muß sie für die Königin in Salz kochen. Sie läßt sich's schmecken und meint, sie äße Schneewittchens Innereien. Nun denn.

Hier aber hört jeder Bezug zur Wirklichkeit auf. Es hat gewiß Mütter gegeben, die ihre Kinder umgebracht haben, und manche Mutter würde dies wohl manchmal nur zu gern tun, wie wir bei Frau Trude gesehen haben, aber ganz bestimmt nicht aus diesen Gründen – und dann noch diese Menschenfresserei –, nein, hier ist Wirklichkeit nicht einmal mehr in Spuren vorhanden, dies ist reine Phantasie, kindliche Projektion. Sie könnte durchaus im Kopf einer Siebenjährigen entstanden sein. In diesem Alter setzen sich Kinder noch derart unbekümmert über die Realität hinweg. Was für rigorose Geschichten sie sich ausdenken können, hat ja schon das vorausgegangene Beispiel gezeigt. Anscheinend sind solche Kinderphantasien beliebte Märchenthemen, jedenfalls, wenn sie so blutrünstig und gewalttätig daherkommen wie diese.

Die Heldin dieses Märchens benutzt ihre Phantasie auf ganz besondere Weise. Sie erträumt sich kein Schlaraffenland, in das sie flüchtet, sondern ersinnt ein Verfolgungs- und Racheepos. Es beginnt damit, daß sie selbst nicht nur schön, sondern auch gut ist, die Mutter dagegen böse. Wie böse, das wird nun genußreich ausgemalt. Sie ist so schlecht, daß sie dem eigenen Kind das Herz durchbohren lassen will. Man mag dies für keine angenehme und befriedigende Phantasie halten, aber das stimmt nicht. Erstens erhält das Kind dadurch jene Aufmerksamkeit und Beachtung, die es in Wirklichkeit vermißt, weil die Mutter dauernd mit ihrer eigenen Schönheit beschäftigt ist. Zweitens ist es in keinerlei Gefahr, denn es lenkt schließlich selbst den Gang der Handlung. Drittens entbehrt die Szene im dunklen Wald, »im tiefsten Dickicht« (Bechstein) nicht eines gewissen Reizes. Viertens ist es für ein kleines Mädchen kein geringes Erfolgserlebnis, wenn es dank seiner Schönheit und seines kindlich-weiblichen Geschicks den Jäger von dessen Vorhaben abbringt und erreicht, daß er seinetwegen die Königin betrügt. Schneewittchen und die meisten Hörer/Leser kommen bei dieser Szene durchaus auf ihre Kosten, wie auch im weiteren Verlauf der Geschichte. Gleich anschließend, beispielsweise: Welches Vergnügen wird es einem Kind bereiten, wenn seine Mutter voller Zuversicht vor den Spiegel tritt, der aber nicht, wie von ihr erhofft, antwortet: »Frau Königin, Ihr seid die Schönste im Land«, sondern: »Sneewittchen über den Bergen bei den sieben Zwergen ist noch tausendmal schöner als Ihr.« Wie das der Eitelkeit schmeichelt! Und es schmeichelt der Eitelkeit nicht minder, wenn die Mutter sich nun vornimmt, diesen »Ausbund von Schönheit« eigenhändig umzubringen. Ein solcher Dorn im Auge ist ihr die Tochter. Welch einen Grad von Wichtigkeit und Bedeutung erlangt dadurch das kleine Mädchen! Die Königin beschließt, ihr Kind mit einem seidenen Schnürriemen umzubringen, verkleidet sich und macht sich auf den Weg.

Im Zwergenhaus rechnet man mit einem solchen Anschlag, und es ist alles geschehen, ihn zu verhindern. Nach seinem Abenteuer mit dem Jäger weiß Schneewittchen, was es zu erwarten hat, wie tödlich ernst seine Mutter es meint, und außerdem warnen die Zwerge sie: »Hüte dich vor deiner Stiefmutter...« und legen ihr ans Herz, ja niemanden hereinzulassen. Was aber geschieht? Als alte Krämerin verkleidet klopft die Königin an, und ohne weiteres öffnet Schneewittchen die Tür. Sie kauft den Schnürriemen und hat »kein Arg«, sich von der Unbekannten auch noch schnüren zu lassen. Die hat leichtes Spiel und besorgt das Schnüren so gründlich, daß Schneewittchen das Atmen vergeht. Es sinkt wie tot zu Boden. Dieser Anblick berührt »die Alte« – berührt sie angenehm, versteht sich, und sie verläßt befriedigt den Tatort.

Unter den gegebenen Bedingungen erscheint Schneewittchen fast unglaublich arglos. Warum nur öffnet es die Tür und handelt wider alle Vernunft? Es hat dafür durchaus seine Gründe, und wir kommen darauf. Das aber ist nicht die einzige Erklärung. Es ist von der Dramaturgie der Geschichte her notwendig, daß Schneewittchen die Tür öffnet. Man stelle sich doch nur einmal vor, die böse Alte, mit dem mörderischen Band in der Tasche, klopfte an und ihr würde nicht aufgetan. Sie müßte unverrichteter Sache wieder umkehren. Diese Geschichte wäre zum letztenmal erzählt worden. Ein braves Schneewittchen, dem nichts geschieht, hätte niemand mehr hinter dem Ofen hervorgelockt. Der reizenden Schönen muß die Schnur um den

Leib gelegt werden, und dann muß die Alte kräftig zuziehen. Man will das schöne Kind hinsinken sehen. Das hat schon der berühmte Ludwig Richter erkannt und Schneewittchen gezeichnet, wie es malerisch und wie tot daliegt – allerdings als voll erblühtes junges Weib. Was sich Zuhörer, Leser oder Maler vorstellen, ist ihnen unbenommen.

Märchen wollen mit solchen Gewaltphantasien fesseln. Sie sollen unterhalten, und dafür ist Gewalt auch schon in märchenhafter Vorzeit ein vorzüglich geeigneter Gegenstand gewesen. Weil der Märchenheldin nie etwas passiert und man das weiß und weil dies eine unschuldig anmutende Kindergeschichte ist, macht das Märchen Grausamkeit und Gewalt für jung und alt nahezu problemlos konsumierbar.

Die Geschichte fährt fort, auf diese Art fesselnd zu sein: Nach getanem mörderischen Werk wird der Mutter beim Anblick ihres leblosen Kindes das Herz leicht. Jedes Mitleid ist ihr fremd, und so muß es sein, denn je böser einer ist, desto faszinierender ist er auch. Befriedigt und schadenfroh spricht die Mörderin: »Nun bist du die Schönste gewesen« und eilt fort. Schneewittchen hält sein Publikum in Atem. Die Zwerge retten es, aber gleich wieder öffnet es die Tür und läßt sich dieses Mal mit einem giftigen Kamm kämmen. Abermals sinkt es wie tot nieder, abermals triumphiert die böse Königin, und noch einmal retten die Zwerge dem Mädchen das Leben.

Als die Mutter dies erfährt, zittert und bebt sie vor Zorn und beschließt, das Kind müsse sterben, und wenn es ihr eigenes Leben koste. Sie betätigt sich ein weiteres Mal als Giftmischerin. Sie vergiftet die Hälfte eines Apfels, färbt sich das Gesicht und verkleidet sich als Bauersfrau. Sie hat sich also nichts wesentlich Neues einfallen lassen und auch sonst ihre Methoden kaum verändert. Überrumpeln kann sie Schneewittchen auf diese Weise eigentlich nicht mehr. Außerdem warnen nochmals die Zwerge, ja auf der Hut zu sein, niemandem die Tür zu öffnen und keine Geschenke anzunehmen. Danach zu handeln ist nun wirklich nicht schwer. Außerdem sollte man annehmen, daß sich das Mädchen – gewarnt wie es ist – nicht noch ein drittes Mal hereinlegen läßt. Man hat sich getäuscht – es läßt sich hereinlegen. Die böse

Königin hat wenig Schwierigkeiten, Schneewittchen zu veranlassen, den vergifteten Apfel anzunehmen. Es beißt hinein und fällt tot um.

Es hilft nichts: Dieses Kind mag so schön sein, wie es will, es ist dabei von einer zum Himmel schreienden Dummheit. Und es lernt auch nicht unter Bedingungen, die selbst die Dümmsten auf Trab bringen: wenn es nämlich ums Leben geht. Es gibt hier nur zwei Möglichkeiten: Entweder ist Schneewittchen hoffnungslos schwachsinnig, oder es hat Spaß daran, sich immer wieder umbringen zu lassen.

Die schöne Heldin ist natürlich nicht schwachsinnig – wie könnte sie? Folglich hat sie tatsächlich Spaß daran, daß immer wieder Mordanschläge auf sie verübt werden, und dafür gibt es gute Gründe: Einmal wird dadurch die Mutter zu einer von Mal zu Mal schlimmeren Verbrecherin, was sich am Schluß als nützlich erweisen wird. Hauptsächlich aber schmeicheln die Überfälle. Das kleine Mädchen ist so schön, daß die Mutter keine Morde scheut, es aus der Welt zu schaffen. Kann es eine größere Bestätigung des eigenen Wertes, der eigenen Wichtigkeit und der eigenen Makellosigkeit geben? Schneewittchen demonstriert die Lust, die es macht, so beneidet und mit solcher Eifersucht verfolgt zu werden. Damit nicht genug, krönt doch alle Anschläge noch der absolute Triumph über die Mutter, wenn der Spiegel spricht: »Aber Schneewittchen über den Bergen ...« Also öffnet die Heldin immer wieder bereitwillig die Tür. Was riskiert sie auch? In der Phantasie tun Ersticken und Vergiften nicht weh.

Neid – sowohl neidisch sein, wie den Neid anderer genießen – erzeugt nur zu leicht Gewalt. Wer gar die Schönste sein will, muß mit dem Schlimmsten rechnen. Dafür gibt es bereits ein klassisches Modell. Eris, die griechische Göttin der Zwietracht, warf einen goldenen Apfel mit der Inschrift »Der Schönsten« unter die bei einem Hochzeitsmahl versammelten olympischen Götter. Daraufhin war der Teufel los: Die Göttinnen und Götter stritten, Menschen stritten, der schöne Paris entführte Helena, und um sie, die schönste Frau der Welt, führten Griechen und Trojaner den zehnjährigen Trojanischen Krieg.

Weibliche Schönheit ist kaum jemals nur Selbstzweck gewesen. Vielmehr war sie schon immer Mittel zum Zweck, und darum ist Schönheit Macht und unter Umständen gefährlich. Schneewittchen zeigt es: Warum läßt der Jäger das Mädchen laufen? Weil es so schön ist. Schneewittchens Schönheit wegen betrügt er die Königin und riskiert damit, von ihr geköpft zu werden. Warum reißen sich die Zwerge für Schneewittchen fast ein Bein aus? Weil es so schön ist. In älteren Fassungen dieses Märchens waren die freundlichen Zwerge zwölf böse Räuber, die jedes Mädchen töteten. Schneewittchen töteten sie nicht – Erklärung wie oben.

Alles, was männlich ist, liegt der Heldin zu Füßen. Sie benutzt ihr Aussehen und zieht daraus jede nur erdenkliche Lust. Noch im Tod und auf der Bahre läßt sich das schöne Kind von den Zwergen beweinen und beklagen – drei Tage lang. Das aber ist erst das Vorspiel. Danach wird Schneewittchen in den berühmten gläsernen Sarg gelegt: »daß man es von allen Seiten sehen konnte«. Die Zwerge tun aber noch ein übriges, sie setzen den Sarg auf einen Berg und stellen so die schöne Scheintote der Welt zur Schau, einer der Zwerge hält Wache daneben. Weder in der Literatur noch in der Wirklichkeit gibt es meines Erachtens etwas, was diesem Glassarg vergleichbar wäre. Er ist wahrhaft wie ein Denkmal, ein Denkmal menschlicher Lust am Bewundertwerden und ein Symbol weiblicher Eitelkeit.

Schneewittchen kostet ihr dekoratives Aufgebahrtsein aus: »Lange, lange Zeit« liegt es so da. Dann aber übt es wieder Macht aus mit seiner Schönheit. Ein Prinz bekommt sie zu spüren. Es trifft ihn wie ein Schlag. Er tritt an den Sarg, sieht hinein, und schon ist es um ihn geschehen. Fortan bestimmt die tote Schöne das Leben des Prinzen. Er kann sich an ihr nicht satt sehen, will sie ehren und hochachten wie sein Liebstes, und selbstverständlich will er sie den Zwergen abkaufen. Der Preis spielt dabei keine Rolle. »Ich will Euch geben, was Ihr dafür haben wollt«, sagt er. Aber Schneewittchen ist ihnen nicht feil, nicht »um alles Gold der Welt«. Schönheit hat hier fürwahr ihren Preis. Die Heldin zeigt, was sie wert ist, und sie zeigt, was sie kann. Bereits als Scheintote macht sie den Prinzen total verrückt. Nachdem die Zwerge ihm aus lauter Mitleid Schneewittchen schließlich geschenkt haben, stellt er folgendes an, jedenfalls in der Urfassung und in einigen anderen Versionen der Geschichte: Er schafft den Sarg nebst seinem kostbaren

Inhalt in sein Schloß, stellt ihn in sein Zimmer, kann nicht leben, ohne Schneewittchen zu sehen, nicht einmal die Augen von ihm abwenden, sitzt folglich den ganzen Tag neben dem Sarg, kann anders keinen Bissen hinunterbringen, und muß er fort, tragen ihm seine Diener den Sarg nach.

Man hat die Wahl, den Prinzen für ein tatsächliches Opfer weiblicher Schönheit und weiblichen Zaubers zu halten, oder kann zur Kenntnis nehmen, daß schon kleine Mädchen derartige weibliche Machtträume haben.

Die Brüder Grimm haben das Märchen umgeschrieben: Der Heldin fährt das Stück giftigen Apfels schon auf dem Transport aus dem Hals. Der Prinz hält umgehend um ihre Hand an, und sofort wird die Hochzeit mit großer Pracht und Herrlichkeit ausgerüstet. Das aber ist entgegen sonstiger Märchentradition nicht der Höhepunkt der Geschichte. Der Hochzeit werden nur ein paar dürftige Sätze gewidmet. Sie ist nichts als ein Schritt auf dem Weg zum eigentlichen Höhepunkt: der Rache. Darum geht es dem Mädchen, und darum geht es dem Märchen. Die Rache wird ausführlich beschrieben. Für diesen letzten Akt ist die böse Königin nach uraltem und immer noch wirksamem Rezept entsprechend vorbereitet worden: Vier gemeine Mordversuche schlagen bei ihr zu Buche, außerdem Hexerei und Menschenfresserei. Damit hat man sie zum Unmenschen gemacht, und Unmenschen gegenüber sind der Grausamkeit bei der Endabrechnung keine Grenzen gesetzt. Die eisernen Schuhe stehen schon über dem Kohlenfeuer.

Man muß die Frau nur noch bewegen, zur Hochzeit zu kommen. Sie wird eingeladen. Dieser Einladung Folge zu leisten, ist natürlich der reine Selbstmord. Sie weiß das auch und will nicht hingehen, und sie flucht, daß es Schneewittchen gelungen ist, abermals dem Tod zu entgehen. Das ist verständlich. Aber dann wird ihr plötzlich »so angst, so angst, daß sie sich nicht zu lassen wußte«. Und es läßt ihr keine Ruhe, sie muß fort und die junge Königin sehen. In der Urfassung heißt es, daß der Neid sie zur Hochzeit treibt. Das eine gibt sowenig Sinn wie das andere. Die Königin kann nicht gleichzeitig eine abgebrühte Mörderin sein und unter Gewissensqualen leiden. Aber hier diktieren nicht mehr Logik und Wahrscheinlichkeit die Handlung, sondern Wünsche. Die böse Mutter wird zur Hinrichtung gebraucht, also muß sie erscheinen. Und bevor es mit ihr zu Ende geht, soll sie noch einmal ordentlich zittern. Das geschieht gleich noch einmal. Als sie das königliche Schneewittchen erblickt, ist sie vor Angst und Schrecken wie gelähmt. Das gehört zur Rache, und außerdem ist es praktisch, weil das Opfer nicht mehr fortlaufen kann. Denn nun werden mit Zangen die rotglühenden eisernen Schuhe hereingetragen, und es geschieht, was inzwischen ein jeder weiß: Die böse Stiefmutter muß sich darin zu Tode tanzen.

»Die Rache ist süß wie die Liebe«, heißt es in der Schneewittchen-Geschichte, wie sie in Musäus' Märchenbuch steht. Dort applaudiert auch der ganze Hof »wegen des gerechten Urteils«, die »Saaldielen rauchen«, als die böse Königin den Hochzeitsreigen eröffnet, und die Musik übertönt ihr »Gewinsel und Wehklagen«.

Schneewittchens Traum von Macht, Schönheit, Gewalt und Rache ist zu Ende: Die verhaßte Konkurrentin Mutter ist tot.

Fazit: Gewalt im Kopf – na und?

Die hier vorgestellten Märchen sind Wunschträume, Projektionen, Gewaltphantasien. Auslöser dafür sind vornehmlich Situationen, in denen sich die Märchenhelden anderen gegenüber unterlegen fühlen, unterdrückt, oder die Tatsache, daß sie sonstwie unter ihnen leiden. Diesen Gegenspielern wird dann auf dramatisch-grausame Weise der Tod inszeniert – ein Akt der Überkompensation. Jeder, der sich als Hörer und Leser in ähnlichen Situationen glaubt, wird mit großer Anteilnahme und tiefer Befriedigung das Schicksal der Märchenhelden und ihrer Opfer verfolgen; findet er doch in ihnen sich selbst wieder sowie die, unter denen er zu leiden hat. Anders als im wirklichen Leben kann er in der Märchenwelt über seine vermeintlichen oder tatsächlichen Peiniger triumphieren. Darin liegen der Reiz und die Faszination dieser Geschichten: Ihre fiktive Gewalt dient zur Abreaktion realer Gewaltwünsche und läßt sicher manchem das Herz höher schlagen. Was also sollte man gegen Greueltaten in der Phantasie haben? Wem schaden sie schließlich? So zerhackt in einem Comic mit dem Titel ›Ein modernes Märchen‹ ein Mann ein Mädchen. Am Schluß, mit bluttriefenden Händen, sagt er: »Es ist ja nur ein Comic strip – also kann ich machen, was ich will!«

Warum soll dann nicht der Schmied seine Schwiegermutter umbringen, der Mann seine Mutter, das Mädchen seine Schwester? Morden im Kopf, wem tut es weh?

Es könnte sogar von Nutzen sein, das seelische Gleichgewicht stabilisieren, entlastend und entkrampfend wirken. Wird doch der Mensch seit eh und je in punkto Liebe überfordert: Er soll seinen Nächsten lieben; der Mann soll seine Frau lieben, die Frau ihre Kinder, die Kinder ihre Eltern und so fort. Wer kann das schon immer? Bietet es sich da nicht geradezu an, ab und zu einen von denen, die man ständig zu lieben verpflichtet ist, ganz einfach mal aus der Welt und sich damit eine Zeitlang vom Halse zu schaffen? Als kleine Erholung, gewissermaßen, und um den moralischen Druck ein wenig auszugleichen, um Alltagsaggressionen abzureagieren.

Das klingt überzeugend, aber die Sache hat einen Haken: Niemand bringt es fertig, allein im Kopf Mordszenen ablaufen zu lassen. Ob er will oder nicht, sein Körper spielt dabei mit. Was er denkt, spiegelt sich in seiner Haltung, seiner Miene und nicht zuletzt in seinen Augen wider. Und böse Gedanken können im Raum stehen wie eine Wand – wie eine eiskalte Wand. Gefahrlos kann man nur einen fernen Diktator, vielleicht noch seinen Chef umbringen, die nächsten Anverwandten nicht. In den eigenen vier Wänden können Mordphantasien die häusliche Atmosphäre vergiften. Vertrauen zerstören, Liebe töten.

Bei der Bewertung von Gewaltphantasien gibt es kein klares Entweder-Oder. Ähnlich uneinheitlich sind die Ergebnisse der Untersuchungen über die Wirkung von Gewalt in den Medien. Die einen ergeben, daß Mord- und Totschlagdarstellungen aggressiv machen, die anderen, daß sie Aggressionen abbauen. Man muß sich wohl mit einem Sowohl-Als-auch zufriedengeben.

Ein noch recht harmloses Beispiel von Gewalt im Kopf ist die Geschichte vom junggeglühten Männlein. Dieses Märchen hat viel von einem Schwank und nimmt daher den Tod im Schmiedefeuer nicht sonderlich ernst. Auch steckt hinter der Tat kein drängender Affekt, nicht einmal ein Motiv. Sie geht fast noch als ein deftiger Spaß durch, und der Witz steckt in der Methode.

In den folgenden Beispielen ist die Methode völlig anders, aber in einem Punkt sind sich alle gleich: Der Widerpart wird so schlechtgemacht, daß kein gutes Haar an ihm bleibt. In den Schwiegermütter-Märchen machen die Schwiegertöchter aus ihren Schwiegermüttern die reinen Ungeheuer. Sie haben dafür gute Gründe, aber wie wird es um die Familienatmosphäre bestellt sein, in der Ehefrauen sich mit solchen Gedanken tragen?

Im Märchen vom Liebsten Roland weckt vor allem Neid Gewaltphantasien, und Neid als Gewaltauslöser begegnet uns immer wieder. Hier gewinnt er Gestalt im Kampf um die Schürze. Der Triumph der Überlegenheit wird derart radikal erstrebt, daß man dem anderen nicht einmal sein bißchen Leben gönnt. Das Kopf-Ab wirkt hier wie totaler Krieg: Man will nicht nur siegen, vom anderen soll ganz einfach nichts mehr übrigbleiben. Es ist nicht zu leugnen: Der Unterschied zwischen dieser Märchenphantasie und der Eskalation realer Gewalt ist nur fließend, und die Anlässe für Kriege sind auch sehr häufig kaum weniger läppisch als der Streit um die Schürze in dieser Geschichte.

Es gibt noch eine weitere Übereinstimmung zwischen der Methodik dieser Gewaltmärchen und politischer Wirklichkeit: Bevor in den Märchen jemand umgebracht wird und bevor ein Krieg ausbricht, wird, wie wir gesehen haben, der Widersacher schlechtgemacht. Der Wahrheitsgehalt solcher Beschuldigungen liegt dabei meist nahe Null. Es ist reine Gewaltphantasie, die der Propaganda das Material liefert, und die meisten wissen das. Wenn wir dennoch immer wieder darauf hereinfallen, so ist dies eine andere Sache.

Weit weniger dringt ins Bewußtsein, daß sich die eigene Seite nahezu immer gutmacht, über alle Maßen gutmacht in der Regel. Die Märchen verfahren so mit ihren Heldinnen, und sie tun dies mit größter Unbekümmertheit: Wie gut und schön ist das Mädchen im ›Liebsten Roland‹, und wie schön und gut ist erst Schneewittchen! Das aber gilt nicht nur für diese beiden, sondern für alle die vielen guten, braven, lieben, hilfsbereiten – und was sonst noch alles – Märchenheldinnen und -helden. Bemerkenswert ist jedoch: Auch wenn sie genau das gleiche tun wie ihre bösen Widersacher, wenn sie hexen wie die Hexen oder wenn sie gar die eigene Mutter umbringen, so gefährdet das ihre Rolle in keiner Weise: Sie sind und bleiben die makellosen Helden. Wie häufig zeichnet diese doppelte Moral auch die Politik, fast immer aber die Propaganda aus: Die eigene Seite ist selbstverständlich gut, die Hölle sind immer die anderen (sagt Sartre).

Auslöser für die zweite Gewalttat im Liebsten Roland sind die Überlegenheit der Mutter und die gleichzeitige Angst vor ihr. Das ist eine fatale Mischung, und es ist schon beachtlich, was die Heldin am Schluß als Dornbusch mit der Mutter anstellt. Daß sie mit so grausamer Gewalt reagiert, dürfte kein Zufall sein. Autoritäten, die man fürchtet und denen man gleichzeitig nicht gewachsen ist, haben auch in der Realität der menschlichen Geschichte immer wieder Orgien von Gewalt ausgelöst. Entweder starben solche Autoritäten und deren Anhänger in einem Blutbad oder diejenigen, die den Aufstand – erfolglos – versucht hatten. Wie häufig werden wohl solche Aufstände in der Phantasie vorweggenommen? Und dabei wird man immer wieder den unliebsamen Autoritäten auf wer weiß wie viele Arten das Leben nehmen. Es ist wie so oft: Die Gewalt fängt im Kopf an. Ist die Fiktion dann aber Wirklichkeit geworden, übertrifft sie an Grausamkeit häufig die Phantasie.

Gewöhnlich beginnt Gewalt mit dem Aufbau eines Feindbildes. Das böse Bild, das man sich von seinem Widersacher macht, ist meist der erste Schritt zu dessen erträumter oder auch realer Vernichtung. Und es legitimiert die Tat.

Das Schneewittchen-Märchen zeigt dies sehr eindrucksvoll. Von Szene zu Szene sich steigernd, entwickelt die Mutter sich zu einem wahren Ungeheuer. Was löst diese Entwicklung aus? Die Mutter ist über alle Maßen schön, dazu eine Königin, das heißt groß, überlegen und erwachsen. Daneben steht das kleine, noch ganz und gar unbedeutende Mädchen und leidet unter dieser eklatanten Ungleichheit. Es fühlt sich gegenüber der überwältigenden mütterlichen Konkurrenz, gegen die es real nicht die geringste Chance hat, derart ohnmächtig und ist so neidisch und eifersüchtig, daß es nichts sehnlicher wünscht als den Tod der Mutter. Da es sie aus den inzwischen bekannten

Gründen nicht ohne weiteres in glühenden Pantoffeln tanzen lassen kann, beginnt nun die Strategie des Diffamierens und Verteufelns. In Umkehrung der tatsächlichen Gegebenheiten macht sie uns glauben, daß die Mutter auf die eigene Tochter eifersüchtig ist, ja, daß sie sie haßt und ihr nach dem Leben trachtet. Das ist so unwahrscheinlich, wie es solche Negativpropaganda meistens ist. Aber schon die Brüder Grimm sind ihr zum Opfer gefallen. Sie glaubten dieser Darstellung und folgerten, daß eine solche Mutter unmöglich die richtige Mutter des Mädchens sein könne, und so wurde sie eine böse Stiefmutter. Im weiteren Verlauf hebt nun die Phantasie völlig von der Wirklichkeit ab und wird zur Greuelpropaganda: Die Königin will ihr Kind vom Jäger töten lassen. Das ist schon ein recht handfestes Delikt und damit eine gute Voraussetzung für eine Verurteilung. Die Mutter versucht jetzt, das Mädchen eigenhändig zu ermorden. Sie ist also eine Mörderin, außerdem eine Hexe, und dann folgen zwei weitere Mordversuche, und das reicht aus, damit ist das Ziel erreicht: Die böse Stiefmutter kann umgebracht werden, und die Gefühle der Leute sind derart mobilisiert, daß sie dazu auch noch Beifall klatschen. Man hat die Königin so perfekt schlechtgemacht, daß Gewalt und Grausamkeit freudig begrüßt werden und das Opfer sich zur Befriedigung aller zu Tode tanzt. Diese Strategie funktioniert auch heute noch, mobilisiert Aggressionen, und das ist wie eh und je der Beginn von Gewalt.

Daß es Gewalt im Märchen gibt, hat sich inzwischen herumgesprochen. Aber Sex in den braven Kinder- und Hausmärchen, deren Unschuld und Reinheit die Brüder Grimm in ihrem Vorwort loben? Sie haben »jeden für das Kinderalter nicht passenden Ausdruck ... sorgfältig gelöscht«, jedenfalls von der zweiten Auflage an. Dennoch ist einiges übriggeblieben:

So fühlt der König in ›Allerleirauh‹, Nr. 65, »heftige Liebe« zu seiner eigenen Tochter; in der Urfassung wirft er die Augen auf sie, jedenfalls will er sie heiraten. In Nr. 95, ›Der alte Hildebrand‹, geht der Herr Pfarrer mit einer Bauersfrau seiner Gemeinde fremd und wird dafür vom betrogenen Ehemann aus dem Haus geprügelt. Rapunzel, Nr. 12, benutzt ihre langen Haare, um jeden Abend ihren Liebhaber hochzuziehen. Daß ihr eines Tages die Kleider zu eng werden, haben die Brüder Grimm zwar als anstößig gestrichen, aber Zwillinge bekommt sie auch in der bearbeiteten Fassung. Die Sache mit dem Froschkönig im Märchen Nr. 1 gibt zumindest zu Mutmaßungen über Sexuelles Anlaß. Immerhin will der Frosch nicht nur den Tisch mit der schönen Prinzessin teilen, sondern auch das Bett, was er letztlich tut und mit ihr darin schläft, bis »die Sonne sie aufweckte«. Dann wäre noch die berühmte Affäre Rotkäppchens mit dem Wolf erwähnenswert. Man muß sich schon große Mühe geben, um die sexuellen Absichten des Wolfs zu verkennen: Er will wissen, was das reizende Mädchen unter seiner Schürze trägt, er leckt sich nach ihm die Lippen, will es »erschnappen«, sieht in ihm ein »junges, zartes Ding« und einen »fetten Bissen«, und in der Bechstein-Fassung denkt er: »O du allerliebstes, appetitliches Haselnüßchen du – dich muß ich knacken.«

Der Vater in ›Allerleirauh‹ sündigt, der Pfarrer in Nr. 95 auch, Rapunzel weiß noch gar nicht, was sündigen ist, Rotkäppchen kommt mit einem blauen Auge davon, und die Prinzessin aus dem ›Froschkönig‹ schließlich schläft mit einem schönen Prinzen. In allen diesen Beispielen geschieht nichts wirklich Erschreckendes. Das ist anders, wenn sich Sexualität und Gewalt verbinden.

Der Held des Märchens Nr. 108, ›Hans mein Igel‹, fällt aus dem Rahmen üblicher Märchenhelden. Er ist halb Mensch, halb Tier, »oben ein Igel und unten ein Junge«. Er wird hinter dem Ofen groß, und sein Vater mag ihn nicht. Er denkt, »wenn er nur stürbe«. Der arme Junge könnte einem leid tun, aber er selbst tut sich nicht leid, und er stirbt auch nicht. Er weiß, was er will: einen Dudelsack, einen vom Schmied beschlagenen Göckelhahn und Schweine und Esel. Das alles bekommt er, denn er hat versprochen, dann auf Nimmerwiedersehen zu verschwinden. Das hält er, schwingt sich auf seinen Hahn und reitet davon. Niemand weint ihm eine Träne nach. Danach haust er im Wald auf einem Baum, bläst seinen Dudelsack, und diese Musik ist »sehr schön«. Außerdem ist er ein erfolgreicher Viehzüchter und besitzt nach etlichen Jahren eine große Herde.

Er ist ein Außenseiter, ja, ein Outcast, hat eine merkwürdige Vorgeschichte, geht unübliche Wege, benutzt ein absonderliches Reittier und hat künstlerische wie wirtschaftliche Begabungen. Die Märchenforscher Bolte und Polívka reihen ihn unter »Mißgeburten« ein, Ingrid Riedel sieht einen bedauernswerten Milieugeschädigten in ihm. Das ist eine große Spannweite.

Ein König verirrt sich in dem Wald und weiß nicht wieder herauszufinden. Er läßt seine Diener das merkwürdige Wesen auf dem Baum nach dem Weg fragen. Mit denen aber verhandelt Hans nicht. Er steigt von seinem Hochsitz herunter, begibt sich zum König und bietet ihm einen Handel an: seine Hilfe für eine Gegengabe: das, was dem König als erstes an seinem Hof begegnet. Der Igel-Hans ist also kein gutmütiger und selbstloser Helfer aus der Not wie so viele andere Märchenhelden. Selbstbewußt und auf seinen Vorteil bedacht tritt er dem König entgegen, und er ist nicht bereit, sich mit einem mündlichen Versprechen zufrieden zu geben, er verlangt die Zusage schriftlich. Es geht schließlich um nichts Geringes. Ein Handel wie dieser ist seit biblischen Zeiten bekannt, seit Richter Jephtha nämlich. Der versprach Gott zum Brandopfer, was ihm an seiner Haustür als erstes entgegenkäme. Es war seine einzige, unschuldige Tochter. Er opferte sie. (Richter 11, 31–40) In der

Geschichte ›Amor und Psyche‹ des Apulejus (geb. um 125 n. Chr.) geht es ähnlich zu. Seitdem gibt es unendlich viele Geschichten mit solchen Gelübden, und fast immer ist es des Vaters liebste Tochter, die er auf diese oder jene Weise opfern muß. Der König wird also kaum damit rechnen, daß ihm als erstes ein kleiner Hund entgegenspringt. Hans mein Igel auch nicht. Die beiden wissen, worum es geht.

Der König ist weder dumm, noch leidet er unter Skrupeln. Er sieht, wen er vor sich hat, nimmt getrost Feder und Tinte und schreibt auf, daß Hans *nicht* haben soll, was ihm als erstes begegnet. In diesem Fall hat er seinen Vertragspartner richtig eingeschätzt: Der kann nicht lesen und merkt folglich den Betrug nicht. Ansonsten schätzt er ihn falsch ein. Er ahnt nicht, daß ihm ein Kontrahent gegenübersteht, dem er nicht gewachsen ist. In Hans und dem König begegnen sich Vertreter zweier Welten. Der König repräsentiert etablierte Macht, Hans etwas Neues und Eigenwilliges, und so, wie sich die beiden verhalten, schaffen sie Voraussetzungen für Gewalt.

Erwartungsgemäß läuft dem König zu Hause als erstes seine Tochter entgegen. Er erzählt ihr von dem Zwischenfall und was er geschrieben hat. Darüber ist die Prinzessin froh, findet es gut, denn: »Sie wäre doch nimmermehr hingegangen.« Trotz des Vertrages sichert der König sich zusätzlich ab und befiehlt, wenn einer auf einem Hahn geritten komme und einen Dudelsack bei sich habe, dann sollen »alle auf ihn schießen, hauen, stechen«.

Hans sichert sich ebenfalls ab. Mit einem zweiten König, der sich im Wald verirrt hat, schließt er den gleichen Vertrag. Danach gibt er die Viehzucht auf, denn er hat höhere Ziele. Er verschenkt die Herde an die Einwohner seines Dorfes, die auf seine Kosten ein großes Schlachtfest feiern. Hans reitet indessen zum Schloß Nummer eins. Es kommt zum programmierten Konflikt. Der Held ist nicht überrascht, daß man mit Bajonetten auf ihn eindringt. Er gibt seinem Hahn die Sporen, setzt über die Soldaten und über das Schloßtor hinweg und landet direkt vor des Königs Fenster. Er droht, er werde ihn und seine Tochter umbringen, wenn er nicht bekomme, was ihm versprochen sei. Der König ist kein Held, sondern ein Herrscher, und ihm ist sein Leben lieb. Folglich verhält er sich wiederum klug, gibt seiner Tochter »gute Worte«, damit sie zu dem Hahnreiter hinausgeht und dadurch »ihm und sich das Leben rette«.

Beide wahren nun die Form: Sie kleidet sich ganz in Weiß, und der Vater stellt ihr einen Wagen mit sechs Pferden sowie Bediente, Geld und Gut zur Verfügung. Sie setzt sich hinein, Hans mein Igel setzt sich neben sie mit Hahn und Dudelsack, und ab geht es.

Man muß den Helden dieser Geschichte nicht unbedingt als Einzelwesen sehen. Wie hätte er auch allein mit den Soldaten fertig werden, wie das Schloßtor überwinden und wie dem König klarmachen können, daß seine Drohungen keine leeren Drohungen sind? Und was im folgenden geschieht, wäre ihm allein auch nicht möglich gewesen.

Der Held hat bekommen, was er wollte, und dazu brauchte er keine Bildung und mußte er nicht lesen können. Er hat es verstanden, geschickt die Notlage des Königs auszunutzen, und es schert ihn nicht, was tatsächlich in dem Vertrag steht. Im entscheidenden Moment verhelfen ihm Gewalt und Drohung zu seinem Recht. Die Moral stimmt auch: Für die Anwendung von Gewalt hat er das klassische Alibi: Die anderen, mit ihren Bajonetten, haben angefangen; und der König hat ihn belogen, betrogen und bedroht. An dem kann er nun mit Fug und Recht Rache nehmen. Auch das Märchen läßt an des Helden Untadeligkeit keinen Zweifel und deckt folglich, was nun geschieht.

Niemand hindert Hans am Wegfahren, niemand wagt, ihn zu verfolgen. Er hat den König besiegt, aber das veranlaßt ihn nicht, sich seines Thrones zu bemächtigen. Wichtiger als Macht und Herrschaft ist ihm im Augenblick die Rache, und die ist von ganz besonderer Art. Er läßt die Stadt hinter sich. Die Prinzessin neben ihm ist ihm auf Gedeih und Verderb ausgeliefert und schutzlos preisgegeben. Welche Hoffnungen und Befürchtungen wird sie haben? Was plant er? Er redet nicht lange, spricht überhaupt nicht, nimmt sie und zieht ihr »die schönen Kleider aus«. Lakonisch knapp heißt es in der Urfassung: »Da zog Hans mein Igel sie aus.« Vielleicht hat sie sich gesträubt, sich gewehrt, hat geschrien, aber niemand hilft ihr, auch nicht ihre Bedienten. Als sie nackt ist, sticht er sie »mit seiner Igelhaut, bis sie ganz blutig war«.

Der untadelige Märchenheld hat ihr Gewalt angetan. Da es

dabei blutig zugeht, wird sie noch Jungfrau gewesen sein. Dafür spricht auch ihr weißes Hochzeitskleid.

Es handelt sich bei des Igelmenschen Tat aber nicht – zumindest vorwiegend nicht – um einen Akt von Leidenschaft und sexuellen Begehrens, denn nach der Tat sagt der Held: »Das ist der Lohn für Eure Falschheit«, jagt die Prinzessin samt ihrem Heiratsgut heim und spricht: »Geh hin, ich will dich nicht«, und diese Szene abschließend heißt es: Da »war sie beschimpft ihr Lebtag«.

Für sein Lebtag beschimpft konnte ein Mädchen nur sein, wenn ihm genau das passierte, was das Märchen geschildert hat. Geschändet und entjungfert zu sein war über Zeiten die größte Schande, die einem Mädchen widerfahren konnte.

Hans mein Igel hat getan, was die Prinzessin zutiefst erniedrigen mußte – und nicht nur sie: Indem er sie nackt und blutig davonjagt, macht er ihre Schande bekannt, und damit demütigt er ihren Vater und zugleich den König und damit das ganze Land.

Hilflose Mädchen zu vergewaltigen und einen Gegner damit zu erniedrigen, das hat durchaus Tradition. Die Soldateska aller Zeiten handelte so, wenn sie nach der Eroberung einer Stadt Frauen und Töchter ihrer Feinde vergewaltigt hat. Die Historiker decken über solche Exzesse gern den Mantel des Schweigens. Anders der Prophet Jesaja, wenn er die Eroberung Babylons beschreibt (Jesaja 13, 16): »Es sollen auch ihre Kinder vor ihren Augen zerschmettert werden, ihre Häuser geplündert und ihre Weiber geschändet werden.« Da haben wir's: vor ihren Augen! Nicht selten hat man die gefesselten Ehemänner oder Väter zusehen lassen, wenn man ihre Frauen oder Töchter vergewaltigte. Das ist Rache am Feind, Genugtuung durch Freude an dessen Qual und die größte Erniedrigung, die es geben kann – sowohl für die Männer wie für die Frauen und dazu für die besiegte Stadt.

Der Prophet Nahum vergleicht die Stadt Ninive mit einer Hure und sagt von ihr: »... und will deine Schleppe dir über's Gesicht ziehen und den Völkern deine Blöße zeigen ...« (Nahum 3, 5; Menge-Bibel) In der lutherischen Übersetzung geht es weiter: »Ich will dich ganz greulich machen und dich schänden und ein Schauspiel aus dir machen ...« So geschieht es denn auch: Die Königin von Ninive wird tatsächlich entkleidet, nackt wird sie durch die Stadt geführt, es wird geraubt, geplündert, gemordet, »man strauchelt über die Leichen«, und die Jungfrauen schluchzen und seufzen. Warum wohl?

Gewalt und Sex verbinden sich zu einer gewaltigen Orgie. Aber sie ist nicht Selbstzweck, weder im Märchen noch in Ninive. Es ist damit ein Ziel verbunden, ein politisches Ziel: Das Opfer soll vernichtend getroffen werden und für alle Zeiten gezeichnet und entmachtet sein.

Hans mein Igel entehrt das Mädchen für sein Lebtag. Ninive wird bewiesen, daß es für immer mit seiner Macht und Größe vorbei ist, genauso Babylon und Zion. Gewalt und Vergewaltigung demonstrieren dies buchstäblich hautnah. In bezug auf Ninive heißt es: »Ihr Herz muß verzagen, die Knie schlottern, alle Lenden zittern und alle Angesichter bleich werden.« (Nahum 2, 11; Luther)

Der Prinzessin wird es kaum anders ergangen sein, und ihr Vater ist ganz bestimmt bleich geworden, als er seine Tochter derart malträtiert zurückbekommen hat. Das aber ist genau der Sinn der Sache, darum jagt Hans sie zurück: Es soll sich herumsprechen, was geschehen ist. Die Niederlage, die Erniedrigung und die Schande sollen bekannt werden.

Vergewaltigung ist immer nur dann ein verabscheuungswürdiges Verbrechen gewesen, wenn die eigene Seite betroffen war. So hat der Prophet Nahum keineswegs bedauert oder mißbilligt, was in Ninive geschehen ist, denn dort wohnten die Feinde, die Sünder. Der Untergang der Stadt wird gefeiert: »Zerstört ist Ninive! Wer wird um sie klagen?« (Nahum 3, 7) Und alle, die davon erfahren, klatschen darüber vor Freude in die Hände. (Nahum 3, 19)

Wehe aber, es trifft die eigene Stadt. Dann hohnlachen die anderen über den Untergang, und sie frohlocken, wenn sie die Frauen Jerusalems und die Jungfrauen in den Städten Judas schänden. (Klagelieder 5, 11)

Es kommt bei diesen Sex- und Gewaltexzessen darauf an, wo man steht. Wer Opfer ist, beklagt sein Schicksal, beschimpft den Feind, verdammt die Gewalt und entsetzt sich über Vergewaltigungen. Der Sieger aber triumphiert und frohlockt, und Gott steht beileibe nicht immer auf seiten der Vergewaltigten.

Das Märchen ist auch nicht auf der Seite des blutig gestochenen und gedemütigten Opfers.

Dieses Opfer hat noch ein wenig Aufmerksamkeit verdient. Der Märchenheld treibt es nicht nur mit Schimpf und Schande davon, er beschuldigt es außerdem noch der Falschheit. Und diese Aussage wird nicht revidiert. Ist die Prinzessin also falsch? Walter Scherf, wahrhaftig ein kompetenter Märchenkenner und dabei durchaus kritisch, nennt sie eine »Hochmütige«. Und das nicht von ungefähr, denn sie kommt in der Tat nicht gut weg im Märchen und schon gar nicht im Vergleich mit Prinzessin Nummer zwei. Zu der macht der Held sich nun auf, und die hat gleich versprochen, den Igelmenschen zu heiraten – »ihrem alten Vater zuliebe«. Der nimmt das Opfer seiner Tochter auch ohne zu zögern an, und als Hans vor dem Schloß erscheint, präsentieren die Soldaten das Gewehr. Die Prinzessin ist zwar über den Anblick ihres Bräutigams erschrocken, hält aber ihr Versprechen, heiratet ihn und erlöst ihn: Nach der Hochzeitsnacht ist er »ein schöner junger Herr« und bekommt vom Schwiegervater das Königreich.

Prinzessin Nummer zwei ist die Brave, Liebe und Gute, ein Mädchen, das auf eigene Wünsche verzichtet, sich den Interessen des Vaters opfert und in dieser Opferbereitschaft so weit geht, eine Mißgeburt zu heiraten. Dafür wird sie allerdings reichlich belohnt.

Prinzessin Nummer eins ist zu einem solchen Opfer nicht bereit gewesen, und das nimmt man ihr übel, darum wird sie als hochmütig empfunden. Und daß sie einen klaren eigenen Willen äußert, macht sie auch nicht sympathischer. Aber wer will es ihr eigentlich verdenken, daß sie keinen halbmenschlichen Schweinehirten heiraten will, der auf Bäumen haust?

Sie aber wird nicht belohnt, sondern übel geschunden, und es ist ihr Vater, der ihr diese Misere einbrockt. Er setzt sie zum Preis aus. Sie ist für ihn Mittel zum Zweck, um sich aus einer unangenehmen, aber durchaus nicht lebensgefährlichen Lage zu befreien. Als es ums Einlösen seines Versprechens geht, ist sie praktisch gezwungen zu tun, was sie nicht will, denn die Alternative wären ihr und ihres Vaters Tod. Dann benutzt sie der nächste Mann als Mittel zum Zweck. An ihr übt er die Rache, die ihrem Vater gilt. So ist sie in doppelter Weise Opfer

– sowohl das ihres Vaters wie das des Märchenhelden. Dennoch tut sie niemandem leid und gilt wenig. Obendrein wird sie der Falschheit bezichtigt, was ein ganz und gar unberechtigter Vorwurf ist. Die Heldin dieser Geschichte ist die brave andere Prinzessin. Die Beliebtheit gehorsamer und opferbereiter Mädchen bei Männern scheint ungebrochen.

Bedeutsam ist in dieser Geschichte das Verhältnis von Gewalt und Sexualität. Die Sexualität ist in keinem der Beispiele Teil einer zwischenmenschlichen Beziehung, und niemals dient die Gewalt der Sexualität, etwa mit dem Ziel eines größeren Lustgewinns. Es ist genau umgekehrt: Die Sexualität ist ein Mittel der Gewalt, dient der Gewalt und der Erniedrigung und Demütigung des Gegners. Die Lust bleibt dabei total auf der Strecke, von der Liebe gar nicht zu reden.

Blauer Bart und Mädchenblut

Nach Mädchenblut lechzende und gewalttätige Blaubärte treten unter verschiedenen Namen und Gestalten in den Märchensammlungen vieler Völker auf. Die Kinder- und Hausmärchen einschließlich der Urfassung bieten allein vier prägnante Vertreter dieser Art. Mit seinem sechsspännigen goldenen Wagen kommt ›Blaubart‹, Nr. 62 (Urfassung), am prächtigsten daher. Er ist der bekannteste von ihnen; bei Grimm ist er König. Vornehm und wohlhabend aber sind sie alle. Der Herr aus ›Der Räuberbräutigam‹, Nr. 40, besitzt ein weitläufiges Haus, in der Urfassung ist er ein Prinz und hat ein Schloß. Der Besitzer des Mordschlosses, Nr. 73 (Urfassung), tritt als gutgekleideter, feiner Herr mit prächtiger Equipage auf, und sein Schloß ist »gar schön«. Als armer Mann erscheint lediglich der Herr Fitcher aus ›Fitchers Vogel‹, Nr. 46, der aber hat sich nur verkleidet. Auch er ist reich; in seinem Haus glänzt alles von Gold und Silber.

Alle diese Herren zeichnen sich – zunächst – durch tadellose Umgangsformen aus, und keiner von ihnen erweist sich gegenüber den Märchenheldinnen als kleinlich. »Mein Schatz, es wird dir wohlgefallen bei mir, du hast alles, was dein Herz begehrt«, sagt der Herr Fitcher. Blaubart steht ihm in nichts nach, erfüllt seiner Braut jeden Wunsch. Der Herr vom Mordschloß überträgt der Heldin die Verfügungsgewalt über all seine Reichtümer, der Räuberbräutigam sagt artig zu seiner Braut am Hochzeitstag: »Nun, mein Herz ...«

In der Vorgeschichte all dieser Märchen geht es zu wie in nahezu allen trivialen Liebesromanen: Ein vornehmer, reicher Mann tritt werbend in das Leben eines einfachen Mädchens. Die Heldin aus Grimms ›Blaubart‹ ist armer Leute Kind. Sie wohnt mit ihrem Vater im Wald, und der ist froh, daß seine Tochter einen Freier von so hohem Stand findet. Die Heldin im ›Mordschloß‹ ist die Tochter eines Schuhmachers, das Mädchen aus dem ›Räuberbräutigam‹ ist Müllerstochter, und die drei Töchter aus ›Fitchers Vogel‹ sind auch keine Prinzessinnen.

Alle diese vornehmen Freier mit ihren Equipagen, Schlössern und Reichtümern sind Märchenprinzen, wie sie sich Mädchen erträumen, meist arme Mädchen, die aber so schön sind, daß die Männer ihnen jeden Wunsch erfüllen. Solche Mädchenträume werden am Anfang dieser Märchen wahr: Vier Traumprinzen erscheinen, verlieben sich, machen Heiratsanträge, und die vier Mädchen folgen ihnen auf ihr Schloß.

Traummänner von dieser Art sind die Helden unzähliger Geschichten von Millionenauflage, aber auch von Liedern, Schlagern, Liebesgedichten, Bildern und Fotos. Sie alle sind vornehm, untadelig, schauen lieb und haben eines gemeinsam: Ihnen fehlt jegliches Triebleben. Höhepunkt der Erotik in nahezu allen diesen Darstellungen ist ein liebevoller Kuß. Dieses Bild vom Mann deckt sich mit dem, was bürgerliche Erziehung vielen Mädchen vermittelt. Seit der Neuzeit hat man sie ängstlich vor so etwas Schrecklichem wie Sexualität zu bewahren versucht. Längst ist es vorbei mit freizügigen Sexspielen, wie sie noch in den Spinnstuben des Mittelalters üblich waren. Woher sollen diese Mädchen also wissen, was Männer in die Liebe treibt und wie sie es manchmal treiben?

Durch das Verhalten von Blaubart und Konsorten in diesen Märchen wird das arglose weibliche Traumbild drastisch korrigiert. Einige Heldinnen spüren schon beim ersten Auftreten des männlichen Helden, daß ihre Vorstellung vom Mann nicht ganz stimmen kann. Sie erahnen hinter der konventionellen Fassade des vornehmen Herrn Beunruhigendes, so auch das

Mädchen aus ›Blaubart‹. Der blaue Bart stört die junge Heldin. Jedesmal, wenn sie ihn ansieht, versetzt er ihr einen kleinen Schrecken, erfüllt sie mit unbestimmter Angst, und obwohl ihr Vater versucht, sie zu beruhigen, kann sie sich ganz einfach an dieses männliche Attribut nicht gewöhnen. Ihre Ahnung trügt nicht. Schon seit dem 16. Jahrhundert galt ein Blaubart als ein Mann, der darauf aus ist, Mädchen zu verführen. Ähnlich geht es der Müllerstochter aus dem ›Räuberbräutigam‹. Obwohl der reiche Freier ganz und gar ihren Wünschen entspricht, kann sie ihn gar nicht so recht liebhaben, »wie eine Braut ihren Bräutigam liebhaben soll«, und sooft sie ihn ansieht oder an ihn denkt, fühlt sie »ein Grauen in ihrem Herzen«.

Frei von solchen Ahnungen sind allein die beiden ältesten Töchter in ›Fitchers Vogel‹. Ohne Bedenken springen sie in die Kötze (Kiepe) eines Mannes, dessen Spezialität es ist, schöne Mädchen zu fangen, und lassen sich von ihm in sein Schloß tragen. Obwohl es einsam mitten im Wald liegt, fühlen sie sich nicht beunruhigt. Sie lassen sich vom Schloßherrn verwöhnen und ohne weiteres »mein Schatz« nennen. Die schöne Tochter des Schuhmachers aus dem Märchen ›Das Mordschloß‹ glaubt, sie habe ihr Glück gemacht, weil sich ein so vornehmer und reicher Mann in sie verliebt. Sie macht »keine Schwierigkeit, mit ihm zu reiten«. So viel Bereitwilligkeit mag ihn verwundert haben, denn unterwegs fragt er sie: »Süß Lieb, reut dich's auch nicht?« Sie antwortet: »Nein, warum sollt mich's reuen? Ich bin immer bei Euch wohlbewahrt.« Dieser Satz könnte aus einem Kolportageroman stammen, und welch naive Arglosigkeit zeigt sich darin! Aber das Mädchen ist schon gar nicht mehr so arglos. Was es sagt, deckt sich nicht mit dem, was es empfindet: Ihm ist beklommen zumute, es spürt »innerlich eine Angst«.

Zunächst aber läßt sich die Sache recht gut an. Das Schloß ist sehr schön, der Schloßherr gibt ihr die Schlüssel, sie darf sich alles ansehen und erfreut sich an den Reichtümern. Ihre Freude dauert, bis sie in den Keller kommt. Dort sitzt eine alte Frau. Aus der guten Stimmung heraus, in der sich die Heldin befindet, seit sie in dem schönen Schloß ist, fragt sie: »Ei, Mütterchen, was macht Sie da?« und bekommt zur Antwort: »Ich schrapp' Därme, mein Kind, und morgen schrapp' ich Eure auch!« Vor Schreck fällt dem Mädchen der Schlüssel in ein Becken mit Blut. »Nun ist Euer Tod sicher«, stellt dazu das alte Weib ungerührt fest. In letzter Minute gelingt der Schuhmacherstochter die Flucht in einem Heuwagen.

Die Müllerstochter aus dem ›Räuberbräutigam‹ ist immerhin verlobt, als sie dem Drängen ihres Bräutigams nachgibt und ihn in seinem Haus besucht. Es liegt »draußen im dunklen Wald«, und zwar dort, wo er am dunkelsten ist, und das gefällt ihr gar nicht. Ihr wird so angst, sie weiß aber selbst nicht recht, warum, heißt es. Wenn man bedenkt, daß sie schon vorher nur mit einem gewissen Grauen an den Mann denken konnte, fragt man sich, weshalb sie nicht umkehrt? Sie tut es nicht, auch nicht, als ein Vogel sie warnt: »Kehr um, du junge Braut, du bist in einem Mörderhaus.« Er warnt noch einmal, aber sie geht weiter, betritt das Haus, geht von Zimmer zu Zimmer, niemand ist da. Schließlich gelangt auch sie in den Keller und trifft dort ebenfalls auf eine alte Frau. Die sagt: »Du meinst, du wärst eine Braut, die bald Hochzeit macht, aber du wirst die Hochzeit mit dem Tod halten«, und sie kündigt an, man werde sie zerhacken, kochen und essen. Kaum hat sie das gesagt, da betritt statt des reichen Prinzen eine »gottlose Rotte« das Haus. Mit Hilfe der Alten kann sich die Heldin hinter einem Faß verstecken und erlebt nun mit, was ihr zugedacht war. Die Männer bringen »eine andere Jungfrau« herein. Sie schreit und jammert, aber trunken wie die Räuber sind, kümmert sie das nicht. Sie geben ihr Wein zu trinken – drei Gläser voll –, dann reißen sie ihr die Kleider vom Leib, legen sie auf einen Tisch und »zerhacken ihren schönen Leib in Stücke«. Bei dieser Aktion fällt der Braut ein abgeschlagener Finger direkt in den Schoß. In früheren Überlieferungen dieses Märchens legt die Schöne nacheinander alle ihre Kleider ab, zieht ein Brautkleid an und wird dann erst zerhackt.

Dies ist nun die Kehrseite der Medaille! Hier wird das Bild vom vornehmen Märchenprinzen mit guten Manieren auf anschauliche Weise ergänzt. Das Märchen zeigt, daß es eine Sache ist, wenn ein Mann einem Mädchen artig den Hof macht und es mit wohlgesetzten Worten überredet, ihn zu besuchen, eine ganz andere aber, wenn er sich von Alkohol enthemmt und sexuell erregt gehenläßt. Da fällt dann die zivilisatorische Tünche ab, Gewissen, Moral und gute Sitten sind außer Kraft gesetzt oder in Freudscher Terminologie: Ich und Über-Ich sind unwirksam, das Es steuert diesen Mann. Kurzum, er verwandelt sich vom Schloßherrn in eine »gottlose Rotte«, schnappt sich das Mädchen wie eine Beute, verschleppt es, macht es betrunken und fällt dann über es her. Hier werden normalerweise streng vom Bewußtsein unter Verschluß gehaltene männliche Wünsche Wirklichkeit, und dabei vermischen sich Sex, Gewalt und Sadismus zu einem wilden Exzeß. Im Gegensatz zum Beispiel von ›Hans mein Igel‹ dient hier nicht die Sexualität der Gewalt, sondern umgekehrt verstärkt und erhöht die Gewalt die Sexualität, und es kommt zu einer Art orgiastischem Rausch.

Dabei spielt sich diese Orgie im Keller des Schlosses ab, das heißt unten, im Bereich der Triebe, fernab, abgeschieden und verborgen vor der Tageswirklichkeit des Lebens. So ist es fast immer gewesen: Von diesem Unten führt kaum ein Weg nach oben. Dieser Triebbereich steht unter hermetischem Verschluß. Sowohl innere Kontrollinstanzen wie gesellschaftliche Tabus verhindern, daß sich Szenen wie in diesem Märchen tatsächlich abspielen oder auch nur dargestellt werden. Dennoch ist immer wieder etwas aus dieser Sphäre des Verdrängten und Tabuisierten nach oben und damit in den Alltag durchgesickert. So spiegelt sich der Zusammenhang von Gewalt und Sex sehr drastisch im obszönen Wortschatz. Hier bedeutet eine Schlachtbank den Hochzeitsaltar, und Fleisch hacken, schlachten und umhacken sind Synonyme für Entjungfern. Daher rührt in diesem Märchen auch das viele Blut. Und was den kannibalischen Aspekt betrifft, so gibt es viele Verbindungen von Sex und Essen, und etliche sind auch dem allgemeinen Sprachgebrauch geläufig. So spricht man von einem appetitlichen Mädchen, findet es zum Anbeißen, hat es zum Fressen gern, möchte es aus lauter Liebe am liebsten auffressen oder auch – mit einem ganz anderen Akzent – vernaschen.

In der Pornographie werden mit Vorliebe Szenen von Sex und Gewalt dargestellt und in entsprechend angepaßter Form auch in Teilen der Presse, besonders – aber nicht nur – in einigen Massenblättern. Bahnbrechend für die Schilderung solcher Themen ist bekanntlich der Marquis de Sade (1740–1814) gewesen. Er hat als erster Gewalt- und Sexorgien in aller Freimütigkeit beschrieben und gefordert, daß Literatur für alles offen sein müsse. Nicht von ungefähr verbrachte er siebenundzwanzig Jahre in Gefängnissen und Irrenhäusern.

Bemerkenswert ist hier, daß die Märchen weit vor de Sade und unangefochten bis heute nur sehr geringfügig verschleierten Sadismus und etliche Sex-und-Gewalt-Szenen enthalten. Das mag zeigen, daß es sich dabei nicht um etwas Pathologisches handelt, das nur einzelne betrifft, sondern um ein allgemein menschliches Phänomen.

Nun ist das, was der Schloßherr im Märchen vom Räuberbräutigam tut, gewiß eine Domäne speziell männlicher Sexualität, aber die Märchen lassen keinen Zweifel daran, welche Faszination diese Art von Sex und Gewalt auf die beteiligten weiblichen Mitspieler ausübt. Die Heldin ist weiß Gott gewarnt. Zweimal macht der Vogel sie darauf aufmerksam, daß sie in einem Mörderhaus ist, und rät ihr umzukehren. Was aber geschieht: »Da ging die schöne Braut weiter ... ging durch das ganze Haus.« Es ist finster und unheimlich, und das gefällt ihr nicht, hält sie aber mitnichten davon ab, Zimmer für Zimmer zu erforschen. In der Bechstein-Version dieses Märchens, ›Die hoffärtige Braut‹, Nr. 84 a, warnen zweimal große Hunde die Heldin: »Kehrst du um, so ist es gut, bleibst du da, so siehst du Blut!«, und sie verstellen ihr den Weg. Aber das Mädchen ist dafür gerüstet. Es hat Schinken mitgebracht. Den wirft es den Hunden vor, damit sie den Weg freigeben. Es scheut keine Mühe und ignoriert Angst und Unbehagen. Es will unter allen Umständen wissen, was es mit Blut und Gewalt auf sich hat.

Die Heldin aus dem ›Räuberbräutigam‹ weiß auch, was auf sie zukommt. Die Alte im Keller nimmt wahrhaftig kein Blatt vor den Mund, aber das Mädchen rennt nicht fort, läßt sich vielmehr von der Alten hinter das Faß führen, wo sie einen Proszeniumsplatz für die nun folgenden Ereignisse hat. Es wird sich beim Zuschauen sowenig gelangweilt haben wie die Hörer/Leser, die ihm über die Schulter sehen dürfen, und betrachtet man den Finger im Schoß aus psychoanalytischer Sicht, so läßt sich schließen, daß sie sich nicht zuletzt sexuell stimuliert fühlt.

Das ist aber lediglich die eine Seite. Die schöne Müllerstochter ist hier nicht nur Zuschauerin, sondern zugleich auch die

»andere Jungfrau«, denn woher sollte die sonst kommen? Der Schloßherr war schließlich mit der Heldin verabredet, und sie hat die Verabredung eingehalten. Sie spielt hier eine Doppelrolle, erlebt die Szene auf zwei Ebenen: Einerseits ist sie die lustvoll schaudernde Beobachterin hinter dem Faß, andererseits die Schöne auf dem Tisch und damit das Opfer einer sie zutiefst erschreckenden und verletzenden männlichen Sexualität. Mir ist kein anderes Beispiel bekannt, in dem die Zwiespältigkeit menschlichen Empfindens auf diesem Gebiet so unmittelbar überzeugend dargestellt ist.

Dieser bedeutungs- und erkenntnisreiche Aspekt des Märchens fällt nicht ohne weiteres ins Auge, nicht zuletzt deshalb, weil die oberflächliche Tendenz als simple Abschreckung erscheint nach dem Motto: Seht, so geht es einem Mädchen, das sich von einem Mann beschwatzen und überreden läßt.

Das gleiche Muster findet sich schon in der Geschichte vom Rotkäppchen. Das Märchen ist aber nicht wegen seiner Moral so beliebt und bekannt geworden, sondern wegen der prikkelnd-gefährlichen Situation zwischen Mädchen und Wolf und weil Rotkäppchen trotz Angst und Beklemmung nicht umgekehrt ist, sondern ebenso mutig wie neugierig die Bettvorhänge aufgezogen und genau hingeschaut hat, was dahinter vorgeht. Nicht anders verhält es sich mit dem hier untersuchten Märchen und all seinen vielen Varianten. Häufig ist die Moral überhaupt erst später aufgesetzt worden, oder aber sie ist lediglich Tarnung, Alibi, um unter dem Deckmantel eines pädagogischen Zwecks eine schaurig-schöne Geschichte erzählen zu können. Jedenfalls sind Märchen nicht als moralische Lehrstükke erfunden worden, sondern zur Unterhaltung, und das dürfte die entscheidende Erklärung für die makabren Szenen sein, denn solche Darstellungen haben nun einmal einen hohen Unterhaltungswert. Hörer, Leser und Zuschauer reagierten und reagieren immer noch mit großem Interesse auf diese bewährte Mischung aus Sex und Gewalt. Geschichten, die davon handeln, gehörten schon zum bevorzugten Repertoire der Moritatensänger. Sie sind der Inhalt vieler sogenannter Küchenlieder; die ersten preiswerten graphischen Druckerzeugnisse, die Bilderbögen, berichteten – vom 15. Jahrhundert an – mit Vorliebe von Derartigem, und als »Sex and Crime« erfreut sich dieses

Thema in unseren modernen Medien ebenfalls ungebrochener Beliebtheit. Das dürfte auch der Grund dafür gewesen sein, daß die Blaubart-Märchen so bekannt geworden sind und sich zuzeiten in Windeseile verbreitet haben – mündlich, in Groschen-Pamphleten, fliegenden Blättern und in literarischen Bearbeitungen.

Aus dem Unterhaltungswert der Märchen ergibt sich ein weiterer Anhalt für die unverständliche Tatsache, daß die Mädchen trotz aller Warnungen nicht umkehren. Sie dürfen es nicht wegen der Hörer/Leser! Deretwegen müssen sie sich in die reizvoll-grausige Gefahr begeben. Um deren Sensationslust zu befriedigen, müssen sie sich ausziehen, zerhacken und fressen lassen. Märchen mögen so manches verraten, sie verraten auch Publikumswünsche.

Das Märchen vom Ritter Blaubart veröffentlichte zuerst, 1694, Perrault. Bei Grimm steht es in der Urfassung als Nr. 62, bei Bechstein als Nr. 70. In diesen Märchen verläuft die Geschichte ein wenig anders. Die Heldin heiratet Blaubart, nicht gerade gegen ihren Willen, aber erst auf Zureden ihres Vaters. Sie hat Probleme mit seinem Bart, kriegt jedesmal »einen kleinen Schrecken«, wenn sie ihn sieht. Deutlicher steht es bei Perrault. Dieses Mannes Bart, so heißt es dort, mache ihn »so häßlich und abschreckend, daß es keine Frau und kein Mädchen gab, die nicht vor ihm geflohen wäre«. Der französische Erzähler wird an dieser Stelle den Hofdamen, für die Perraults Märchen bestimmt waren, in stillem Einverständnis zugezwinkert haben. Es ist klar, worum es hier geht: um des Ritters spezielle Art von Männlichkeit. Die wird man im folgenden kennenlernen.

Im Gegensatz zu den bisherigen Märchen ist hier die Heldin »aus vornehmem Stande« (Perrault) oder ein Edelfräulein (Bechstein). Aber auch als Ehefrau hat sie Probleme mit ihres Mannes Bart, kann sich ganz einfach nicht an ihn gewöhnen. So heißt es bei Grimm: »... immer, wenn sie den sah, erschrak sie innerlich davor.«

Eines Tages muß ihr blaubärtiger Gatte verreisen. Er überreicht ihr die Schlüssel des Hauses, und sie darf alle Zimmer öffnen bis auf ein kleines Gemach, für dessen Tür ein ganz kleiner Schlüssel paßt. »Ich verbiete Euch, es zu betreten, ich verbiete es Euch mit aller Strenge«, sagt er. Sollte sie aber ungehorsam sein und die verbotene Kammer dennoch öffnen, würde sie sein »fürchterlichster Zorn treffen« (Perrault), wäre ihr »Leben verfallen« (Grimm), würde er ihr »mit eigener Hand das Haupt vom Rumpfe trennen« (Bechstein). So also sieht Blaubart als Ehemann aus! Ein Herrscher über seine Frau, und die Gewalt, die er auf sie ausübt, kaschiert er in keiner Weise, daran ist nichts mehr subtil, direkter geht es nicht. Dabei sind seine Drohungen keine leeren Drohungen. Er meint, was er sagt, und sich so zu verhalten erscheint ihm ganz und gar selbstverständlich. Als sei nichts geschehen, umarmt er seine Frau – jedenfalls bei Perrault –, steigt in die Kutsche und fährt ab.

Sonderlich märchenhaft ist dieses männliche Verhalten nicht, es hat schließlich jahrhundertealte Tradition. Insbesondere sind es zwei potentielle weibliche Übertretungen, auf die Männer in dieser Art immer wieder reagiert haben: Als Väter versuchten sie, mit solchen Einschüchterungen zu bewirken, daß die Töchter ihre Jungfräulichkeit nicht verloren. Das ist der eine Aspekt der verbotenen Tür. Als Ehemänner wollten sie erreichen, daß ihre Frauen nicht fremdgingen. Das ist der zweite Aspekt. Die Tür sollte geschlossen bleiben – in dem einen wie im anderen Fall. Um das durchzusetzen, haben Männer es nicht allein bei Drohungen belassen: Man hat Mädchen die Vagina zugenäht, um ihre Entjungferung zu verhindern (Fibulation), und in ganz Europa war über 200 Jahre lang der Keuschheitsgürtel verbreitet, den ein kleiner Schlüssel verschloß. Gewiß: Dies sind Auswüchse, und die Fibulation gab es bei uns nicht, aber Auswüchse einer weitverbreiteten männlichen Einstellung, geprägt von Nichtachtung der Frau und von höchst empfindlichem Besitzdenken. Für genau diese Haltung ist Blaubart ein Beispiel.

Wie reagiert seine Frau darauf? Sie hat schon vorher Schlimmes geahnt und sich ihren Brüdern anvertraut: »Wenn ihr mich schreien hört ... so laßt alles stehen und liegen und kommt mir zu Hilfe«, hat sie gebeten. Nun ist sie allein, und trotz Angst und böser Ahnungen schließt sie die verbotene Tür auf. Die Risikobereitschaft der weiblichen Helden ist uns ja schon bekannt. Blaubarts junge Frau vermutet hinter dieser Tür das »Allerkostbarste« (Grimm) und bei Bechstein »das Kostbarste und Wertvollste von seinen Schätzen«. Bei allen Ahnungen hat sie dennoch keine Ahnung, weiß gar nichts von gewissen Seiten und Eigenschaften des Mannes. Jetzt lernt sie sie kennen. In Blaubarts Geheimkammer steckt nichts Kostbares. Kaum ist die Tür offen, schwappt ihr ein Schwall von Blut entgegen. Vor Schreck läßt sie den Schlüssel fallen, und der wird ganz blutig. An den Wänden des Gemaches hängen lauter »todte Weiber« in verschiedenen Graden der Verwesung. Von einigen sind nur noch die Gerippe übrig. Erschrocken schlägt sie die Tür zu, ist aber geistesgegenwärtig genug, vorher den Schlüssel aufzuheben. Sie will das Blut davon abwischen, aber das geht nicht, so sehr sie auch putzt und reibt. Auch ein altes Hausmittel hilft nicht: Sie legt den Schlüssel ins Heu, damit es das Blut herauszieht – vergebens. Es gibt eben Geschehnisse, die unwiderruflich sind und die sich nicht rückgängig machen lassen – wie der Verlust der Jungfräulichkeit. Um den geht es hier, und zwar aus Blaubarts – das heißt aus männlicher Sicht. Eine Frau kann sich noch soviel Mühe geben und alles mögliche versuchen, Jungfrau wird sie niemals wieder. Wenn sie aber entjungfert ist, dann gewinnt der Mann Herrschaft über sie – das demonstriert Blaubart.

Die toten Weiber an den Wänden sind die Frauen, die der Schloßherr gehabt und umgebracht hat. Es ist versucht worden, diese Märchenschilderung auf reale Geschehnisse, auf tatsächliche Frauenmörder zurückzuführen. Das ist nicht gelungen, dafür gab es keine Anhaltspunkte. Es handelt sich lediglich um ein Bild, allerdings um ein makabres. Aber diese Verbindung von Liebe, Sex und Tod hat Tradition in der westlichen Welt – nicht nur in Märchen, auch in der Literatur und in der bildenden Kunst. Darüber hinaus zeigt sie sich in den Träumen der Menschen. Da steht ein Sarg nicht selten für ein Brautbett, der Tod für die Hochzeit. Oder im Volkslied. In »Es blies ein Jäger wohl in sein Horn« droht der »jungfrische Jäger« dem »schwarzbraunen Mädel« den Tod an: »... sie wissen, daß du heute noch sterben sollst.« Sie antwortet: »Und sterb ich heut, bin ich morgen tot, begräbt man mich unter Rosen rot.« Die beiden denken an alles andere, nur nicht ans Sterben. Es geht um Liebe und um Heirat. Auch hier aber erscheinen Hochzeit und Entjungferung als Tod.

Es gibt viele solche Beispiele. Ein sehr berühmtes und bekanntes ist Goethes ›Heideröslein‹. Es will nicht gebrochen sein, aber der »wilde Knabe« hört auf keine Bitten. Röslein »mußt' es eben leiden«. In Wirklichkeit mußte es die Pfarrerstochter Friederike Brion leiden.

Die Heldin des Blaubart-Märchens lernt den Mann von einer Seite kennen, die sie dunkel geahnt hat, von der sie aber in der Tat kaum etwas wissen konnte, zumal nicht als behütetes Edelfräulein. Sie kennt ihren Vater und ihre Brüder und hat in ihnen das andere Geschlecht kennengelernt – niemals aber deren Sexualität.

Blaubarts Blutkammer zeigt ihr nun, von welcher Art eines Mannes Sexualität sein kann: Die »todten Weiber« sind seine Trophäen. Sie hängen rings an den Wänden wie sonst die Geweihe der Jäger. Der Unterschied ist fließend: In wie vielen Volksliedern sind Jäger auf der Pirsch nach Mädchen! Eines davon wurde gerade zitiert. Die toten Frauen im Märchen stellen die sexuellen Eroberungen des Hausherrn dar, die Mädchen und Frauen, die er gehabt hat, »vernascht« hat, »umgelegt«(!) hat, und danach sind sie für ihn so gut wie tot. Sie gleichen den Kerben auf den ach so männlichen Revolvern. Diese Frauentrophäen symbolisieren jene männliche Haltung, die sich eitel mit Erfolgen bei den »Weibern« schmückt. Der unterschiedliche Grad der Verwesung bedeutet lediglich den Zeitfaktor: Die Gerippe stellen Blaubarts früheste Eroberungen dar.

Wie sich ein solcher Prestige- und Gewaltsex abspielt, das hat die Müllerstochter im ›Räuberhaus‹ erlebt. Diese Einstellung zu Frauen und ein solches Verhalten Frauen gegenüber muß ein Mädchen wahrlich erschrecken, denn etwas Derartiges hat es kaum ahnen oder für möglich halten können. Kein Wunder, daß die Heldin nach diesem Erlebnis zutiefst verunsichert ist. Ihr Selbstbewußtsein ist dahin, außerdem hat sie ein schlechtes Gewissen. Ihr Bemühen, Blaubart zumindest gefaßt gegenüberzutreten, scheitert. Ihr Herz schlägt, sie wird »blutrot« und stammelt alberne Entschuldigungen.

Er durchschaut sie, höhnt, droht, schreit und macht ihr mitleidlos klar, daß nun sie mit ihm in die Blutkammer muß. Hier wird Blaubarts Verhalten von hemmungsloser Aggressivität bestimmt. Ihn aber enthemmt nicht Alkohol wie den Räuberbräutigam. Er hält es für sein gutes – männliches – Recht, so zu handeln. Dabei bremsen ihn weder Gewissen noch Moral. In seinem Toben und Brüllen verbinden sich väterliche Aufgebrachtheit gegenüber heranwachsenden Töchtern, deren Neugier für das andere Geschlecht erwacht ist, und das Verhalten von Ehemännern, die hemmungslos gegen ihre Frauen wüten. Aufgebracht empört Blaubart sich über Ungehorsam und spielt dann die Rolle des strafenden Gatten. Völlig überzeugt von seinem moralischen Im-Recht-Sein sagt er bei Bechstein, nein, schreit er: »Weib, du mußt nun von meinen Händen sterben! Alle Gewalt habe ich dir gelassen! Alles war dein! Reich und schön war dein Leben! Und so gering war deine Liebe zu mir, du schlechte Magd, daß du meine einzige geringe Bitte, meinen ernsten Befehl nicht beachtet hast? Bereite dich zum Tode! Es ist aus mit dir.« »Gehorche oder stirb« – wir kennen diese These schon aus den schonungslosen Lehrstücken. Bereits den Kindern wurde sie hier auf dramatische Weise eingeimpft. In ›Blaubart‹ muß die Frau ihrem Mann gehorchen. Die Märchenszene zeigt beispielhaft selbstherrlich – patriarchalisches männliches Verhalten. Weil seine Frau gewagt hat, sich seinen Anordnungen zu widersetzen, gerät Blaubart in Zorn. Er ist dermaßen außer sich – in allen Fassungen –, »daß das ganze Haus erzitterte« (Perrault), was gewiß kein untypisches Ehemanngebaren ist.

Der Ungehorsam seiner Frau trifft Blaubart zutiefst, verletzt seine Eitelkeit, stört seinen Egoismus, gefährdet das Gefühl seiner Sicherheit, unumschränkter Herrscher in der Ehe und absoluter Besitzer seiner Frau zu sein. Hier wird deutlich, wie empfindlich dieses männliche Besitzdenken sein kann. Hinzu kommt, daß er sein Image als ritterlich vornehmer Gentleman verloren hat. Das ist der dritte Aspekt der verbotenen Kammer: Hinter ihrer Tür ist die andere Seite des Schloßherrn verborgen. Die kennt seine Frau nun, weiß jetzt um die Abgründe seiner Triebe, Begierden und seines Ehrgeizes. Hatte sie vorher schon Vorbehalte gegen ihn als Mann, jetzt wird sie sich ihm kaum noch vertrauensvoll hingeben können. Diese Lage befreit ihn allerdings davon, seine männlich-beschützende Rolle weiterzuspielen. Er muß jetzt keine Rücksicht mehr nehmen, kann sich gehenlassen, und das tut er. Er zeigt ihr nun auf absolut niedrigstem Niveau, daß er ihr überlegen ist: Er holt »sein großes Messer« und verkündet theatralisch: »Nun bereite dich zum Tode, du sollst noch heute sterben« (Grimm).

Von hier an kommt etwas Neues ins Spiel: die Lust am Strafen. Sie wirft »sich weinend ihrem Gemahl zu Füßen«, fleht um Gnade, zeigt wahre Reue (Perrault). Eine Frau, die sich bedingungslos unterwirft – Blaubart kommt auf seine Kosten, und noch eines hat er erreicht: Seine Macht ist wieder absolut, und er spielt sie bis zum Letzten aus. »Sie hätte einen Felsen erweicht, so schön und verzweifelt wie sie war«, heißt es weiter. Aber Blaubart verzeiht ihr nicht. Er kann nicht mehr zurück, der bei ihm in Gang gekommene Prozeß läßt sich nicht mehr aufhalten. Seine Aggression reißt ihn mit sich fort. Dazu kommt, daß sein Machtrausch und die auf Knien vor ihm liegende Frau auch noch sexuelle Reaktionen auslösen. Weit stärker als beim Räuberbräutigam steigern sich nun Gewalt, Straflust und Sexualität zu einem unerhörten Exzeß: Sie bittet um ein letztes Gebet, er wetzt derweil sein Messer (Grimm). Bei Perrault schwingt er einen Hirschfänger, und bei Bechstein dringt er »mit gezücktem Schwert« in ihr Zimmer, dessen Tür sie voller Angst zuhält.

Die Waffen sind hier gewiß Ausdruck der eskalierenden Gewalt, aber ebenso auch männliche Sexualsymbole, und das gewaltsame Öffnen der Zimmertür ist ein Bild der Vergewaltigung, einer Vergewaltigung in der Ehe! Sie wird dramatisch eingeleitet. Blaubart schreit: »Weib, jetzt hole ich dich« (Bechstein). Er packt sie an den Haaren, schleift sie die Treppe hinunter und will ihr das Messer ins Herz stoßen. Bei Perrault holt er aus, »um ihr den Kopf abzuschlagen«. Dieser letzte orgiastische Höhepunkt ist ihm jedoch versagt. Der Heldin Brüder stürmen herein und erledigen Blaubart mit ihren Degen.

Ein Moralstück? Dieser Stoff ist immer wieder verwandt worden: Ludwig Tieck hat Blaubart dramatisiert. Wilhelm Busch hat das Märchen genüßlich-grausam nacherzählt (›Der Mordgraf‹), und es gibt viele weitere Bearbeitungen, von Anatole Frances ›Blaubarts sieben Frauen‹ bis zu Max Frischs ›Blaubart‹ und etliche Verfilmungen. Allein für vier Opern lieferte diese Geschichte das Libretto (Grétry, Offenbach, Reznicek, Bartók). Gewiß nicht wegen der Moral! Die Gewalt dieser

Geschichte fasziniert, schon gar in dieser abgefeimten Mischung. Dennoch ist das Märchen *auch* ein Moralstück. Aber es moralisiert mit feiner Dialektik. Es zeigt, daß Männer mit größter Selbstverständlichkeit von ihren Frauen Unterordnung verlangen, daß die Heldin wegen ihres Ungehorsams ein schlechtes Gewissen hat, ja, ihre Übertretung bereut. Aber dann ist sie es, die überlebt, und Blaubart muß sterben. Das ist der letzte Gewaltakt dieser Geschichte. Wer aber wird etwas gegen ihn einzuwenden haben? Mit Blaubart jedoch stirbt ein Prinzip: das des Ehemanns als Patriarch. Eine geradezu verwegene Wendung, wenn man bedenkt, daß zu Zeiten dieses Märchens, ja, bis in die jüngste Vergangenheit, diese männliche Rolle völlig unangefochten war.

In ›Fitchers Vogel‹ holt sich der verkleidete Hexenmeister nacheinander drei schöne Töchter, und keine kann der Versuchung widerstehen. Jede von ihnen öffnet die verbotene Kammer, die hier besonders reich ausgestattet ist. In der Mitte befindet sich ein großes Becken, in dem lauter zerhackte Mädchen in ihrem Blut schwimmen. Vor dem Becken steht ein Holzblock, und darauf liegt »ein blinkendes Beil«. In der Bechstein-Version dieser Geschichte, ›Das goldene Ei‹, gibt es außerdem an der Seite eine lange Tafel, auf der »lauter weibliche Totenköpfe« stehen, eine Entsprechung der Galerie toter Frauen aus dem Blaubart-Märchen. Die beiden ältesten Töchter bekommen einen gehörigen Schreck, aber hier fällt ihnen nicht der Schlüssel ins Blut, sondern ein Ei. Sie haben es bekommen, um es stets bei sich zu tragen und sorgfältig darauf achtzugeben, sonst »würde ein großes Unglück daraus entstehen«. Bei Bechstein warnt ein Papagei die Mädchen: »Bewahr, o bewahr das Eilein gut. Sonst mußt du's bezahlen mit deinem Blut.« Das ist deutlich: Das Ei symbolisiert die Unschuld der Mädchen. Sie ist es, die bewahrt werden soll, und es ist schlimm, wenn sie verlorengeht: So sehr die Mädchen auch wischen und schaben, das Blut geht nicht wieder ab vom Ei. Sie sind für immer befleckt.

Der Verlust der Jungfräulichkeit hat, wenn er offenbar wird, nachhaltige Wirkungen auf den Mann, in diesem Fall auf Herrn Fitcher, und für die Mädchen ist er fürwahr ein Unglück. Nachdem er das befleckte Ei in Augenschein genommen hat, das sie ihm zitternd zeigen, wirft er sie nieder, schleift sie an den Haaren in die Blutkammer, schlägt ihnen das Haupt ab und zerhackt sie, »daß das Blut an dem Boden dahinfloß«. Danach wirft er sie zu den übrigen ins Becken, und bei Bechstein stellt er ihre Köpfe neben die anderen auf die Tafel. Wir kennen das von Blaubart: Trophäen. Hier kommt noch ein Gesichtspunkt hinzu: Mädchen, die ihre Unschuld verloren haben, werden als sexuelles Freiwild betrachtet, und Herr Fitcher verfährt mit ihnen nach Belieben, genauer: Er macht sie zu Objekten seiner Sex- und Gewaltgelüste. Menschlich gelten sie ihm nichts, und das ist allerdings kein Märchen: Es gab Zeiten, in denen das Ansehen eines »gefallenen« Mädchens geringer war als das eines straffällig gewordenen. Auch für die sadistischen Praktiken der hohen Herren in diesen Märchen gibt es Bestätigungen, so in der amerikanischen Untersuchung ›Die Mächtigen und der Sex‹. Die hier geschilderten Nachfahren Fitchers und Blaubarts leben ihre ansonsten verbotenen Lüste ebenfalls bei Nichtjungfrauen aus, nämlich bei teuren Callgirls.

Die Konsequenz in ›Fitchers Vogel‹ ist hart: Mädchen, die trotz aller Warnungen dennoch die verbotene Tür öffnen, ihre Unschuld also nicht bewahren, dürfen sich nicht wundern, wenn ein Mann vor ihnen jede Achtung verliert und sie behandelt wie Herr Fitcher.

Eine Lösung des Problems bietet die jüngste Tochter aus ›Fitchers Vogel‹. Sie erschrickt nicht, läßt sich nicht verblüffen, und im Gegensatz zu ihren Schwestern gebraucht sie ihren Verstand. Sie ist »klug und listig«, heißt es. Als man ihr klarmacht, wie wichtig dieses Ei ist, bringt sie es in Sicherheit, bevor sie das Haus erforscht. Natürlich öffnet auch sie die verbotene Kammer, läßt sich aber von dem männlichen Gruselkabinett nicht beeindrucken. Ohne große Scheu fischt sie ihre beiden Schwestern aus dem Blutbottich, setzt sie zusammen, und schon regen sie sich, öffnen die Augen, sind wieder lebendig und feiern fröhliches Wiedersehen. Das Leben kostet die verlorene Unschuld und das Mißbrauchtwerden vom Mann nicht.

Fitcher kommt nach Hause und fordert sofort Schlüssel und Ei. Die Jüngste hat keinerlei Probleme, ihm gelassen zu begegnen. Weder wird sie rot noch zittert sie. Selbstsicher weist sie das makellose, unbefleckte, unschuldig-weiße Ei vor, und das überzeugt ihn. Er ist sicher, daß sie das Verbot nicht übertreten hat, daß sie gehorsam gewesen ist. Sie war es nicht, weiß sich aber überzeugend den Anschein zu geben. Mit dem unbefleckten Ei beweist sie ihre Unschuld und demonstriert damit, daß es nicht unbedingt darauf ankommt, ob jemand tatsächlich »unschuldig« ist, sondern darauf, daß man ihn dafür hält. Entscheidend ist der gute Ruf eines Mädchens, und den weiß die jüngste Tochter listig zu wahren. »Du hast die Probe bestanden«, sagt er, und das heißt, daß sie für ihn noch eine Jungfrau ist. Dadurch gehört sie nach verbreitetem männlichen Verständnis zu einer Kategorie weiblicher Wesen, die als Sexualobjekt nicht in Frage kommt, mit der man nicht nach Belieben verfährt. Also fällt er nicht über sie her, sondern macht ihr einen Heiratsantrag. Allerdings auch dies auf eine betont »männliche« Weise. Er kommandiert sie zur Ehe: »Du sollst meine Braut sein«, bestimmt er. Danach hat er dann allerdings nichts mehr zu melden, und das ist wahrhaftig eine bemerkenswerte Wendung. Es heißt: »Er hatte jetzt keine Macht mehr über sie und mußte tun, was sie verlangte.« Wie das?

Die männliche Einstellung zu Frauen ist von einer tief in Mythologie und Religion wurzelnden Gespaltenheit bestimmt und pflegt zwischen den Extremen Hure und Madonna zu schwanken. Die beiden älteren Schwestern gehören zur ersten Sorte, werden entsprechend verachtet und lieblos »benutzt«. Die Jüngste gehört in die zweite Kategorie und wird als seine jungfräuliche Braut, zukünftige Ehefrau und Mutter seiner Kinder hochgeachtet. Ihr gegenüber wäre ein Verhalten wie das gegenüber ihren Schwestern undenkbar. Mehr noch: Ihr, der Reinen, der Unberührten, liegt er – figürlich – zu Füßen, bereit, ihre Wünsche als Befehle zu betrachten.

Der klugen Heldin dieser Geschichte entgeht das nicht, und sofort nutzt sie die Macht aus, die sie auf diese Weise über ihn gewinnt. Sie willigt ein, ihn zu heiraten, stellt dann aber glashart ihre Bedingungen: »Wohlan«, spricht sie, »du sollst vorher einen Korb voll Gold meinem Vater und meiner Mutter bringen und es selbst auf deinem Rücken hintragen; derweil will ich die Hochzeit bestellen.« *Sie* bestellt die Hochzeit, er hat wahrhaftig nichts mehr zu melden. Mit seiner männlichen Selbstherrlichkeit ist es vorbei. Hinter seinem Rücken, ohne daß er davon etwas merkt, versteckt sie auch noch ihre beiden Schwestern unter dem Gold. Danach ruft sie den Mann herein und bestimmt: »Nun trag den Korb fort, aber daß du mir unterwegs nicht stehenbleibst und ruhst, ich schaue durch mein Fensterlein und habe acht.« Die Rollen sind vertauscht, jetzt muß er gehorchen, und er steht unter Aufsicht und Kontrolle. Klaglos nimmt er diesen Zustand hin. Ohne zu murren, huckt er sich den schweren Korb auf und geht ergeben los. Die Last ist schwer, der Schweiß bricht ihm aus. Er setzt sich hin, um ein wenig zu ruhen. Da sagt die eine Schwester verabredungsgemäß aus dem Korb: »Ich schaue durch mein Fensterlein und sehe, daß du ruhst, willst du gleich weiter«, und das sagt sie jedesmal, sobald er auch nur haltmacht, und jedesmal gehorcht er sofort der Stimme, die er für die seiner Braut hält. Stöhnend und außer Atem erreicht er schließlich das Haus seiner zukünftigen Schwiegereltern. Dieser Mann ist gezähmt.

Er hat mit direkter Gewalt Frauen unterdrückt, ausgenutzt und erniedrigt. Jetzt ist er das Opfer subtiler weiblicher Gewalt geworden mit besten Aussichten, in der Ehe als Pantoffelheld zu enden wie so mancher Schürzenjäger und Frauenheld vor und nach ihm. Aber diese Lösung bietet das Märchen nicht an. Für eine solche Ehe läuten keine Hochzeitsglocken. Und es ist die Frau, die die Heirat mit diesem Mann ausschlägt, obwohl er reich und mächtig ist und obwohl sie ihn völlig in der Hand hat. Die Heldin bestellt die Hochzeit nicht und weicht damit vom üblichen Verhalten der meisten ihrer Märchenschwestern ab, für die die Hochzeit mit einem reichen und mächtigen Mann der Höhepunkt ihres Lebens ist.

Eines tut sie dennoch: Sie lädt Fitchers Freunde zur Hochzeit ein. Dann aber schmückt nicht sie sich als Braut, vielmehr putzt sie einen »Totenkopf mit grinsenden Zähnen« fein heraus. Zuletzt setzt sie ihm einen Blumenkranz auf und läßt ihn dann oben aus der Bodenluke des Hauses hinausschauen. Ein Totenkopf mit Kranz und Schleier! Welch ein Hohn für den männlichen Jungfrauenkult! Ja, jetzt zahlt sie es dem Herrn Fitcher heim, und diese geradezu sarkastische Ironie ist erst der Anfang. Sie steigt nun in ein Faß mit Honig, schneidet darauf ein Bett auf und wälzt sich in den Federn. Sie verwandelt sich in Fitchers Vogel und verläßt das Haus. Keine Minute zu früh, denn die ersten Gäste kommen ihr bereits entgegen und fragen nach ihrem Woher und Wohin. Sie ist um eine Antwort nicht verlegen. Dann begegnet sie ihrem Bräutigam. Der erkennt sie nicht, wie die anderen, und es entspinnt sich folgender Dialog:

»Du, Fitchers Vogel, wo kommst du her?«
»Ich komme von Fitze Fitchers Hause her.«
»Was macht denn da meine junge Braut?«
»Hat gekehrt von oben bis unten das Haus
und guckt zum Bodenloch heraus.«

Sie verzichtet darauf, seine junge Braut zu sein. Das Haus hat sie auch nicht von oben bis unten gekehrt, und das will sie auch in Zukunft nicht tun. Sie hat sich in einen Vogel verwandelt und flattert ihm davon, entfleucht ihm. Sie wählt die Freiheit und ein Leben in Unabhängigkeit.

Dies ist ein sehr frühes Emanzipationsmärchen und verschweigt nicht die Schwierigkeiten einer solchen Rolle: Die Heldin ist nun keine junge Braut mehr, und sie wird keine »reputierliche« Ehefrau werden. Sie ist »ein wunderlicher Vogel«, was nicht weit von einem seltsamen Vogel entfernt ist und damit von dem Spott über die ersten Frauenrechtlerinnen und der heutigen Häme über »Emanzen«.

Aber das Märchen ist noch nicht zu Ende. Die Heldin hat ihre Verwandten zu Hilfe geholt, und dann geht die Geschichte so aus: »Sie schlossen alle Türen des Hauses zu, daß niemand entfliehen konnte, und steckten es an, also daß der Hexenmeister mitsamt seinem Gesindel [hier Verkleinerungsform von Gesinde = kleine Gefolgschaft] verbrennen mußte.«

Mit dem Hexenmeister Fitcher stirbt auch hier, wie in allen diesen Märchen, ein böses männliches Prinzip, insbesondere gehen männliche Herrschsucht, Gewalt und wahrhaft unmenschliche Sexualität in Flammen auf, werden vernichtet.

Fitcher verbrennt jedoch nicht allein. Seine Freunde müssen mit ihm dran glauben, und er wird nicht wie die meisten seiner bösen Märchenbrüder der Gerechtigkeit übergeben. Die Heldin nimmt zusammen mit ihrer Familie die Sache selbst in die Hand und erledigt sie radikal und gründlich. Auch die weibliche Seite scheut hier keine Gewalt.

Gewalt ist selbstverständlich kein geschlechtsspezifisches

Problem. Hier wie überall in diesem Bereich lassen sich die Menschen nicht in Gute und Friedliche auf der einen Seite und in Böse und Gewalttätige auf der anderen Seite auseinanderdividieren. Und hier wie auch sonst kann Gewalt der Unterdrükkung dienen oder aber davon befreien.

Meine Mutter, die mich schlacht ...

In dem vom Maler Philipp Otto Runge aufgezeichneten Märchen ›Von dem Machandelboom‹, Nr. 47, übt eine verheiratete Frau und Mutter Gewalt aus. Sie hat eine Tochter, und ihr Mann hat noch ein Kind aus erster Ehe, einen Jungen. Der ist »so weiß wie Schnee und so rot wie Blut«, als Figur jedoch blaß. Er hat keine besonderen Eigenschaften, zeigt keine Aktivitäten, setzt sich nicht in Szene, und einen Namen hat er auch nicht. Er geht zur Schule und kommt wieder nach Hause. Das ist alles. Dennoch kann seine Stiefmutter ihn nicht leiden. Wenn sie ihn sieht, gibt es ihr einen Stich ins Herz. Es deucht ihr – so heißt es –, daß er ihr überall im Wege steht, und sie kann ihn immer weniger leiden. Sie stößt ihn herum, von einer Ecke in die andere, pufft ihn hier, knufft ihn dort und gönnt ihm keinen ruhigen Platz.

Es gibt für ihre Abneigung keinen ersichtlichen Grund, und ihr scheint auch nur, daß der Knabe sie stört. Damit ist offensichtlich, daß ihre Ablehnung und Abneigung nicht ihn betreffen, sie überträgt diese Gefühle nur auf ihn, sie projiziert sie. Es sind ungemein starke Gefühle, denn es bleibt nicht bei einem vagen Widerwillen. Sie beginnt, den Jungen zu hassen.

Einmal bittet Marlenchen – so heißt die Tochter – ihre Mutter um einen Apfel und bekommt ihn auch. Die Frau holt ihn aus einer Kiste, die »aber hatte einen großen schweren Deckel mit einem großen scharfen eisernen Schloß«, heißt es, und Drohung liegt in der Luft. Das Mädchen fragt: »Soll Brüderchen nicht auch einen haben?«, und da ist es mit der Freundlichkeit der Mutter vorbei. »Das verdroß die Frau«, aber sie läßt sich nichts anmerken, rückt jedoch keinen Apfel mehr heraus. »Ja, wenn er aus der Schule kommt«, antwortet sie, und dann ist ihr, »als wenn der Böse über sie käme«. Als sie den Jungen kommen sieht, nimmt sie ihrer Tochter den Apfel wieder weg, wirft ihn zurück in die Kiste, macht den Deckel zu, sagt: »Du sollst nicht eher einen haben als Bruder« und schickt sie weg.

Der Junge kommt, mit Mühe verstellt sie sich und fragt ihn freundlich, ob er einen Apfel haben wolle? Sie bringt es aber nicht mehr fertig, ihn auch noch freundlich anzusehen. Ihr Blick ist böse, er merkt es und fragt: »Was siehst du mich so gräsig [d.h. grauenhaft] an?« Sie reagiert nicht. »Komm mit«, sagt sie, geht zur Apfelkiste und macht sie auf.

Bis zu dem Augenblick, als die Mutter dem Jungen einen Apfel geben soll, ist dies eine banale Alltagsszene, und der Apfel ist ein ganz normaler Apfel. Danach aber bekommt er plötzlich ein aus der Situation nicht mehr zu erklärendes Gewicht, und die Mutter wird von Gefühlen überwältigt, die ebensowenig aus der Situation verständlich werden.

Der Schlüssel für die hier einsetzende dramatische Entwicklung ist die Paradiesszene, und zwar der Augenblick, in dem Eva Adam den Apfel gibt. Diese Tat hatte einschneidende Folgen, eine davon war, daß Adam seine Frau »erkannte«. Das ist der wunde Punkt der Frau im Märchen: Sie will nicht »erkannt« werden. Das ist ihr Problem. Sie haßt die Sexualität, und diesen Haß projiziert sie auf den Jungen und läßt ihn nun an ihm aus. »Hol dir einen Apfel heraus«, fordert sie ihn auf, und der Kleine bückt sich in die Kiste. Da schlägt sie »Bratsch!« den schweren Deckel mit solcher Kraft zu, daß der Kopf des Jungen abfliegt und unter die roten Äpfel fällt. Nach dieser Tat überkommt sie eine große Angst.

Dieser Frau geschieht, was Märchenfiguren äußerst selten passiert: Sie wird immer wieder von Gefühlen überwältigt. Das unterscheidet sie von allen bisherigen Tätern. Mit welcher Gelassenheit haben die Schwiegermütter ihre Enkel gefressen, hat Blaubart seine Mädchen geköpft, Schneewittchen die eigene Mutter in glühenden Pantoffeln tanzen lassen, und wie unbewegt hat die Mutter im Märchen ›Der Liebste Roland‹ dem Kind den Kopf abgeschlagen! Im Gegensatz zu all diesen Beispielen geht es in dieser Geschichte um Gefühle. Sie stehen im Mittelpunkt, sie sind hier das Anliegen.

Die Angst hält die Frau nicht von weiteren Untaten ab. Sie setzt dem toten Jungen den Kopf wieder auf, bindet ihm ein weißes Tuch um den Hals, daß man keine Spuren mehr sehen kann, setzt ihn vor die Tür auf einen Stuhl und gibt ihm einen Apfel in die Hand.

Diese so völlig unverständlich erscheinende Tat ist ein Rollenspiel. Hier wird die Paradiesszene nachgestellt. Der Junge steht für Adam, die Mutter spielt Evas Rolle und hat ihm den Apfel in die Hand gegeben. Er ist eh schon tot, aber diese Frau geht auf Nummer Sicher: Er soll noch einmal sterben. Mit allen Mitteln will sie die Folgen dieser Apfelgeschichte verhindern. Sie willl, daß Adam auf keinen Fall überlebt. Sie wünscht sich eine Welt ohne Männer, darum korrigiert sie die Urszene im Paradies mit diesem grausamen Psychodrama.

Sie veranlaßt Marlenchen, ihrem Bruder eine Ohrfeige zu geben. Daraufhin verliert der Junge seinen Kopf ein zweites Mal. Weinend läuft das Mädchen zur Mutter in die Küche: »Ach, Mutter, ich hab meinem Bruder den Kopf abgeschlagen«, gesteht es und weint und weint. Die Mutter tröstet ihre Tochter, sie solle nur still sein, damit kein Mensch es merke, denn was gesehehen sei, sei ja nun nicht zu ändern, und dann fährt sie fort: »Wir wollen ihn in Sauer kochen.«

Wie schon gesagt: Ihre Handlungen sind nicht wörtlich zu nehmen, sie sind dramatisierte Darstellungen ihrer Gefühle. Auch will sie Marlenchen nicht die Tat in die Schuhe schieben, um selbst ungeschoren davonzukommen. Sie liebt ihre Tochter und hat nicht vor, ihr einen Tort anzutun. Aber sie muß verhindern, daß das Mädchen schreiend losläuft und erzählt, was geschehen ist. Sie will sich ihrer Solidarität versichern und möchte, daß sie mit ihr zusammen den Bruder kocht und dann dem Vater zum Essen vorsetzt. Wie anders hätte sie das erreichen können? Für eine ähnliche Mutter-Kind-Solidarität hat schon die alte Geiß im Märchen vom ›Wolf und den sieben Geißlein‹ wirkungsvoll zu sorgen gewußt.

Das Motiv des geschlachteten Kindes ist alt, kommt in etlichen Mythen vor, aber immer gibt es dafür eine Erklärung. Abraham wollte seinen Sohn Isaak schlachten, weil Gott es ihm befohlen hatte, Tantalos schlachtete seinen Sohn Pelops und setzte ihn gebraten den Göttern vor aus frevelhafter Selbstüberhebung. Warum aber diese Frau im Märchen ihren Stiefsohn umbringt, kocht und dem Vater zum Essen vorsetzt, darüber erfahren wir kein Wort. Wenn aber so wichtige Fragen ganz einfach nicht beantwortet werden, handelt es sich in der Regel um einen Verdrängungsprozeß, und nach wie vor werden vorwiegend sexuelle Regungen verdrängt.

Psychoanalytiker könnten in dem Jungen ohne weiteres den Penis des Mannes sehen. Das ist gewiß nicht falsch, aber es ist ebenso gewiß nicht nur das. Er könnte dessen Potenz bedeuten, sein sexuelles Verlangen, das männliche Triebleben überhaupt. Dieser Junge kann viele Bedeutungen haben und etliche Aspekte der Sexualität zeigen. Das Märchen wird sie noch ausführlich ins Bild setzen. Bis dahin behelfe ich mich mit dem Wort Sexualität als Provisorium und sage, daß sie es ist, gegen die die Mutter einen Widerwillen hat, die ihr überall störend im Weg steht, die sie unwillig von einer Ecke in die andere stößt und der sie keinen Platz in ihrem Leben einräumen will. Diese Einstellung projiziert sie nicht von ungefähr auf ihren Stiefsohn, den Sohn ihres Mannes, ist er doch der lebende Beweis für dessen Sexualität. Als männliches Kind wiederholt er für sie die Sexualität seines Vaters. Was sie mit dem Jungen anstellt, ist der Versuch, aus dem Wege zu schaffen, was ihr zuwider ist – mehr noch: Wenn sie ihn mit dem »großen scharfen eisernen Schloß« des Kistendeckels köpft, so ist das das klassische Bild einer Kastration. Die Frau offenbart dadurch ihren Wunsch, daß sie ihrem Mann gern nehmen würde, was er ungemein gern hat, ihr aber ein Greuel ist. Mit einer derart radikalen Lösung hätte sie sich dann in der Tat das leidige Problem vom Halse geschafft.

Die Frau hat das Kind in Sauer gekocht. Auch in diesem Bild kommt ihr Standpunkt zum Ausdruck: Wen man am liebsten in Sauer kocht, den lehnt man ab, den will man los sein. Das ist ihre Einstellung zur Sexualität, und nun folgt die eheliche Praxis. Sie spielt sich in der Küche, am Küchentisch, ab. Tisch und Bett sind seit alters Symbole der Ehegemeinschaft. Hier sind sie vertauscht, und das Essen steht für Beischlaf, eine Verbindung, die bereits im vorigen Kapitel aufgetaucht ist. Sie kocht für ihren Mann, bedient ihn, setzt ihm das Essen vor – kurz gesagt: Sie tut ihre eheliche Pflicht. Für sie ist diese Pflicht so eklig, so abgeschmackt und widernatürlich, als ob jemand sein eigenes Kind äße. Sie rührt bei dieser Mahlzeit keinen Bissen an, überläßt das Essen ihm. Er läßt sich auch nicht lange bitten, langt zu, ißt und ißt und schwärmt: »Ach, Frau, was schmeckt mir das Essen gut, gebt mir mehr.« Sie gibt und er nimmt, und je mehr er bekommt, desto mehr will er haben. Daß seine Frau gar nicht mitißt, scheint er nicht einmal zu merken. Er demonstriert hier männlichen Sex-Egoismus: Ohne Rücksicht auf seine Frau genießt er allein. »Gebt mir mehr«, sagt er, »ihr sollt nichts davon haben, das ist, als wenn das alles mein wäre.« Hält er die Lust in der Ehe allein für seine, für die Domäne des Mannes? Er jedenfalls ißt genußvoll weiter, vergißt dabei alles um sich herum, merkt auch nicht, daß Marlenchen weinend danebensteht. Die Knochen wirft er achtlos unter den Tisch.

Es erübrigt sich, über das Verhalten des Mannes tiefschürfende Betrachtungen anzustellen. Auch hat sein liebloser Egoismus nichts mit Gewalt zu tun. Wer Lust empfindet und genießt, der ist friedlich.

Sie dagegen dürfte ein Opfer jahrhundertelanger Propaganda gegen Lust und Sex sein, die zwangsläufig die Frauen weit mehr getroffen hat als die Männer. Weibliche Lustschreie in ehelichen Schlafzimmern gelten selbst heute noch vielerorts als Unmöglichkeit. Die Wurzeln solcher Vorbehalte reichen tief hinab in Mythologie und Religion und sind älter als das Christentum. Dort aber wurden die Vorbehalte am deutlichsten formuliert.

Für Augustinus war schon die Lust am Essen unrein und wider die Natur (›Bekenntnisse‹). Besonders aber galt die lustfeindliche Moral für die Frau – vor der Ehe sowieso, aber auch als Ehefrau hatte sie sittsam und keusch zu bleiben, und das Ehebett mußte unbefleckt gehalten werden – von der Lust, versteht sich. Das machte Paulus unmißverständlich deutlich (Titus 2,5; Hebräer 13,4), und landauf und landab wurde der Widerwille gegen die Lust gepredigt und zum Sünder erklärt, wer die eheliche Pflicht der Lust wegen tat. Eine solche lustfeindliche Propaganda blieb nicht ohne Wirkung. Die Frau in diesem Märchen macht diese Wirkung anschaulich, und sie zeigt, wie Abwehr und Verdrängung zu grausamen Gewaltimpulsen führen.

Nun greift Marlenchen in das Geschehen ein. Sie sammelt die Knochen ihres Bruders auf, bindet sie in ihr bestes seidenes Tuch, trägt sie vor die Tür und legt sie unter den Wacholderbaum, das ist der Machandelboom, der diesem Märchen den

Namen gab. Dort weint sie »ihre blutigen Tränen«. Das mag auf ihre Reifung hinweisen, darauf, daß sie kein kleines Mädchen mehr ist. Sie ergreift hier die Initiative, weil sie sich Gedanken über ihre Zukunft als Frau macht. Das Beispiel, das ihre Mutter ihr gibt, hilft ihr nicht. Was sie in der Küche erlebt, läßt ihre Tränen fließen. Sie weint dort die ganze Zeit. Also flüchtet sie nach draußen, an die frische Luft und zu diesem Baum, der schon einmal, am Anfang des Märchens, eine wunscherfüllende Rolle gespielt hat: Die Mutter des Jungen hatte sich unter dem Machandelboom dieses Kind gewünscht und es bekommen, starb aber bei der Geburt. Marlenchen legt die Knochen des Jungen unter die Zweige des Baumes und hofft auf ein Wunder. Es geschieht. Der Baum fängt an, sich zu bewegen, und ihr wird »so recht leicht«, ihre Tränen versiegen. In einem naturmystischen Vorgang folgt nun eine magische Verwandlung, eine Verwandlung zum Guten: Die Zweige des Baumes schwingen auseinander und wieder zusammen, »so als wenn sich einer recht freut«. Dann geht durch den Baum ein Nebel, durch den Nebel brennt ein Feuer, und aus dem Feuer fliegt ein schöner Vogel heraus. Herrlich singend steigt er hoch in die Luft. Das Tuch mit den Knochen ist fort, und Marlenchen ist so vergnügt, als ob der Bruder noch lebt. Er lebt noch, sie hat ihn befreit, erlöst, er ist nicht mehr der blasse Knabe, der auf der Strecke geblieben ist. Wie Phönix aus der Asche schwingt er sich in die Lüfte. Ein kleiner Junge mit Flügeln – amorgleich. Amor, der einstmals als Eros der schönste und der mächtigste der griechischen Götter gewesen ist.

Mit Hilfe des Mädchens und der wunderwirkenden Naturkraft des Machandelbooms offenbart sich hier Sexualität als etwas Positives. Sie ist bewegend, so, wie sich die Zweige des Baumes bewegen, ist wie Nebel, der Schleier vor die Wirklichkeit legt, und wie Feuer, das im Innern brennt. Vor allem aber ist sie Freude, und das ist sie, weil sie hier draußen in der Natur befreit ist aus den Händen unverständiger Menschen, die sie haben entarten lassen zu Angst, Schuld und Gewalt auf der einen Seite und zu egoistischem Genuß auf der anderen Seite. Marlenchen, die über Mutters Mord und Vaters hemmungslose Fresserei zutiefst bekümmert war, läuft nun erleichtert, vergnügt und »ganz lustig« zurück ins Haus.

Der Vogel fliegt ins Dorf, um den Leuten dort sein Lied zu singen, und übt nun wirklich als ein befreiter Amor – befreit auch von der Jahrhunderte währenden Greuelpropaganda – die Aufgabe eines Liebesgottes aus. Die Leute können gar nicht schnell genug aus dem Haus kommen, um dieses Lied zu hören. Der Goldschmied verliert dabei einen Pantoffel, aber es kümmert ihn nicht, und er hält noch die goldene Kette in der Hand, an der er gerade gearbeitet hat. »Vogel«, sagt er, »wie schön kannst du singen«, und er will das Stück noch einmal hören. Der Vogel verlangt dafür die goldene Kette, und ohne sich auch nur eine Sekunde zu besinnen, wirft der Goldschmied sie ihm zu. Der Vogel singt sein Lied mit demselben Text noch einmal.

In Hemdsärmeln läuft der Schuster aus dem Haus, zeigt die gleiche Begeisterung, schenkt dem Vogel für die Wiederholung ein Paar rote Schuhe und ruft Frau und Kinder, Magd, Gesellen und Lehrjungen aus dem Haus. Sie alle bestaunen die Schönheit des gefiederten Sängers und sind hingerissen von seinem Gesang. Er fliegt weiter zur Mühle und begeistert dort zwanzig Müllerburschen. Einer nach dem anderen hören sie auf zu arbeiten, so schön finden sie sein Lied, und auch ihnen soll er es noch einmal singen. Dafür verlangt er den Mühlstein. Der ist so groß und schwer, daß alle zwanzig mit anfassen müssen. Sie stemmen ihn mit Hebebäumen hoch, der Vogel fliegt herunter, steckt seinen goldenen Hals durch das Loch, nimmt den Mühlstein wie einen Kragen um, fliegt damit zurück auf die Linde und singt noch einmal.

Die Diskrepanz zwischen der Begeisterung der Leute und dem Text des Liedes ist beachtlich. Hier der Wortlaut, wie er bei Bechstein in wörtlicher Übersetzung des plattdeutschen Originals steht:

»Meine Mutter, die mich g'schlacht,
Mein Vater, der mich aß,
Meine Schwester, das Marlenichen,
Sucht alle meine Beenichen,
Bind' sie in ein seiden Tuch,
Legt's unter den Wacholderbaum.
Kiwit, Kiwit,
Was für ein schöner Vogel bin ich.«

Dieses Lied ist weit herumgekommen in der Welt. Der Vogel singt es auf französisch, dänisch, italienisch, spanisch. Im Bolte/Polívka füllen die Beispiele Seiten. Von Europa gelangte die Geschichte nach Afrika, Amerika, Asien.

Goethe kannte das Lied, bevor das Märchen von Grimm und Bechstein veröffentlicht wurde, und setzte ihm im ›Faust I‹ ein literarisches Denkmal. Es taucht bereits im ›Urfaust‹ auf. Dabei ist die schöne Wirkung, die es im Märchen hat, allerdings hoffnungslos auf der Strecke geblieben. Gretchen singt das Lied in der Kerkerszene, gequält von Angst und Schuldgefühlen und dem Wahnsinn nahe:

»Meine Mutter, die Hur,
Die mich umgebracht hat!
Mein Vater, der Schelm,
Der mich gessen hat!
Mein Schwesterlein klein
Hub auf die Bein'
An einen kühlen Ort –
Da ward ich ein schönes Waldvögelein;
Fliege fort, fliege fort!«

Für Gretchen hat der Vogel keine frohe Botschaft. Für sie ist es zu spät, gibt es keine Hoffnung mehr. Männlicher Sex-Egoismus hat Gretchen zugrunde gerichtet.

Der Vogel erzählt mit dem Lied seine Geschichte: »Meine Mutter, die mich g'schlacht«: Man hat ihn umgebracht, und das ist wahr. In ungezwungener Nacktheit und in ungetrübter Freude hat Eros beziehungsweise Amor zuletzt im klassischen Altertum seine Flügel ausbreiten, seine Pfeile verschießen und seine Rolle als der Gliederlösende spielen dürfen. Danach war es mit dem Spaß an Lust und Liebe weitgehend vorbei. Schließlich ist er nun gar geköpft und geschlachtet worden, der arme Kerl.

»Mein Vater, der mich aß«: Das ist Eros, herabgewürdigt zu nichts als sinnlichem Genuß ohne Liebe.

»Meine Schwester, das Marlenichen,/Sucht alle meine Beenichen,/Bind' sie in ein seiden Tuch,/Legt's unter den Wacholderbaum.« Er besingt Marlene, seine Retterin. Sie hat sich der wahrhaft kümmerlichen Reste angenommen, sie an den rechten

Ort getragen, und nun ist Amor in seiner ganzen Schönheit wieder da:

»Kiwit, Kiwit,/Was für ein schöner Vogel bin ich.« Das ist es, was die Leute so freut und sie veranlaßt, ihm die schönsten Geschenke zuzuwerfen.

Die Erlösung der Sexualität zur ursprünglichen Ganzheit, die das Märchen hier so eindrucksvoll schildert, ist immer noch Utopie. Die bisherigen Schritte auf dieses Ziel hin waren unzureichend. Der Slogan »Make love not war« ist eine zu einfache Verkürzung gewesen, und die sogenannte Sexwelle ist kaum geeignet, den Gott der Liebe wieder neu und friedenstiftend in unserem Bewußtsein zu installieren.

Das Lied des Vogels beweist ein zweites Mal seine magische Wirkung. Nach seinem wahrhaft triumphalen Flug durchs Dorf kehrt er zurück zum Haus und wendet sich nun mit seinem Lied an die Frau und an den Mann, weckt deren Gefühle. Verszeile für Verszeile treibt er sie in sich steigernde Erregung:

»Meine Mutter, die mich g'schlacht«

Die Mutter hält sich die Ohren zu, kneift die Augen zusammen, will nichts hören und nichts sehen. Mit allen Mitteln wehrt sie sich gegen das, was der Vogel mit seinem Lied auslöst. Sie will Lust und Freude ganz einfach nicht wahrhaben. In ihren Ohren braust es wie ein Sturm, Blitze zucken ihr vor Augen, und ihr ist, als habe sie Feuer in den Adern. Lust gerät ihr zu Angst, Pein und Beklemmung.

»Mein Vater, der mich aß«

Der Vater spürt bei den Worten des Vogels von all dem nichts. Ihm wird dabei »leicht und wohl zu Mute« und »so recht freudig ums Herz«. Er empfindet den Gesang wie warmen Sonnenschein, und er vermeint, den Duft von lauter Maiblumen zu riechen, und nichts liegt ihm dabei ferner als Furcht und Schrecken. Durch das Lied des Vogels findet er heraus aus seiner bisherigen sexuellen Einseitigkeit, gewinnt eine ganz neue Dimension des Empfindens und Erlebens hinzu.

»Meine Schwester, das Marlenichen«

Marlenchen weint. Der Mann will den Vogel aus der Nähe sehen. Er will hinaus. Der Frau ist, als bebe das ganze Haus und brenne. »Ach, geh nicht«, bittet sie ihren Mann. Er geht trotzdem.

Der Vogel singt weiter. Dem Vater wirft er die goldene Kette hinunter, Marlenchen das Paar Schuhe. Augenblicklich ist ihre Traurigkeit vorbei, sind die Tränen versiegt, und sie tanzt voller Freude in den roten Schuhen. Die Mutter dagegen stürzt vor Angst, Enttäuschung und Scham nieder: »Ach, daß ich tausend Klafter unter der Erde wäre, damit ich das nicht hören müßte.« Der Vogel singt das Lied noch einmal von vorn, und da fällt die Frau wie tot zu Boden. Bei der letzten Zeile springt sie wieder auf. Ihr ist, als stände sie in Flammen und »als sollte die Welt untergehen«.

Lust ist ihr zu Entsetzen und Schuld geraten. Dazu ist sie von Gefühlen und Empfindungen weit mehr gepackt worden als ihr Mann. Obwohl sie ihn gebeten hat zu bleiben, ist er gegangen, hat sie wie von Flammen erhitzt und bebend allein gelassen. Sie hat keine Erleichterung gefunden. Verzweifelt läuft sie hinaus. Da wirft der Vogel ihr den Mühlstein auf den Kopf,und das ist ihr Ende.

Diese Frau ist ein hoffnungsloser Fall, und sie ist nicht zu retten. Sie stirbt nicht wirklich, denn was zwanzig kräftige Müllerburschen nur mühsam hochstemmen, damit wirft kein kleiner Vogel. Was hier stirbt, das ist die falsche Einstellung zur Sexualität, ein ganz und gar falsches Lebensprinzip. Es gibt keine Leiche, vielmehr verschwinden Mutter wie Mühlstein in Dampf, Flammen und Feuer, und weder Vater noch Marlenchen vermissen sie. Sie hinterläßt keine Lücke. Statt ihrer steht unversehrt der kleine Bruder da. Seine Verwandlung in den Vogel und seine Wiederauferstehung am Schluß sind das Prinzip Hoffnung auf diesem immer wieder und immer noch schwierigen Gebiet von Liebe und Lust.

Der Vater trägt die goldene Kette, und sie paßt ihm wie angegossen.

Marlenchen hat die roten Schuhe an und ist vergnügt und fröhlich.

Die beiden haben es geschafft. Sie haben aus ihren Erfahrungen gelernt und aus dem Lied des Vogels, und der Vogel hat sie dafür beschenkt. Sie sind reicher geworden. Freundlich nimmt der wiedererstandene Junge die beiden bei der Hand, und die drei gehen vergnügt ins Haus, setzen sich zu Tisch und essen – und es ist klar, was dies jetzt bedeutet.

Die Mutter hatte nichts begriffen und nichts gelernt. Was alle anderen Menschen erfreut und erwärmt und was endlich auch das Herz ihres Mannes ergriffen hat, erlebte sie wie verzehrende, zerstörerische Flammen, ja, wie den Untergang der Welt. Sie kam nicht heraus aus dem Labyrinth von Scham, Schuld und Sünde. Die von ihr so gröblich mißverstandene Sexualität verwandelte sich in nichts als Angst, diese Angst aber führte zu Haß und Mordlust. Was sollte ein Gott der Liebe mit dieser Frau anderes machen?

Untertanen gegen Obrigkeit

Bauernsohn contra Edelmann

Die folgende Geschichte ist sehr alt. Schon Herodot (geb. um 490 v. Chr.) erzählt eine Version, und die beruht vermutlich auf noch älteren Quellen. In Indien wurde der Held dieser Geschichte zu einer Inkarnation Buddhas erhoben, was aus einer chinesischen Quelle aus dem Jahre 266 hervorgeht. Es gibt einen schriftlichen Nachweis von Masudi, der 956 in Kairo gestorben ist, und einen aus dem Jahre 1190 aus Wales. Straparola (gest. 1557) und Basile haben den Stoff bearbeitet, und er hat sich danach in der ganzen Welt verbreitet. An dem Thema haben Menschen zu allen Zeiten und in jeglichen Kulturkreisen Gefallen gefunden: Es handelt davon, daß Obrigkeiten von einfachen Leuten hereingelegt, besiegt, blamiert werden. Solche Geschichten machen nun einmal Spaß. Etliche haben schwankhaften Charakter. Das liegt einmal in der Natur der Sache, und zum andern ist der Schwank oft die einzige Möglichkeit, an Herrschenden Kritik zu üben. Schwankhaftes enthalten folglich auch das Grimmsche Märchen Nr. 192 und die entsprechende Fassung bei Bechstein, ›Deutsches Märchenbuch‹, Nr. 4.

Es geht darum, daß ein Bauernsohn einen Grafen herausfordert. Er ist das Kind armer Eltern, deren Haus ist das geringste im Dorf, und der Graf hat als Landesherr die Patenschaft für den Jungen übernommen. Der Knabe war ein Tunichtgut, ist früh von zu Hause fortgelaufen, und als er zurückkehrt, erkennt ihn niemand wieder, denn er kommt als vornehmer Herr in einer Kutsche gefahren, und die ist prächtiger als die des Grafen. »Wie kannst du mein Sohn sein, du bist ein großer Herr geworden und lebst in Reichtum und Überfluß?« fragt ungläubig der Vater. Seine Zweifel bestehen zu Recht: Aus dem Bauernjungen ist kein vornehmer Herr geworden, sondern ein Dieb. Der bekennt dies freimütig, erklärt aber, daß er nicht stehle wie ein gemeiner Dieb, sondern nur vom Überfluß der Reichen nehme und dazu niemals anrühre, was er ohne Mühe,

List und Gewandtheit haben könne, kurzum, er sei ein Meisterdieb. Danach heißt auch das Märchen ›Der Meisterdieb‹ und bei Bechstein ›Die Probestücke des Meisterdiebes‹.

Er will seinem Paten einen Besuch abstatten. Sein Vater prophezeit, daß der ihn nicht mehr auf die Arme nehmen und darin wiegen werde, wie er dies einstmals bei der Taufe getan habe, sondern ihn ohne weiteres aufhängen lassen werde. An solcher Absicht des Grafen zweifelt auch der Meisterdieb nicht, fährt aber trotzdem hinauf zum gräflichen Schloß. Selbstverständlich wird er mit Artigkeit empfangen, schließlich fährt er standesgemäß vor, vierspännig nämlich, und der Graf hält ihn für einen vornehmen Mann. Allerdings nicht lange, denn sofort stellt sich der Besucher als das vor, was er tatsächlich ist: des Grafen Patenkind und »ein ausgelernter Spitzbube«.

Ich habe dieses Märchen als Einführung in das Kapitel gewählt, weil es in der Konfrontation von Bauernsohn und Edelmann die beiden Parteien, um die es geht, geradezu definiert. Es zeigt, von welcher Art Obrigkeit sein kann, welcher Mittel und Methoden sie sich bedient und welche Chancen ein Untertan gegen sie hat.

Wie also reagiert der Graf auf die Herausforderung? Überraschend! Zunächst einmal ruft er nicht nach seinen Schergen, damit sie den dreisten Besucher aufknüpfen. Vielmehr verschlägt es ihm die Sprache, und er erbleicht. Was ist mit ihm? Handelt es sich um einen zartbesaiteten Herrscher, oder hat er Hemmungen, den Mann hängen zu lassen, weil er sein Patenkind ist? Mitnichten! Er muß sich nur erst von seinem Schock erholen. Er ist in der Tat schockiert, denn schließlich erlebt er nicht alle Tage, daß ein Untertan, dazu noch ein krimineller, vierspännig bei ihm vorfährt, selbstbewußt auftritt und sich dann auch noch lächelnd dazu bekennt, ein Dieb zu sein. Ein solches Verhalten paßt nicht in das Weltbild eines Herrschenden. Danach sind Untertanen untertänig, Spitzbuben fürchten die Obrigkeit, sind sich ihres Unrecht-Tuns bewußt und haben folglich ein schlechtes Gewissen. Und dann gibt es für ihn noch ein zweites Problem: Er kann nicht mir nichts, dir nichts einen Mann aufhängen lassen, der mit mehr Glanz und Pracht daherkommt, als er selbst in der Lage ist aufzuwenden. In seinen Kreisen repräsentiert Reichtum Macht, ein Faktor, über den man sich nicht einfach hinwegsetzen kann. Außerdem kann er nicht sicher sein, daß der Mann tatsächlich ein Dieb ist. Er sagt es, aber das muß nicht stimmen, es könnte ein Spaß sein oder eine Falle, jedenfalls will der Graf einen verhängnisvollen Mißgriff vermeiden. Er ist also in einem Dilemma, und er schweigt, weil er einen Ausweg finden muß, nicht aber, weil er empfindsam wäre, oder etwa in einer Anwandlung von Güte. Auch nicht aus Schwäche. Was er will, weiß der Graf genau, und der Vater hat ihn ganz richtig eingeschätzt: Wenn dieser Mann ein Dieb ist, dann will er ihn an den Galgen bringen, selbst wenn er sein Patenkind ist. Sein Problem besteht lediglich in der Wahl der Mittel. Über die denkt er nach, und er findet für diesen Fall eine Lösung, eine politische Lösung. Als er sein Schweigen bricht, begegnet er denn auch der Herausforderung ganz als Politiker: Generös versichert er, daß, weil es sich um sein Patenkind handle, er nachsichtig sein und Gnade vor Recht ergehen lassen wolle. Das hört sich gut an, und das soll es auch, ist aber pure Heuchelei, denn nun stellt er dem Patenkind drei Aufgaben, die er für absolut unlösbar hält. Scheitert es aber nur an einer einzigen, dann muß es hängen.

So also sieht es aus, wenn ein Herrscher »auf gute Art«(!) einen unbequemen Untertanen loswerden will! Er praktiziert hier eine Spielart von politischer Gewalt, die auch ansonsten nicht ganz unbekannt ist.

Für den Grafen hängt sein Patenkind schon so gut wie am Galgen, denn folgendes soll er fertigbringen: erstens sein Leibpferd aus dem Stall stehlen. Es wird von Soldaten streng bewacht, und die haben Befehl, jeden totzuschlagen, der auch nur Miene macht, den Stall zu betreten. Zweitens ihm und der Gräfin das Bettuch unter dem Leibe fortstehlen und der Gräfin den Trauring vom Finger. Das Schlafzimmer liegt hoch oben, und der einzig mögliche Zugang ist das Fenster. Die Pistole in der Hand, wird der Graf nur darauf warten, daß der Meisterdieb dort auftaucht. Drittens soll er den Pfarrer und den Schulmeister aus der Kirche stehlen.

Das sind die Bedingungen, und nun wäre es wohl am Märchenhelden zu erbleichen. Der aber bedankt sich freundlich, daß ihm der Herr Pate »so leichte Stücklein« aufgegeben hat. Der Graf kann sich über so viel naiven Optimismus nur wundern. Er trifft seine Anordnungen für die Bewachung des Pferdes und legt sich danach beruhigt und in dem Bewußtsein schlafen, sich dieses Problem vom Halse geschafft zu haben.

Am anderen Morgen aber galoppiert der Meisterdieb fröhlich auf des Grafen Pferd in den Schloßhof, und es haben ihm beim Diebstahl nicht etwa märchenhafte Wunder geholfen. Ihm genügten für die Lösung dieser Aufgabe ein paar alte Frauenkleider und ein Fäßchen Wein, versetzt mit einem kräftigen Schlafmittel. Bei Grimm lacht der Graf beim Anblick seiner schlafenden Soldaten. Bei Bechstein gerät er in Zorn und greift nach seiner Reitpeitsche. Dort wünscht er auch, daß den unverschämten Dieb der Teufel holen möge. Er ist sicher, daß dies in der zweiten Nacht geschehen wird, weil er ihm dann höchstpersönlich eine Kugel in den Kopf schießen wird.

Genau das tut er. Als der Dieb an seinem Schlafzimmerfenster auftaucht, zögert er keine Sekunde, drückt seine Pistole ab und »schießt den Räuber mitten durch den Kopf«. Der wankt, man hört einen schweren Fall, und befriedigt stellt der Graf fest: »Der steht nicht wieder auf.« Er ist seiner Sache völlig sicher, klettert die Leiter hinunter und begräbt den Toten im Garten, weil er keine Scherereien haben will. Er macht sich nicht einmal die Mühe, ihm vorher ins Gesicht zu leuchten. Dazu aber hätte er allen Grund, denn er war sich ebenso sicher, daß niemand sein Pferd stehlen könne. Es geschah dennoch, und aus dieser Erfahrung hätte der Graf lernen müssen. Er tat es nicht, und das liegt gewiß nicht an seiner mangelnden Intelligenz. Der Mann ist nicht dumm, aber er ist selbstgefällig. Trotz der ersten Niederlage kann er sich nicht vorstellen, daß man ihn – ihn höchstpersönlich – hereinlegen könnte. Für ihn war die Sache sonnenklar: Der Dieb mußte am Fenster erscheinen, denn er hatte keine andere Wahl. Das ist auch geschehen, und der Graf hat ihn programmgemäß erschossen. Was für Probleme sollte es dabei geben? Er ist von seiner Logik überzeugt.

Sein Fehler ist: Er macht keinen Gebrauch von seiner Phantasie, wohl aber der Meisterdieb.

Der tut, was der Graf aus Dünkel versäumt: Er versetzt sich in die Lage des anderen. Daher kann er sich unschwer vorstellen, wie sich der Graf verhalten wird. Darauf richtet er sich ein. Vom nächsten Galgen beschafft er sich eine Leiche – pingelig darf er nicht sein, wenn er überleben will –, lädt sie sich auf die Schultern und steigt die Leiter hoch. Der Graf schießt einem Toten ein Loch in den Kopf.

Der Meisterdieb sieht auch das Weitere voraus. Ihm ist klar, daß der Graf bemüht sein wird, jedes Aufsehen zu vermeiden, schon gar einen Skandal. Und es sähe nicht gut für ihn aus, wenn bekannt würde, daß er einen Nebenbuhler beim »Fensterln« hat erschießen müssen. Darauf würde die Sache nämlich hinauslaufen.

Während der Graf das Grab schaufelt, steigt der Meisterdieb in sein Schlafzimmer ein. Weil er außer über Phantasie noch über Witz und Charme verfügt, ist es ihm ein leichtes, die Gräfin zu bewegen, ihm das Bettuch und sogar ihren Ring auszuhändigen – ganz freiwillig. Die Gewaltmethoden überläßt er der anderen Seite.

Der Graf hat die Mentalität eines Herrschers. Herrscher verfügen über die Macht und die Mittel, nämlich das Militär, die Gerichtsbarkeit und die Galgen. Was brauchen sie da noch Phantasie oder Witz oder Charme? Sie müssen auch nicht geistreich sein, und sie haben es nicht nötig, sich in die Lage eines anderen zu versetzen, schon gar nicht in die Lage eines Gegners. Wenn sie sich dazu noch einbilden, niemand könne sie hereinlegen oder besiegen, dann sind solche Grafen ziemlich gefährlich. Sie werden zu einem Risiko für ihre Untertanen wie für ihre Nachbarn.

Der Märchengraf erhält die Quittung für seine Arroganz: Der Mann, den er glaubt begraben zu haben, erscheint gutgelaunt am anderen Morgen mit dem Bettuch unter dem Arm und dem Ring am Finger.

Wie reagiert der Edelmann auf seine erneute Niederlage? Gar nicht edel! Erst ist er wie vom Donner gerührt, kann nicht fassen, daß man ihn hereingelegt hat. Dann tobt er, droht mit der Faust, schimpft seinen Überwinder einen Satan, und wer weiß, was er in seiner Wut sonst noch angestellt hätte. Da aber fällt ihm ein, »daß der kühne Dieb noch mehr hätte nehmen können«, und diese Vorstellung ernüchtert ihn. Das alles steht aber nur in der Bechstein-Fassung. Die Grimmsche Version deckt – wieder einmal – den Mantel der Liebe über des Grafen Schwachstellen. Hier zieht der Graf beim Anblick des Meisterdiebs und seiner Trophäen lediglich ein langes Gesicht, und das ist fürwahr eine schönfärberische Untertreibung. Diese Tendenz zieht sich durch das ganze Grimmsche Märchen. Es schont den Grafen und läßt so gut wie nichts auf ihn und damit auf die Obrigkeit kommen. Das aber ist nicht nur eine Besonderheit der Brüder Grimm, sondern auch eine allgemeine Tendenz: Man neigt dazu, Obrigkeiten zu idealisieren. Man traut ihnen ungern Böses zu, entschuldigt gern ihre Fehler, Schwächen und Gewalttaten und hängt sich mit Vorliebe ein Bild des Herrschers ins Wohnzimmer. Und das Konterfei ist in Art und Ausdruck meist auch eine Schönfärberei seines eigentlichen Charakters.

Der Graf hofft, daß die dritte Aufgabe seinen Widersacher endlich an den Galgen bringen wird. Er hofft vergeblich. Der Meisterdieb kauft einen Sack Krebse, klebt jedem der Tiere ein brennendes Wachslicht auf den Rücken und läßt sie um Mitternacht über die Gräber des Friedhofs laufen. Dazu verkündet er mit gellender Stimme von der Kanzel der Kirche, daß der Tag des Jüngsten Gerichts angebrochen sei, die armen Seelen schon ihre Gräber verließen und daß, wer in den Himmel wolle, in seinen Sack kriechen möge, denn er sei Petrus, »der die Himmelstüre öffnet und schließt«. Wahrhaftig – er kennt seine Pappenheimer: Pfarrer und Lehrer kriechen in den Sack, und nun schont der Meisterdieb diese beiden Glaubenshelden – und Stützen des Feudalsystems – nicht. Er beschert ihnen auf seine Weise eine Himmelfahrt. Er schleift sie die Kanzeltreppe hinunter, und sooft die »Köpfe der beiden Toren« auf die Stufen aufschlagen, meint er: »Jetzt geht's schon über die Berge.« Die Pfützen auf der Dorfstraße erklärt er zu nassen Wolken, einen Tümpel, durch den er sie zieht, zum Roten Meer (Bechstein), die Schloßtreppe zur Himmelsleiter, und dann schiebt er den Sack in den Taubenschlag und bemerkt: »Hört ihr, wie die Engel sich freuen und mit den Fittichen schlagen.«

Der Meisterdieb hat es geschafft. Aber er meistert in diesem Märchen nicht nur alle Aufgaben, sondern übt auch handfeste Gesellschaftskritik. Im Gegensatz zu vielen Untertanen hat er keine Scheu vor der Obrigkeit, und deren Drohungen imponieren ihm nicht. Er fürchtet das Militär nicht und hat keinen Respekt vor kirchlichen Würdenträgern und Schulmeistern.

Vielmehr entlarvt er ebenso geistreich wie mitleidlos deren Schwächen, Fehler und Unzulänglichkeiten und gibt sie der Lächerlichkeit preis. Er übt eine Funktion aus, die in Demokratien politische Gazetten und das politische Kabarett wahrnehmen und in Diktaturen der politische Witz. Der Meisterdieb gewinnt zwar, aber er gewinnt wenig. Im Gegensatz zu den vielen anderen Märchenhelden, die ihre drei Aufgaben lösen, wird er weder König, noch bekommt er eine schöne Prinzessin. Nicht einmal Anerkennung. Er muß das Land verlassen, und niemand hört jemals wieder von ihm. Aber so ist es nun einmal: Geist und Witz und Zivilcourage machen kaum jemals jemanden zum König oder auch nur zum angesehenen Bürger.

Der Meisterdieb und seine modernen Nachfolger mögen politisch manches bewirken, aber mit ihren Mitteln entthronen sie keinen Grafen – der lebt und herrscht unbeschadet weiter –, und sie heben kein Machtsystem aus den Angeln. Das ist den Helden der nächsten Geschichten vorbehalten. Sie lassen es nicht dabei bewenden, Obrigkeiten lediglich lächerlich zu machen und zu beschämen, was diese in aller Regel ja sowieso wenig stört.

Kopf ab und nicht wieder auf

Es mag noch angehen, daß ein Märchenheld einen Grafen aufs Kreuz legt, aber wenn es ums Köpfen der Obrigkeit geht, dann ist dies ein gesellschaftlich höchst brisantes Thema und muß selbst im Märchen mit Delikatesse behandelt werden. Das geschieht im Märchen Nr. 126, ›Ferenand getrü un Ferenand ungetrü‹. Der Titel läßt nichts vom umstürzlerischen Inhalt ahnen, und der Held läßt nicht vermuten, daß er auszieht, um Nachfolger des Königs zu werden. Er ist treu, das sagt sein Name, und er ist gut, das belegt seine erste Handlung: Er rettet einen Fisch, der aufs Trockene geraten ist. Dieser Fisch spielt keine weitere Rolle, taucht nie wieder auf. Er dient lediglich dazu, des treuen Ferenands Gutmütigkeit und Hilfsbereitschaft zu zeigen.

Wie der Meisterdieb ist auch Ferenand armer Leute Kind. Sein Pate ist ebenfalls arm, er ist ein Bettler. Als Ferenand vierzehn Jahre alt ist, erhält er von ihm ein Pferd. Dieses Pferd verwandelt sich am Ende der Geschichte in einen Prinzen und zeigt dadurch des Helden Bestimmung: Er ist der designierte Nachfolger des Königs. Dieses Ziel aber bleibt aus Gründen der Tarnung völlig im ungewissen. Ferenand getrü reitet fort, und wenn er gefragt wird, wohin er wolle, so antwortet er: »Oh, nach dem nächsten Ort.« Dieser Ort ist aber das Königsschloß. Er trifft einen, der dasselbe Ziel hat. Er trägt auch denselben Namen – mit einem Unterschied: Er heißt Ferenand ungetrü und ist nicht edel, hilfreich und gut. Vielmehr versteht er sich auf »allerhand schlimme Künste«. Auch weiß er immer, was andere denken und was sie beabsichtigen.

Die beiden haben denselben Namen und dasselbe Ziel. Sie haben sich gefunden. Genauer: Der Held hat seine notwendige Ergänzung gefunden. In bekannter Manier stellt das Märchen eine Person als zwei dar. So, wie der getreue Ferenand ist, könnte er keinen Herrscher seines Thrones berauben. Dafür braucht er zusätzlich die Eigenschaften des ungetreuen Ferenand, vor allem seine Untreue. Sie ist wichtig, denn wer treu ist, ist auch dem König treu, eine in diesem Fall ganz und gar unzweckmäßige Tugend. Das Märchen hält die zwei Ferenands sorgfältig auseinander, denn erstens muß die Integrität des Helden gewahrt und zweitens jeder Anschein einer Konspiration gegen die Obrigkeit vermieden werden. Märchenerzähler wollen schließlich überleben.

Das Schicksal nimmt dennoch seinen Lauf. Ferenand eins und Ferenand zwei ziehen gemeinsam weiter. Auf allerlei Umwegen und so, daß jede denkbare Absicht verschleiert wird, gelangen sie schließlich an den Ort ihrer Bestimmung, an den Königshof, der getreue Ferenand als Vorreiter, der ungetreue als persönlicher Diener des Königs. Damit ist der erste Schritt zur Eroberung des Thrones getan.

Den nächsten Schritt leitet der ungetreue Ferenand ein, aber das Märchen leugnet jede Zusammenarbeit der beiden. Der Leser/Hörer wird sogar gröblichst hinters Licht geführt, denn es heißt, der ungetreue Ferenand habe etwas gegen den getreuen Ferenand, und es wird der Anschein erweckt, als wolle er diesen verderben. Folgendes geschieht: Jeden Morgen, wenn der König von seinem Diener angezogen wird, jammert er ihm vor:

»O wenn ich doch erst meine Liebste bei mir hätte.« Daraufhin gibt Ferenand zwei seinem Herrn folgenden Rat: »Sie haben ja den Vorreiter, den schicken sie hin, der muß sie herbeischaffen, und wenn er es nicht tut, so muß ihm der Kopf vor die Füße gelegt werden.« Das klingt böse und gar nicht solidarisch gegenüber seinem Namensvetter, aber man wird sehen.

Der König befolgt den Rat, und nun ist Ferenand eins gefordert. Brav und gut wie er ist, stürzt ihn die Situation in Verzweiflung. Er ist ihr nicht gewachsen. Hoffnungslos und traurig, sein Ende vor Augen, begibt er sich in den Stall zu seinem Pferd, weint, klagt und bedauert sich selbst. Was er jetzt aber brauchte, wären Selbstbewußtsein, Mut und Verstand. Diese Eigenschaften besitzt er nicht, darf sie nicht haben, denn dann wäre er kein guter Untertan. Das aber muß er sein in einer Zeit absolutistischer Herrscher. Also werden die Merkmale und Fähigkeiten, die ihn zum erfolgreichen Verschwörer und Rebell machen könnten, delegiert: Das Pferd hat sie. Es ist kein richtiges Pferd, denn richtige Pferde können nicht sprechen, und niemals wäre ein Bettler reich genug gewesen, ein Pferd zu verschenken. Aber hätte dieser Bettler-Pate seinem Patenkind nicht etliches andere mitgeben können? Beispielsweise hätte er ihn über das Wesen von Obrigkeiten aufklären und ihm Lektionen in kritischem Denken und taktischem Geschick erteilen können. Das Pferd versteht sich darauf, und es erschrickt keineswegs vor der Drohung des Königs. Es nimmt ohne weiteres den Ball auf, den der ungetreue Ferenand dem getreuen zugespielt hat, und berät seinen Freund. Der ist danach kaum wiederzuerkennen. Fort sind Traurigkeit und Resignation. Aufrecht tritt er vor den König, und er bittet keineswegs um sein Leben. Er stellt ihm vielmehr Bedingungen. Als sei es das Selbstverständlichste von der Welt, verlangt er ein Schiff voll Fleisch und ein Schiff voll Brot, dann wolle er die Braut herbeischaffen.

Genau diese Haltung hat er gebraucht, und so sieht eine erfolgversprechende Konspiration aus! Der König hat keine Wahl. Will er das Mädchen haben, muß er die Forderungen seines Vorreiters erfüllen. Er tut's, und es fällt ihm nicht einmal schwer, schließlich hat er die Macht und die Mittel. Also läßt er »alle Schlachter im Lande schlachten und alle Bäcker backen«, zwei Schiffe mit Fleisch und Brot beladen, und Ferenand segelt los.

Das Problem bei dieser Unternehmung sind Riesen, die jeden zerreißen, und große Vögel, die jedem die Augen aus dem Kopf picken. Als erstes erscheinen die Riesen, und Ferenand spricht so zu ihnen:

»Still, still, meine lieben Riesechen,
Ich hab euch wohl bedacht,
Ich hab euch was mitgebracht.«

Um sie zu besänftigen, hat er das Fleisch, er müßte nicht auch noch freundlich zu ihnen sein. Er ist es trotzdem, und das könnte bedeuten, er mag diese Riesen. Jedenfalls mögen die Riesen ihn, denn sie tun ihm nicht nur nichts, sie helfen ihm sogar. Sie holen die schlafende Prinzessin aus ihrem Schloß, bringen sie aufs Schiff, begleiten sie, tragen sie zum König. Mit den Vögeln geht der Held genauso freundlich um.

Die Riesen und die Vögel sind das Volk. Wer brauchte sonst Schiffsladungen voller Fleisch und Brot? Die Riesen sind groß, die Vögel zahlreich, dennoch sind sie machtlos, so, wie das Volk unter absoluten Herrschern machtlos ist. Dazu leiden sie Hunger. Sie sind aggressiv und greifen jeden an, der die Prinzessin rauben will. Der König will aber die Prinzessin haben. Folglich ist er es, den sie am liebsten zerreißen würden. Darum kann er sich nicht aus seinem Schloß herauswagen.

Gegen Ferenand haben sie nichts. Er ist armer Leute Kind, das heißt einer von ihnen. Er ist aber noch mehr: Er konnte dem König eine Menge Lebensmittel abtrotzen und hat im Schloß eine wichtige Position. Dadurch ist Ferenand die Hoffnung der Leute, und sie helfen ihm so tatkräftig, weil er die Situation ändern, das heißt den unliebsamen Herrscher stürzen kann.

Die Prinzessin ist zur Hochzeit mit dem König bereit, sinkt ihm aber keineswegs an die Brust. Vielmehr handelt sie wie Ferenand getrü: Sie stellt Bedingungen. Heiraten will sie erst, wenn jemand ihre Schriften geholt hat, die auf ihrem Schloß liegengeblieben sind. Ohne diese Schriften könne sie nicht leben, behauptet sie. Das klingt wahrhaftig nicht überzeugend, und das muß es auch nicht. Der König hat wieder keine Wahl, gerät immer mehr in die Defensive. Er muß abermals jemanden schicken, der die gefährliche Reise wagt. Sofort schlägt Ferenand ungetrü vor, wieder den getreuen Ferenand mit der Aufgabe zu betrauen. Der erhält den Auftrag, und er fordert zwei weitere Schiffsladungen mit Brot und Fleisch. Die Riesen und die Vögel bekommen noch einmal zu essen.

Dies ist aber lediglich eine letzte Probe vor dem entscheidenden Schlag, denn die Prinzessin ist nicht aufs Schloß mitgekommen, um zu helfen, das Volk mit ein paar Lebensmitteln zu versorgen. Sie will Königin werden, aber beileibe nicht an der Seite dieses Königs. »Die Königin mochte aber den König nicht leiden«, heißt es. Man erfährt auch den Grund: »Weil er keine Nase hatte.« Das klingt läppisch, und diese Wendung ins Schwankhafte ist geeignet, die Bedeutung der Situation herunterzuspielen. Sie verschleiert die politische Brisanz. Der genannte Grund ist aber durchaus gravierend. Ein Mann ohne Nase ist psychoanalytisch gesehen kein rechter Mann, und das trifft hier zu. Genau diesen Eindruck macht der König, wenn er jeden Morgen jammert, daß er seine Liebste bei sich haben möchte, aber nicht Manns genug ist, sie herbeizuschaffen. Stark ist er nur, wenn er sich nicht selbst bemühen muß, wenn er befehlen kann und alle ihm gehorchen müssen. Oder wenn er von seinem treuen Vorreiter ohne viel Federlesen erwartet, daß der sein Leben für ihn einsetzt, und mitleidlos androht, ihn zu köpfen, falls er ihm das Mädchen nicht bringt.

Ein Mann ohne Nase ist aber auch ein Mann ohne Profil, und das trifft auf diesen Märchenregenten ebenfalls zu. Was ist das für ein König, der sich kritiklos von seinem Kammerdiener beeinflussen und manipulieren läßt? Und intelligent ist er auch nicht, wie sich herausstellen wird.

Es ist wahr: Dieser König ist ein mieser Mann und ein mieser Monarch. Er repräsentiert ein abgewirtschaftetes Herrschaftssystem. Darum kann ihn die Prinzessin nicht leiden. Ihre Sympathie gehört dem Ferenand getrü. Dies wird ganz beiläufig gesagt und so, als sei es die größte Selbstverständlichkeit der Welt. Das ist Märchendialektik, denn was wäre wohl in Wirklichkeit mit einer Königin, die einen hergelaufenen Vorreiter ihrem königlichen Gatten vorzöge? Hier aber nimmt ihr niemand übel, wenn festgestellt wird: »... sie mochte den Ferenand getrü gern leiden.«

Es bleibt nicht bei dieser Sympathiebekundung. Die Königin hat weiterreichende Pläne und wartet nur auf eine passende Gelegenheit, sie auszuführen. Die ergibt sich, als einmal alle Herren des Hofes versammelt sind, also größtmögliche Öffentlichkeit besteht. In dieser Runde beginnt der letzte entscheidende Akt. Die Königin sagt, »sie könne auch Kunststücke machen«. Das hört man gern, Kunststücke sind unterhaltsam. Die der Königin sind von besonderer Art. Sie könne, so behauptet sie, »einem den Kopf abschlagen und wieder aufsetzen, und es solle nur mal einer versuchen«. Für diesen Versuch meldet sich verständlicherweise kein Freiwilliger.

Wieder ist es Ferenand ungetrü, der die Dinge vorantreibt. Er schlägt den getreuen Ferenand fürs Kopfabschlagen vor. Damit steht endgültig fest, daß der ungetreue Ferenand nicht des Helden Gegenspieler, nicht sein Widersacher ist, denn es hieß anfangs, er könne Gedanken lesen und wisse stets, was die Leute vorhaben. Er weiß also, was die Königin denkt und was sie plant. Nichts davon wird dem Helden zum Schaden gereichen. Der treue Ferenand zögert auch keine Sekunde, sich ihren Künsten anzuvertrauen. Sie ist auch nicht zaghaft und schlägt ihm den Kopf ab. Wie versprochen, setzt sie ihn wieder auf, und er heilt ohne weiteres sofort an. Vermutlich hat es dafür von allen Seiten Beifall gegeben.

Der König begnügt sich nicht mit Beifall. Er fragt: »Mein Kind, wo hast du denn das gelernt?« Hätte er nur einen Funken Verstand, dann hätte er geschwiegen. So aber ist er töricht genug, mit dieser dummen Frage auch noch das Stichwort für seine Hinrichtung zu geben. Sie sagt: »Soll ich es an dir auch einmal versuchen?« Er hätte gut und gerne nein sagen können, aber er sagt »o ja« und bekommt, was er verdient: Sie schlägt ihm den Kopf ab und setzt ihn nicht wieder auf. Sie tut zwar, als bemühte sie sich, aber er hält ganz einfach nicht. Das Märchen kommentiert diesen Vorgang mit lakonischer Kürze: »Da ward der König begraben, sie aber heiratet den Ferenand getrü.«

Das war's. Schluß der Vorstellung, Schluß der Szene und Schluß des Märchens.

Es ist verblüffend: Hier köpft jemand den Gatten und heiratet gleich darauf seinen Geliebten – und das in aller Offenheit. Es ist etwas geschehen, das niemand sich ungestraft erlauben kann, nicht einmal eine Königin. Hier aber gibt es bei diesem kombinierten Gatten- und Königsmord keine Probleme. Niemand schreit ob des geköpften Herrschers entsetzt auf, protestiert oder erregt sich auch nur. Und keiner ergreift die Mörderin. Man macht ihr nicht einmal den leisesten Vorwurf. Gar nichts passiert. Der König wird begraben, und dann feiert man ungeniert Hochzeit. Und so wie das Märchen diesen Vorgang schildert, ist er auch von Märchenerzählern und Publikum weitgehend verstanden worden: Als vollauf befriedigend, mit Mord und Hochzeit als Happy-End. Obwohl der König weder ausdrücklich schlechtgemacht noch als Bösewicht hingestellt wird, weint niemand ihm eine Träne nach. Sein Köpfen wird als durchaus legitim erlebt, und man freut sich, daß der getreue Ferenand die Prinzessin zur Frau bekommt, die er sich schließlich redlich verdient hat. Die Moral scheint auf den Kopf gestellt.

Diese Umkehrung üblicher Vorstellungen und Werte ist keine Ausnahme. In vielen Märchen sterben etablierte Könige zur vollen Befriedigung von Zuhörern und Lesern, und das auf vielfältige Weise. Sie werden geköpft, verbrannt, vergiftet, erdolcht oder erschlagen, und eine besondere Vorliebe haben die Märchen für tödliche Bäder. Die unbeliebt gewordenen Herrscher sterben in siedendem Öl, siedender Milch oder in heißem Pech.

Im Kapitel 143 des jüdisch-deutschen Maasebuches (1602) – erwähnt unter Nr. 62 der Grimmschen Anmerkungen und bei Bolte/Polívka – stirbt der König durch Höllenwasser. Seine Frau begießt ihn damit, und er verbrennt zu Asche. Dem Volk erklärt sie daraufhin ungerührt: »Seht, er war ein gottloser Mensch, sonst wäre er wieder lebendig geworden.« Das klingt wahrhaftig nicht überzeugend, und logisch ist diese Feststellung ebenfalls nicht, aber das macht nichts. Man nimmt sie ihr ab. Auch hier murrt niemand oder erhebt auch nur Einwände. Die Königin heiratet den Rabbi Chanina, ihren Freund, den Helden der Geschichte, und auch dagegen hat keiner etwas.

Das in Rußland sehr bekannte Märchen ›Höckerrößlein‹ liefert den Schlüssel für die vielen allseits gebilligten Gewalttaten gegen Obrigkeiten. Was die meisten anderen Märchen mehr oder weniger verschleiern, hier wird es ausgesprochen. Für den Herrscher gibt es keine Schonung. Er ist nicht irgendein König, der sonstwo regieren könnte, sondern höchst naheliegend der Zar, und man versieht ihn ohne jede Zurückhaltung, Scheu oder Vorsicht mit den Attributen alt, eitel, häßlich und lüstern. Ungeniert wird ihm der ganz anders geartete Held gegenübergestellt: Iwan, der Bauernsohn und Stallmeister des Zaren, ist jung, kraftvoll, mutig und klug. Man ahnt schon jetzt, wie es weitergeht, und so kommt es denn auch: Die Tochter der Mondkönigin soll den Zaren heiraten. Verständlicherweise mag sie ihn nicht. Aber sie mag Iwan. Wie die Prinzessin im deutschen Märchen stellt sie dem Zaren Bedingungen. Sie will ihn erst heiraten, wenn er sich in einem Milchbad verschönt und verjüngt. Aber der alte Fuchs ist vorsichtig. Er läßt erst einmal Iwan in den Kessel mit siedender Milch steigen. Der zögert nicht, und dank seines Zauberpferdes übersteht er die Kur. Der Zar übersteht sie nicht. Er stirbt daran. Er zerkocht, heißt es, und damit ist es mit seiner Herrschaft ein für allemal vorbei. Nicht nur das. Auch niemand aus seiner Sippe wird sein Nachfolger. Die Mondprinzessin heiratet Iwan, den Bauernsohn, und macht ihn zum neuen Zaren. Das Volk ist es zufrieden.

In allen diesen Geschichten geht es nicht um Liebe, sondern um Politik. Daß Ehemänner sterben, ist völlig nebensächlich. Umgebracht werden alte, verbrauchte, korrupte Herrscher. Mord ist in aller Regel der einzige Weg, sie loszuwerden, denn sie haben nun einmal die Macht und alle Machtmittel. Aber sie sind nicht beliebt, und darum regt sich niemand auf, wenn sie geköpft oder zerkocht werden.

Gegenübergestellt werden diesen maroden Monarchen Aufsteiger aus dem Volk, meist aus den unteren Schichten. Am deutlichsten ist hier das russische Märchen. Es nimmt historische Entwicklungen mit bemerkenswerter Weitsicht voraus.

Eine solche Offenheit ist russischen Märchenerzählern gar nicht immer bekommen. Zuzeiten haben sie dafür büßen müssen. Man hat ihnen das Erzählen verboten, hat sie verfolgt, und einige wurden auch hingerichtet. Das ist deutschen Märchenerzählern nicht passiert. Sie sind vorsichtiger gewesen, haben direkte Majestätsbeleidigungen vermieden, politischen Zündstoff getarnt oder versteckt und Gewalt gegen Obrigkeiten sorgfältig verschleiert. Schaut man aber genau hin, so sind die Sachverhalte die gleichen.

Bemerkenswert an der Geschichte vom getreuen Ferenand ist die Rolle der Prinzessin. Sie steht nicht auf seiten der Obrigkeit. Sie hilft dem Volk, den Untertanen, und beim Sturz des Königs wagt sie den entscheidenden Schritt. Isoliert und abgehoben von allen übrigen, lebt sie in einem Schloß. Individuelle Züge und Eigenschaften fehlen ihr, sie ist niemand Bestimmtes. Sie ist eine Symbolfigur, aber nicht eine der Herrschaft, sondern des Volkes. Solche Symbolfiguren gibt es, denn immer wieder haben gesellschaftliche Gruppen ihr Selbstverständnis in das Bild einer Frau projiziert. Beispiele dafür sind Mütterchen Rußland, die deutsche Germania oder die amerikanische Freiheitsstatue. Manchmal haben solche Frauen auch wirklich gelebt und wurden glorifiziert, zu Idolen erhoben, wie die Jungfrau von Orleans. Diese Idealfiguren stehen als inoffizielle Repräsentanten zwangsläufig in engem Verhältnis zum jeweiligen Herrscher, der offiziell ein Land repräsentiert. Kein Volk aber sieht es gern, wenn seine Idealfigur mit einem Herrscher verbunden ist, den es haßt und am liebsten zerrisse. Irgendwann wehrt es sich dagegen. Im Märchen von den beiden Ferenands geschieht dies durch das ebenso kluge wie geschickte Zusammenspiel verschiedener gesellschaftlicher Kräfte und besonderer Personen mit besonderen Eigenschaften. Sie werden dargestellt durch die Riesen, die Vögel, den getreuen und den ungetreuen Ferenand, das Pferd und, als Wegbereiter, durch den Paten des Helden. Ihnen gelingt es, einen nasenlosen König, das heißt ein altes, brüchiges und überlebtes Herrschaftssystem, zu entmachten und abzulösen. Wenn die »Königin« den entscheidenden Streich führt, so zeigt dies, daß es sich nicht um einen Meuchelmord handelt oder um eine Machtintrige, sondern darum, daß das Volk in seiner Gesamtheit einen Herrscher satt hat und sich seiner entledigt.

Bei solchen Machtablösungen rollen nicht nur im Märchen reichlich Köpfe. Auch in Wirklichkeit ist es bei derartigen Umwälzungen niemals sanft zugegangen, und kaum jemand hatte etwas dagegen, wenn den Herrschern der Kopf vor die Füße gelegt wurde. Vielmehr gilt es von jeher als historisches Verdienst, einen »gottlosen« Machthaber ins Jenseits zu befördern. Wer dies im einzelnen getan hat, ist unwesentlich, weil es letztlich eine kollektive Tat ist. Sie wird bejubelt und gefeiert, in den meisten Fällen immer wieder, an jedem Jahrestag eines Königs-, Zaren- oder Potentatenmordes. Auch wenn dabei Ströme von Blut geflossen sind, stört das nicht die Freude an den Jubiläumsfeiern mit ihren Paraden, Hymnen, Festreden und flatternden Fahnen. Das aber bedeutet, Jahr für Jahr und oft noch nach Generationen werden Gewalttaten glorifiziert. Auch hier ergibt sich: Gewalt ist im Bewußtsein der Menschen nur sehr bedingt etwas Negatives oder Verwerfliches.

Und noch eines zeigt sich hier: Wer will denn wissen, wenn er dabei ist, Potentaten samt ihren Anhängern zu köpfen, ob sein Haß, sein Zorn, seine Empörung oder was auch immer gerecht sind? Oder ob seine Bluttaten tatsächlich ein historisches Verdienst sind, das dem gesellschaftlichen Fortschritt dient? Vielleicht gibt es gerechte Gewalt und gerechte Kriege. Heute können wir uns auch einen noch so gerechten Krieg nicht mehr leisten, denn jeder Krieg kann eskalieren. Wir müssen umdenken oder werden untergehen; das ist die neue Situation.

Den König in drei Stücke

Es geht um Soldaten. In vielen Liedern, Gedichten und Geschichten werden Soldaten besungen, als Helden gefeiert, wird ihre Tapferkeit gepriesen. Sind sie für Volk und Vaterland, für den König oder für was auch immer gefallen, zieren ihre Namen Ehrentafeln, und alljährlich werden an Gräbern unbekannter Soldaten Kränze niedergelegt: Gedenktag der Helden.

Es gibt viele Märchen, in denen Soldaten die Hauptrolle spielen, aber keiner von ihnen ist in diesem Sinne ein Held, und kein König erweist ihnen Ehre, niemand feiert sie, preist sie oder hat auch nur ein gutes Wort für sie. Dabei sind es durchaus tapfere Soldaten. So heißt es vom Bärenhäuter, Nr. 101, er sei im Kampf immer der erste gewesen und habe sich tapfer gehalten. Er bekommt seinen Abschied. Sein Hauptmann sagt, er könne hingehen, wohin er wolle. Wovon er leben soll, sagt er ihm nicht. Die Märchensoldaten erhalten nicht ihren verdienten Lohn – nicht einmal ein Dankeschön. Im Märchen ›Das blaue Licht‹, Nr. 116, sagt der König zu seinem Soldaten, der ihm lange Jahre treu gedient hat, nun aber wegen seiner vielen Verwundungen nicht mehr kämpfen kann: »Ich brauche dich nicht mehr. Geld bekommst du weiter nicht, denn Lohn erhält nur der, welcher mir Dienste dafür leistet.« In ›Sechse kommen durch die ganze Welt‹, Nr. 71, erhält der Soldat, der sich als »brav und tapfer« erwiesen hat, zum Abschied »drei Heller Zehrgeld«, in einer anderen Version »vier Pfennige«. Er ist wütend. »Wart«, spricht er, »das laß ich mir nicht gefallen, finde ich die rechten Leute, so soll mir der König noch die Schätze des ganzen Landes herausgeben.« Er findet die rechten Leute und weiß sie für seine Sache zu gewinnen. Sie ziehen zusammen in die Hauptstadt. Dort hat der König bekanntmachen lassen, wer mit seiner Tochter um die Wette laufe und den Sieg davontrage, solle ihr Gemahl werden. Verliere er aber, so werde er geköpft.

Der Soldat will einen seiner fünf Diener für sich laufen lassen. Der König hat nichts dagegen, verlangt jedoch, daß dann beide mit ihrem Kopf haften, wenn der Läufer verliert. Der Läufer gewinnt, und nun müßte das, was »verabredet und festgemacht war«, erfüllt werden. Die Prinzessin kränkt es aber sehr, daß sie einen abgedankten Soldaten heiraten soll, und ihren Vater wurmt es noch viel mehr. Er zögert keine Sekunde, sein königliches Wort zu brechen. Er beschließt, den unliebsamen Bräutigam und seine fünf Diener umzubringen. Das ist sechsfacher Mord, aber Gewissensregungen kennt der König nicht. Er dürfte solche Maßnahme auch nicht zum erstenmal treffen, denn sein Schloß verfügt für solche Zwecke über eine sinnreiche Einrichtung: ein Zimmer mit eiserner Tür und eisernem Fußboden. Die Fenster sind vergittert. In dieser Stube läßt der König eine Tafel mit köstlichen Speisen decken und bittet den Soldaten und seine Diener freundlich zu Tisch. Danach schließt er die Tür und beauftragt den Koch, ein Feuer unter der Stube zu machen, bis das Eisen glüht. Nach ein paar Stunden öffnet der König die Tür, um die in der Hitze Verschmachteten fortschaffen zu lassen. Aber die sechs sind von besonderer Art und nicht totzukriegen. Diener Nummer fünf hat seinen Hut gerückt, und da ist es so kalt geworden, »daß alle Hitze verschwand und die Speisen auf den Schüsseln anfingen zu frieren«. Frisch und gesund stehen sie also da, froh, endlich herauszukommen, weil ihnen, wie sie sagen, entsetzlich kalt geworden sei.

»Voll Zorn« stellt der König den Koch zur Rede. Aber der war durchaus gehorsam und hat »ein gewaltiges Feuer« entfacht. »Es ist Glut genug da, seht nur selbst«, rechtfertigt er sich. Nach bestem Wissen hat er den obrigkeitlichen Mordbefehl ausgeführt. Welcher Untertan hätte das nicht getan? Im Märchen geht es nicht anders zu als in Wirklichkeit. Außerdem: Muß der Koch denn gewußt haben, was oben in der Stube vor sich gegangen ist?

Des Königs Mordanschlag ist gescheitert. Ihm ist klar, daß er auf diese Weise den sechsen nichts anhaben kann. Er überlegt also, wie er seine »bösen Gäste« auf andere Art loswerden kann. Für einen König wie diesen sind Gäste böse, wenn sie gegen ihn gewinnen, ganz und gar legitime Forderungen stellen und sich nicht willig umbringen lassen, wenn er diese Ansprüche nicht erfüllen mag.

Das ist noch einmal »märchenhafter« Anschauungsunterricht in Herrschermentalität! Er wird gleich fortgesetzt: Hilft Gewalt nicht, so hilft vielleicht Gold. Der König bietet dem Soldaten Gold statt seiner Tochter – soviel einer seiner Diener tragen kann. Der Soldat ist mit dem Handel einverstanden. Die sechs räumen die königliche Schatzkammer, Diener Nummer eins, der unglaublich stark ist, lädt sich den ganzen Reichtum auf die Schultern, und sie ziehen gemeinsam mit dem Gold davon. Der König steht wieder nicht zu seinem Wort. Abermals erzürnt, hetzt er den sechsen seine Reiterei auf den Hals. Sie soll ihnen das Gold wieder abjagen, sie gefangennehmen oder zusammenhauen.

Reguläre Truppen haben häufig bei Auseinandersetzungen mit irregulären Truppen böse Überraschungen erlebt. So ist es auch hier: Zwei Regimenter königlicher Reiterei werden aufgerieben. Nur ein Feldwebel, »ein braver Kerl«, überlebt. Der Soldat schickt ihn zurück mit der Botschaft, der König solle »nur noch mehr Reiterei schicken«, er wolle »sie alle in die Luft blasen«. Majestät verzichtet darauf, und die sechs teilen den Reichtum und leben »vergnügt bis an ihr Ende«.

Sie als Freischärler zu bezeichnen wäre gewiß zu hochgegriffen. Sie sind nichts als eine marodierende Räuberbande, verstehen aber ihr Handwerk. Ein politisches Ziel liegt ihnen fern. Der Soldat hat niemals König werden wollen, er verzichtet freiwillig auf die Prinzessin, ihm geht es nur ums Gold.

Im König wird zwar die schlechte Obrigkeit entlarvt, er wird besiegt und steht am Schluß dumm da, aber er überlebt, bleibt im Amt, und niemand wird ihn hindern, seine Art von Herrschaft und seine Feuerkammer weiterhin zu betreiben. Außerdem übt das Märchen die Kritik am König in Form einer Lügengeschichte à la Münchhausen, die kaum jemand sehr ernst nehmen wird. Letztlich wird also die Obrigkeit geschont, so beklagenswert schlecht sie auch ist.

In einer arabischen Version, die in den Grimmschen Anmerkungen steht, ist diese Tendenz noch stärker: Die Geschichte endet ungut für die kecken Kumpane. Dazu bemerken die Brüder Grimm: »Daß sie demohngeachtet besiegt werden und der Zauber, durch welchen sie so übernatürliche Kräfte erlangen, vernichtet wird, scheint schon eine spätere, der moralischen Nutzanwendung zu Gefallen vorgenommene Abänderung.« Das ist gewiß richtig beobachtet, aber es wird sich zeigen, daß die Brüder Grimm eine sehr ähnliche Abänderung selbst vorgenommen haben.

Das Märchen ›Des Teufels rußiger Bruder‹, Nr. 100, beginnt ebenfalls wie fast alle diese Geschichten: »Ein abgedankter Soldat hatte nichts zu leben und wußte sich nicht mehr zu helfen.« Er geht aber nicht los und sucht sich rauflustige Kameraden, um dem König schlechte Behandlung und Undankbarkeit heimzuzahlen. Er stürzt sich nicht zornig in weltliche Abenteuer, sondern zieht sich von der Welt zurück. Er sucht die Einsamkeit, geht hinaus in den Wald. Er tut, was auch sein Märchenbruder, der Bärenhäuter, getan hat. Der setzt sich in einer stillen Heide unter einen Ring von Bäumen. Dort sinnt er »über sein Schicksal nach«. Er zieht das Fazit seines bisherigen Lebens und stellt fest, daß ihm nichts bleibt, als zu verhungern.

Er tut etwas Ungewöhnliches, etwas, das nur wenige Märchenhelden tun und das auch sonst nicht zu üblichen Lebenspraktiken gehört: Er geht in sich, reflektiert, denkt über sein Leben nach. Er läßt sich auf ein Abenteuer mit sich selbst ein und scheut unangenehme Erkenntnisse nicht: Er stellt fest, daß er mit seinem Latein am Ende ist. Ein derart ehrliches Eingeständnis ist aber die Voraussetzung dafür, daß sich etwas Neues entwickeln kann.

Der gewählte Ort entspricht der Bedeutung einer solchen Selbstbestimmung. Wälder und Haine waren von jeher magische Orte, sie sind uralte Kult- und Opferstätten, galten als heilig und wurden verehrt. In Jacob Grimms ›Deutscher Mythologie‹ heißt es: »Unter dem Schatten uralter Wälder fühlte sich die Seele des Menschen von der Nähe waltender Gottheiten erfüllt.« In den erwähnten Märchen walten allerdings keine Gottheiten. Die Konsequenz des Nachdenkens ruft einen ganz anderen Geist auf den Plan: Es erscheint der Teufel. Er ist kein Tölpelteufel wie in vielen Märchen und Schwänken, er ist aber auch nicht der Böse, der es auf die Seelen der Soldaten abgesehen hat. Er macht in beiden Fällen ein faires Angebot. Dem Soldaten aus ›Des Teufels rußiger Bruder‹ bietet er eine Stellung an. Sieben Jahre soll er ihm dienen, danach ist er frei und hat Geld genug. Bedingung ist aber, daß er sich die ganze Zeit nicht waschen, kämmen und die Nägel schneiden darf. Der Soldat schlägt ein.

Statt des Königs hat er sich den Teufel zum Herrn gewählt, sein Arbeitsplatz ist die Hölle, und sein Aussehen entspricht nach kurzer Zeit keiner menschlichen Norm mehr. Das ist das Neue: Er hat mit allem Bisherigen gebrochen. Übliche Werte, Ideale, Glaubensbekenntnisse und Gewohnheiten gelten für ihn nicht mehr. Davon ist er nun frei.

Er muß in der Hölle das Feuer unter den Kesseln schüren. Darin sitzen die Höllenbraten, das heißt Sünder, die ihre Strafe verbüßen. Der Soldat hat bei seiner Arbeit ein Verbot zu beachten. Wenn ihm sein Leben lieb ist, darf er nicht in die Kessel gucken. Er tut's dennoch und steht nun vor einer entscheidenden Prüfung. In den Kesseln sitzen seine ehemaligen Vorgesetzten: sein Unteroffizier, sein Fähnrich und sein General. Zu jedem der drei bemerkt er: »Aha, Vogel, treff ich dich hier? Du hast mich gehabt, jetzt hab ich dich«, und dann verschließt er die Deckel wieder und heizt kräftig nach. Beim General nimmt er den Blasebalg zu Hilfe und läßt »das Höllenfeuer recht unter ihm flackern«. Er macht von seiner neuen Freiheit Gebrauch. Hätte er noch eine Spur von Respekt, einen Rest von Unterwürfigkeit oder auch nur ein wenig Mitleid gehabt, so wäre er hier gescheitert. Er überlebt, weil er nicht zimperlich ist, weil er ungehorsam ist und nicht gehorsam wie der Koch in der vorangegangenen Geschichte, weil er sich mit dem Teufel eingelassen hat und nun auch handelt wie der Teufel. Er ist »teufelsschlau«, heißt es in einer anderen Version, und man sagt, jemand sei ein »Teufelskerl«. Jedenfalls hat er seine Prüfung bestanden, und damit ist seine Zeit um. Er bekommt seinen Lohn und nicht nur das: Der Teufel wäscht ihn, kämmt ihn, schneidet ihm Haare und Nägel, und er macht ihm seinen neuen Status klar. Wenn er gefragt wird, woher er käme, so soll er antworten: »Aus der Hölle.« Wenn er gefragt wird, wer er sei, soll er sagen: »Des Teufels rußiger Bruder und mein König auch.«

Er ist nicht mehr der, der ohne Hoffnung im einsamen Wald gesessen hat. Er hat sich verändert, und er hat gelernt in dieser Hölle, die nicht schwarz und schmutzig ist, in der nicht die üblichen Sünder überm Feuer schmoren und deren Herr und Meister kein Widersacher gegen das Gute, sondern ein Widersacher gegen die Obrigkeit ist. Hier hat der Soldat Fähigkeiten und Wissen erworben, und er ist selbstbewußter geworden. Er ist kein Untertan mehr und kein Knecht. Der Teufel, der anfangs sein Herr war, ist nun sein Bruder. Er drückt aus, was in den sieben Jahren geschehen ist: Der Soldat ist jetzt sein eigener König, das heißt sein eigener Herr. Er ist frei und autonom geworden. Der Teufel kann ihn auf die Welt zurückschicken und darf sicher sein, daß sein Schützling dort seine Aufgaben erfüllt. Was das In-die-Kessel-Gucken betrifft, so meint der Teufel dazu: »Dein Glück ist es, daß du noch Holz zugelegt hast.«

Der Soldat begibt sich zum Hof des Königs. Dazu zieht er keine teuren Kleider an, die er sich von seinem in der Hölle verdienten Gold ohne weiteres hätte kaufen können, sondern einen »schlechten Kittel«. Er will bei der Obrigkeit keinen guten Eindruck machen. Er bietet vielmehr ein Kontrastprogramm zum eitlen Pomp königlicher Gewänder. Ein Märchenbruder von ihm (Nachlaß zu Nr. 116) nennt den König abwertend »Buntjacke« und befiehlt, daß man ihm den Hals umdrehen solle. Auch in Wirklichkeit schmähen viele Usurpatoren herrschaftlichen Luxus und befleißigen sich selbst schlichter Bescheidenheit.

In seinem einfachen Kittel spielt unser Soldat vor dem König auf. Er macht Musik, und das ist eine der Fähigkeiten, die er in der Hölle gelernt hat. Der Teufel hat ihm das Musizieren beigebracht. Die Wirkung auf den König ist wahrhaft unglaublich: Er gerät in eine derartige Freude, daß er dem Musikanten seine älteste Tochter zur Ehe verspricht. Die bedankt sich für eine derartige Zumutung und ist empört, »daß sie so einen gemeinen Kerl im schlechten Kittel heiraten soll«. Lieber will sie ins Wasser gehen. Die jüngste Tochter denkt anders. Also bekommt der Soldat sie zur Frau und, als der alte König gestorben ist, auch das ganze Reich.

Es ist so mancher König um seinen Thron gebracht worden, aber keiner auf eine derart unwahrscheinliche Weise – nicht einmal in anderen Märchen. Logisch und folgerichtig ist das Verhalten des Soldaten auch nicht. Er dürfte kaum das Bedürfnis gehabt haben, dem König, dem er all sein Elend verdankt, fröhliche Weisen vorzuspielen. Schon gar nicht nach seinen Erfahrungen in der Hölle. Wäre der König in einem der Kessel gewesen, so hätte er ihm gewiß am kräftigsten eingeheizt.

Der Soldat hat zweifellos vor dem Schloß aufgespielt, aber gewiß nicht, um den König zu unterhalten. Er wird nicht sanft gefiedelt, sondern kräftig ins Horn gestoßen und eine wahrhafte Höllenmusik gemacht haben. Wem ein Teufel das Musizieren beigebracht hat, dazu einer, in dessen Hölle Generale über dem Feuer schmoren, der wird mit seinem Ständchen einem Herrscher keine Freude machen. Des Soldaten teuflische Weisen werden dem König höllisch in den Ohren geklungen haben, und so wirksam, daß er ihm jeden Wunsch erfüllt. Musikinstrumente in den Händen armer Soldaten haben in Märchen weltweit ihre besondere Bedeutung. Trommeln und Trompeten, Hörner, Pfeifen, Fiedeln und Dudelsäcke lassen Landsknechte und Husaren, Reiterei und »knallende Kanonen«, ja, »hunderttausend Mann zu Fuß und Pferd« hervorkommen und dann dreinschlagen, daß niemand ihnen gewachsen ist. Das sind die Umstände, unter denen allen Königen in diesen Märchen ihr

Leben und ein »gemeiner Kerl« als Schwiegersohn lieber ist als der Thron. Was Wunder!

Es gibt in der Tat nur dieses eine Mittel, Obrigkeit derart willfährig zu machen: Gewalt. Das so wunderbar wirkungsvolle Musizieren des Soldaten vor dem König steht für Gewalt. Wer möchte in seiner Lage einem solchen König nicht auch einmal so aufspielen? Hier wird ein altes Sprichwort umgekehrt. Es geigen nicht die Fürsten, und die Untertanen müssen tanzen, hier geigt der Untertan!

Im Märchen ›Das blaue Licht‹ wird auf musikalische Verbrämung verzichtet. Der vom König so schlecht behandelte Soldat gelangt an ein wirkungsvolles Machtmittel: das blaue Licht. Wenn er damit seine Pfeife anzündet, erscheint ein schwarzes Männlein und ist ihm zu Diensten. Zuerst läßt er sich von ihm aus einer mißlichen Lage befreien, als nächstes aber rächt er sich mit seiner Hilfe am König. Er tut dies auf eine sehr persönliche Weise: Jede Nacht muß ihm das Männlein die Prinzessin aus dem Schloß holen, und laut Urfassung muß sie ihm gehorchen und zu Willen sein. Das ist ein verbreitetes Motiv, und schon von dem berühmten Gelehrten und Scholastiker Albertus Magnus (gest. 1280) wird ähnliches berichtet. Mehreren sehr frühen Quellen zufolge soll er die Tochter des Königs von Frankreich allabendlich in sein Bett geholt haben. Die Brüder Grimm mochten einen solchen Gedanken nicht aufkommen lassen. Sie beschränken sich in der bearbeiteten Fassung auf die Magddienste, die die Prinzessin dem Soldaten leisten muß. Ist sie damit fertig, streckt er ihr seine Füße entgegen. Sie muß ihm seine Stiefel ausziehen, und er wirft sie ihr ins Gesicht. Der König scheut keine Mühe, den Unhold zu finden, und das gelingt ihm endlich.

Der Soldat soll sterben, und zwar am Galgen. In Fällen wie diesen – und es gibt etliche davon – verstehen Könige keinen Spaß. Sie kommen aber in keinem Fall auf den Gedanken, weitere Nachforschungen anzustellen. Sie fragen sich nicht, wie es dem Täter gelingen konnte, Nacht für Nacht die Prinzessin aus dem Schloß zu entführen. Fahrlässigerweise interessieren sie sich nicht für seine Machtmittel und Möglichkeiten. Ihnen genügt, daß er sicher hinter Schloß und Riegel sitzt und ebenso sicher gehängt werden wird. Schon gar nicht kommt ihnen in den Sinn, daß sich die Verhältnisse ändern und es mit ihrer Herrschaft vorbei sein könnte. Immer wieder zeigen die Märchen, daß Macht selbstherrlich und damit letztlich dumm macht.

Der Soldat möchte noch eine Pfeife rauchen, bevor er gehängt wird. Der König ist ebenso arglos wie seiner Sache völlig sicher: »Du kannst drei rauchen, aber glaube nicht, daß ich dir das Leben schenke.« Er ahnt nicht, daß er gleich um sein eigenes Leben flehen wird. Das Männlein erscheint und hat in weiser Voraussicht schon einen Knüppel in der Hand. »Was befiehlt mein Herr?« fragt es, und nun haben die Brüder Grimm getan, was sie bei anderen als eine »der moralischen Nutzanwendung zu Gefallen vorgenommene Abänderung« bemängelten. Im Gegensatz zum ursprünglichen Text sagt der Soldat: »Schlag mir da die falschen Richter und ihre Häscher zu Boden und verschone auch den König nicht.« Das Männchen prügelt los, die Leute fallen zu Boden und getrauen sich nicht mehr, sich zu regen. Dem König wird angst, er bettelt um sein Leben und gibt dem Soldaten sein Reich und seine Tochter dafür.

Mit Prügeln ist eine solche Wirkung wahrhaftig nicht zu erzielen. Bevor ein Herrscher Reich und Tochter hergibt, muß schon ein wenig mehr passieren, und es ist mehr passiert. In der Urfassung lautet die Anweisung, die der Soldat dem Männlein gibt, so: »Schlag mir da alles tot und den König in drei Stücke«, und das Männlein tut's. Er schlägt »die Leute ringsherum tot«, und das ist es, was wirkt. Und daraufhin fleht der König um Gnade und bietet Reich und Tochter für sein Leben, und das ist glaubhaft. Aber er hat nichts mehr zu bieten. Seine Leute sind tot, seine Macht ist dahin. Er kann keine Geschäfte mehr machen, sein Leben ist nichts mehr wert. Warum sollte der Soldat ihn schonen und seine Anweisung rückgängig machen? Er ist nicht auf ihn angewiesen, und Gründe für Mitleid hat er wahrlich nicht.

Das Männlein wird den König sowenig geschont haben, wie er in etlichen anderen Versionen des Märchens geschont worden ist, beispielsweise in der berühmtesten und ältesten Fassung dieser Geschichte, ›Das Feuerzeug‹. Sie reicht zurück bis ins 13. Jahrhundert. Hans Christian Andersens Nacherzählung hat sie weiten Kreisen bekannt gemacht, und Andersen hat die

Geschichte keineswegs geschönt: Nicht nur Richter und königliche Räte werden hoch in die Luft geworfen und zerschmettern auf dem Boden, der König und die Königin fliegen ihren Leuten hinterher und schlagen sich wie sie »ganz zuschanden«. Die Soldaten erschrecken, aber »alle Leute« rufen: »Kleiner Soldat, du sollst unser König sein.«

In den Soldatenmärchen wird der König durch äußere Gewalt besiegt und ausgeplündert oder gestürzt und umgebracht. In ›Ferenand getrü‹ wird ein Herrschaftssystem von innen aufgerollt. Der König wird von seinen eigenen Leuten gestürzt und mit seinen eigenen Waffen geschlagen. Er endet als Opfer von List, Verrat, Betrug und Gewalt.

In beiden Fällen setzen Märchen Widerstand gegen Obrigkeit und Gewalt gegen deren höchste Repräsentanten in Szene. Damit nicht genug, lassen sie kleine Leute, Männer aus dem Volk, arme dazu, zum Nachfolger des Königs werden. Das mag sich heute nicht sonderlich sensationell anhören, damals war ein solches Geschehen eine Ungeheuerlichkeit und mit der historischen Wirklichkeit absolut unvereinbar. Vom Mittelalter bis weit hinein in die Neuzeit, nämlich bis zur Französischen Revolution, war die Obrigkeit, zumal das Königtum, doppelt und dreifach gegen solche Übergriffe abgesichert. Gesetze und Religion schützten die Könige. Schon ihre Inthronisation glich einer Kulthandlung: Krönung, Salbung, Huldigung und Segnung durch die Priesterschaft installierte sie als Feudalherrscher von Gottes Gnaden. Ihre absolute Macht galt als von Gott gewollt, und die Gesellschaftsordnung mit ihrer selbstverständlichen Ungleichheit der Menschen auch. Die Hierarchie der Stände war fest gefügt. Sie begann beim Kaiser und endete nach Bürger und Bauer beim praktisch rechtlosen Bettelmann, und dagegen muckte man nicht auf! Wer es dennoch tat, wurde von der weltlichen wie von der geistlichen Obrigkeit mit schweren Strafen belegt. Ein Sünder war er außerdem.

Der kleine Mann hatte keine Chance, der arme Bauernsohn sowenig wie ein entlassener Soldat, und ein Mann aus dem Volk als König, das gab es nicht, oder es war »eine mit Entsetzen wahrgenommene Ausnahme, die nur durch Verletzung göttlichen wie natürlichen Rechts zustande kommen konnte. Die Strafe Gottes schien in solchen Fällen gewiß« (Stolleis). Die

Erzähler dieser Märchen kehrten sich nicht an die historische Situation und nicht an die Zwänge der Mächtigen. Ungeniert schilderten sie den Aufstieg armer Teufel zu Königen. Manche ließen die entthronten Majestäten leben, und diese Vorsicht dürfte unter den gegebenen Verhältnissen nur zu verständlich gewesen sein. Andere hatten weniger Skrupel und ließen ihre Köpfe rollen. So oder so erfüllten diese Geschichten manch heimliche Untertanenwünsche, und sie waren ein Ventil für jeglichen Groll gegen die Machthaber. Um Zuhörer dürften die Erzähler dieser Märchen nicht verlegen gewesen sein. Gewiß erzählten sie Utopien, denn sie ließen Unmögliches und bis dahin Unvorstellbares Ereignis werden. Aber indem sie dies taten, weckten sie solche Vorstellungen, und damit schufen sie die Denkvoraussetzungen für Ereignisse dieser Art. Schließlich kann nichts geschehen, was nicht vorher in Gedanken als Möglichkeit und als Wunsch aufgetaucht ist. Das haben diese Märchen bewirkt, und die Geschichte bestätigt, daß sie nicht nur illusorische Träume waren. Sie haben historisches Geschehen vorweggenommen. Die Köpfe absolutistischer Herrscher sind tatsächlich gerollt.

Er blies und blies, und niemand war mehr da, der ihn hören konnte

Dies ist das letzte Kapitel, und resümiert man hier, so führt nichts an der Erkenntnis vorbei, daß Gewalt einen Teil des menschlichen Daseins ausmacht und der Mensch damit leben muß. Und das macht er, konsumiert mit Vorliebe gewalttätige Geschichten – von Märchen, Sagen, Krimis, Western bis zu Video-Gewaltpornos –, und überall auf der Welt bringt er seinesgleichen auf immer perfektere Weise um. Das haben wir bisher hingenommen, und die Menschheit hat es überlebt. Jetzt aber sind wir in Gefahr, uns gegenseitig auszurotten, und das wäre vielleicht ein Anlaß, über die Gründe und Hintergründe dieser Vorliebe für Gewalt einmal jenseits der üblichen vordergründigen Rechtfertigungen nachzudenken. Ein Märchen liefert für diese Überlegungen vortrefflichen Stoff, und es kennt auch die »Endzeit«-Situation, die wir heute für so einmalig neu halten. Es heißt: ›Der Ranzen, das Hütlein und das Hörnlein‹, Nr. 54, und es schildert sehr genau, wie ein Prozeß von sich gegenseitig aufschaukelnder Gewalt außer Kontrolle gerät und dazu führt, daß auf dieser Welt »alles über den Haufen« stürzt und kein »Stein auf dem andern« bleibt.

Drei Brüder ziehen zusammen aus, um ihr Glück zu machen. Der erste begnügt sich mit Silber, der zweite mit Gold. Der dritte und jüngste hofft auf etwas noch Besseres, trennt sich von seinen Brüdern und zieht weiter. Zunächst ergeht es ihm schlecht, und er ist nahe daran zu verschmachten. Als seine Not am größten ist, findet er ein Tüchlein-deck-Dich und ist aller leiblichen Sorgen enthoben. Das langt ihm jedoch nicht, er will weiter sein Glück probieren, und es ist aufschlußreich, worin dieses erstrebte Glück besteht: Er tauscht bei einem armen Köhler sein Wundertüchlein gegen einen alten Soldatenranzen ein. Mit dem hat es aber eine besondere Bewandtnis: Klopft man dagegen, so erscheinen jedesmal ein Gefreiter und sechs Soldaten mit Gewehren, die ihm zu Diensten sind. Er rüstet also auf, und das tut er, obwohl er kurz vorher, als er am Verhungern war, nur einen einzigen Wunsch hatte: »Wenn ich nur noch einmal meinen Leib sättigen könnte.« Er konnte, aber kaum ist er satt, da will er Soldaten haben, und diese Tendenz ist nur zu wahr: Soldaten müssen sein, selbst dann, wenn das Volk hungert. Damit aber ist des Märchenhelden Glück noch immer nicht gemacht, denn wer Soldaten hat, der möchte sie gern marschieren lassen, auch wenn die Moral dabei auf der Strecke bleibt. So kommt es auch unserem Helden auf ein paar Rechtsbrüche nicht an: Er klopft, die Soldaten erscheinen, und er befiehlt: »Marschiert im Eilschritt zu dem Köhler und fordert mein Wunschtüchlein zurück.« »Sein« Wunschtüchlein – wie leicht und selbstverständlich geht ihm diese Falschdarstellung, diese glatte Lüge über die Lippen! Er hat schnell gelernt und begriffen, was bewaffnete Macht bewirken kann. Den Mißbrauch, den er treibt, beklagt schon der Prophet Habakuk im ersten Kapitel, Vers 3: »Raub und Frevel sind vor mir. Es geht Gewalt über Recht.« Es hat seit biblischen Zeiten nicht an weiteren Zwischenfällen dieser Art gefehlt, und daß Gewalt vor Recht geht, wurde so zum verbreiteten Sprichwort.

Der Märchenheld hat die Macht und nutzt die Situation, ohne zu zögern, bedenkenlos und ohne Reue aus. Und zwar nicht als Bösewicht, sondern als Held dieser Geschichte und demonstriert damit ein charakteristisches menschliches Verhalten, das zu tolerieren wir uns angewöhnt haben. Wer nimmt schon übel, was der jüngste Bruder hier tut, und klappt empört das Buch zu? Und das ist beileibe nicht die einzige Schandtat des Märchenhelden. Er begnügt sich nicht mit einer Armee, die er jederzeit aus seinem Tornister klopfen kann. Bei einem zweiten Köhler tauscht er das Tüchlein-deck-Dich gegen einen alten Hut ein. Dreht man ihn, so schießen Kanonen »alles darnieder, daß niemand dagegen bestehen kann«. Wer Infanterie hat, der muß eben auch Artillerie haben. Ein Bedürfnis schafft hier das nächste. Wir kennen das. Der zweite Köhler wird wie der erste betrogen. Dem Helden aber reicht sein »Glück« noch immer nicht.

Schon durch die Sagen geistern Wunderwaffen, durch die man allen anderen überlegen ist. Das ist ein alter Traum. Heute begnügt man sich allerdings nicht mehr, wie in der Sage von

Dietrich von Bern, mit einem Gürtel, der die Kraft von zwölf Männern verleiht. Die Ansprüche sind gestiegen, wie weit, das zeigt bereits dieses Märchen. Der Held betrügt einen dritten Köhler und gelangt dadurch in den Besitz eines Hörnleins. Die verniedlichende Verkleinerungsform ist ein geradezu zynischer Euphemismus, denn dieses Hörnlein bewirkt, bläst man darauf, daß »alle Mauern und Festungswerke, endlich alle Städte und Dörfer übern Haufen« fallen. Das Märchen läßt an Aktualität nichts zu wünschen übrig.

Der Held macht mit seinem Waffenarsenal nicht, was sein Märchenbruder aus dem Anfangskapitel mit dem Knüppel gemacht hat: Er probiert es nicht aus – jedenfalls die schweren Waffen nicht. Er schießt nicht sinnlos mit seinen Kanonen auf Leute oder stößt aus lauter Übermut in sein alles vernichtendes Horn. Gegenüber dem naiven Spaß an Gewalt ist ein Fortschritt zu verzeichnen. Gewiß nicht wegen einer höheren Moral oder besseren Einsicht, aber diese Waffen sind gefährlicher, die anderen könnten zurückschießen, und das Leben ist einem schließlich lieb.

Nun endlich ist der Held zufrieden, er will heim und seine Brüder besuchen. »Jetzt bin ich ein gemachter Mann«, sagt er. Dazu machen ihn seine Waffen, und es ist wahr: Solange es Waffen gibt, haben Männer aus ihren Schwertern, Degen, Revolvern und Gewehren Selbstbewußtsein gezogen. Schon kleine Jungen protzen mit ihren Spielzeugwaffen, und was Jung Siegfried sein Schwert Balmung gewesen ist und dem Westernhelden seine Winchester, das ist den Staaten ihr Militär, und das sind den Weltmächten heute ihre Atomraketen, die sie fein poliert auf Militärparaden präsentieren.

Der Märchenheld kommt nicht dazu, seinen Brüdern zu erzählen, was er Tolles erworben hat. Bevor er den Mund aufmachen kann, werfen sie ihn hinaus. Durch ihr Geld sind sie gemachte Leute, sind reich, leben in einem schönen Haus. Was sollen sie mit ihrem ärmlichen Bruder anfangen, und was schulden sie ihm, da er doch auf Silber und Gold freiwillig verzichtet hat? Vielleicht haben sie ihn damals beneidet, weil er den Nerv hatte, nach noch Besserem zu streben. Nun können sie schadenfroh höhnen: »Du gibst dich für unseren Bruder aus, der Silber und Gold verschmähte und für sich ein besseres Glück verlangte: der kommt gewiß in voller Pracht und als mächtiger König angefahren, nicht als ein Bettelmann«, und damit jagen sie ihn »zur Türe hinaus«.

Wenn sich jemand für einen gemachten Mann hält, aber wie ein Bettler behandelt und dazu noch verspottet wird und er sich eine solche schlechte Behandlung nicht gefallen lassen muß, weil er sich wehren kann, dann wird er sich wehren. In Situationen wie dieser hält kaum jemand seine linke Wange hin, nachdem man ihm auf die rechte geschlagen hat, und er liebt weder seine Brüder noch seine Feinde.

Er wehrt sich also, aber mit Maßen. Er dreht nicht etwa seinen Hut und läßt das Haus seiner Brüder zusammenschießen. Er kommandiert lediglich zwei seiner Soldaten ab, rüstet sie statt mit Gewehren mit Haselruten aus und trägt ihnen auf, seinen Brüdern »die Haut auf dem Leibe so lange zu gerben, bis sie wüßten, wer er wäre«.

Waffen machen unseren Helden nicht wirklich selbstbewußt. Er ist darauf angewiesen, daß seine Brüder ihn anerkennen, und diese Anerkennung läßt er ihnen einprügeln. Das ist ein ganz und gar unsinniges Verfahren, und bereits vor mehr als zweitausend Jahren haben die griechischen Philosophen der Stoa eine derartige Abhängigkeit von der Meinung anderer als würdelose Unfreiheit angeprangert. Aber die Philosophie hat sowenig erreicht wie die Religion. Wer beleidigt wird, der prügelt, wenn er kann, und wer möchte den hartherzigen Brüdern die Prügellektion nicht gönnen? Kaum jemand. Aber es ist nicht gut, daß dies so ist, denn damit beginnt der verhängnisvolle Kreislauf: Gewalt zeugt Gewalt, immer stärkere, immer schlimmere Gewalt.

Es hätte den Brüdern weit übler ergehen können, und eigentlich sollten sie froh sein, daß sie noch leben. Aber wer reagiert schon so? Die Prügel bewirken auch nicht, daß sie nun ihren Bruder anerkennen, erst recht nicht sehen sie ein oder bereuen gar, daß sie ihn schlecht behandelt haben. Und daß sie im Unrecht sind, interessiert sie ebenfalls nicht im mindesten. Sie tun, was in solchen Fällen nahezu die Regel ist: Sie lechzen nach Rache, und keine moralischen oder sonstigen Maximen hindern sie daran, diese Rache in die Tat umzusetzen. Sie selbst kommen gegen ihren Bruder nicht an, also sehen sie sich nach Unterstützung um. Als reiche Leute haben sie gute Beziehungen zur Obrigkeit, und der König kommt ihnen bereitwillig zu Hilfe. Auch ihn interessiert nicht die moralische Seite der Sache. Er fragt nicht nach Schuld oder Unschuld, Recht und Gerechtigkeit, erkundigt sich nicht nach den Motiven des jüngsten Bruders. Für den König ist er ein Ruhestörer, und er schickt einen Hauptmann mit einem Trupp Soldaten, um ihn »aus der Stadt zu jagen«.

Die weitere Entwicklung ist zwangsläufig, denn was soll der Märchenheld tun? Er hat schon als kleiner Junge gelernt, daß er sich wehren muß. Soll er sich also widerstandslos aus der Stadt treiben lassen? Was hat er schließlich Böses getan, und mit welchem Recht schickt ihm der König Soldaten auf den Hals? Er denkt nicht daran, das hinzunehmen, und wer wollte es ihm verdenken? Er tut, was man ihm beigebracht hat, er läßt sich nichts gefallen. Das ist durchaus menschlich, und ehrenhaft ist es außerdem. Dafür ist Goethe Zeuge. »Was bringt Ehren? Sich wehren«, reimte er. Dennoch ist es fatal, denn des Helden Sich-Wehren ist der nächste Schritt in die Katastrophe.

Bei dieser Auseinandersetzung fließt Blut. Unser Held klopft aus seinem Ranzen eine stärkere Truppe als die des Königs heraus, und die schlägt den Hauptmann und seine Soldaten zurück. Mit »blutigen Nasen« müssen sie abziehen, heißt es beschönigend und den Ernst eines solchen Gefechts herunterspielend.

Wie der König darauf reagiert, geschieht ebenfalls so gut wie zwangsläufig. Er nimmt seine Niederlage genausowenig hin wie vorher die Brüder. Selbstverständlich will er es diesem »hergelaufenen Kerl« heimzahlen. Er läßt »eine größere Schar«, »noch mehr Volk« aufmarschieren.

Diese Aktion ist ein bemerkenswerter Schritt auf dem Wege der Eskalation von Gewalt, denn er hat nichts mehr mit den beiden Brüdern zu tun. Es geht nicht mehr darum, ihnen zu helfen. Was nun geschieht, hat seine Beziehung zum ursprünglichen Anlaß verloren. Die gewalttätige Entwicklung hat sich verselbständigt. Sie gewinnt nun eine verhängnisvolle Eigendynamik, und die wird nicht nur den König den Thron kosten.

Natürlich weicht der Held auch dieser größeren Truppe nicht, vielmehr klopft er kräftig auf seinen Ranzen, und laut

Urfassung wirft er »eine ganze Armee« gegen die königlichen Soldaten, dazu dreht er sein Hütlein, »da fing das schwere Geschütz an zu spielen«, und des Königs Truppen werden »geschlagen und in die Flucht gejagt«.

Der Held hat sich gewehrt, hat sich erfolgreich verteidigt, und damit verstößt er nicht gegen übliche menschliche Gesetze und hat auch die öffentliche Meinung auf seiner Seite. In Ordnung, und nun könnte er eigentlich zufrieden abziehen. Aber er zieht nicht ab. Er hat gespürt, welche Macht er besitzt, und nach einem solchen Erfolg scheint es die menschlichen Kräfte zu übersteigen, sich zu bescheiden. Unser Held jedenfalls bescheidet sich nicht. Er legt ein Verhalten an den Tag, das in solchen Fällen gang und gäbe ist: Er läßt den militärischen Erfolg nicht einfach auf sich beruhen, sondern nutzt ihn skrupellos aus: »Jetzt mache ich nicht eher Frieden, als bis mir der König seine Tochter zur Frau gibt und ich in seinem Namen das ganze Reich beherrsche«, verkündet er. Das ist glatte Erpressung, hemmungsloser Ehrgeiz, Machtgier und dazu Rachedurst. Damit hört der Held nun eigentlich endgültig auf, ein guter Held zu sein, aber er wird dennoch nicht zum Bösewicht, und das ist nicht so verwunderlich. Politiker oder Generale, die so handeln wie er, gelten auch nicht als Bösewichte, wenn sie mit solchen Aktionen Erfolg haben. Im Gegenteil.

Das Märchen folgt hier nicht dem üblichen Schema einer unrealistischen Trennung in Gute und Böse. Dieser unehrliche Trick, den fast alle Gewaltgeschichten benutzen, vom Märchen über den Krimi bis zum Comic, hat vorgezeichnet, was dann fast wie eine Formel von so vielen übernommen wurde: Die Bösen sind stets die anderen.

In diesem Märchen stehen sich nicht ein Glorifizierter und viele Verteufelte gegenüber. Helden wie Antihelden üben Gewalt aus und reagieren auf Gewalt anderer durch Vergeltung mit noch mehr Gewalt.

Ein solcher Prozeß ist schwer aufzuhalten, wenn er einmal in Gang gekommen ist. Er findet durch die Niederlage des Königs auch nur ein vorläufiges Ende. Der erfüllt zwar die Bedingungen, der Held wird Vizekönig und bekommt die Prinzessin zur Frau, aber ein Gegner ist selten für immer und alle Zeiten geschlagen, zumal dann nicht, wenn der Usurpator außer Gewalt nichts zu bieten hat und dazu so unerfahren ist wie der Märchenheld. Er macht sich keine Vorstellungen von den Gefühlen seiner Frau, ahnt nicht, daß sie Tag und Nacht überlegt, wie sie ihn loswerden kann. Vielmehr bildet er sich ein, sie sei ihm gewogen, nur weil sie ihn liebkost. Er fällt auf ihre Schmeicheleien herein wie einst Simson auf die schönen Worte von Delila und verrät ihr das Geheimnis seines Ranzens. Sie bringt den Ranzen in ihren Besitz und läßt die Soldaten gegen ihren Mann marschieren. Er wäre verloren gewesen, wenn er nicht sein Hütlein gehabt hätte. Er läßt die Kanonen donnern, schlägt »alles nieder«, und die Königstochter muß um Gnade flehen. Er willigt auch sofort ein, Frieden zu machen. Er verzeiht ihr sogar, nachdem sie versprochen hat, sich zu bessern. Sie tut abermals freundlich mit ihm und stellt sich, »als hätte sie ihn sehr lieb«. Da versöhnt er sich nicht nur mit ihr, sondern verrät auf ihr inständiges Drängen auch das Geheimnis des Hütleins.

Sowohl als Mann wie als Herrscher ist er gewiß kein Glanzlicht, aber hier zeigt sich, daß er nicht eigentlich gewalttätig ist. Vielmehr ist er sofort zu Frieden und Versöhnung bereit. Keinesfalls liegt es in seiner Absicht, Krieg zu beginnen oder das Land zu zerstören.

Auch sie will das nicht. Sie möchte ihn lediglich los sein. Sie hat den Soldaten den Befehl gegeben, ihn aus dem königlichen Palast hinauszuwerfen und aus dem Lande zu jagen, mehr nicht, und das kann man gegenüber diesem Usurpator durchaus für ihr gutes Recht halten.

Keine der beiden Parteien will die Katastrophe, aber die Tragik ist, daß sie dennoch eintritt. Unter den gegebenen Umständen und aufgrund der offensichtlich in dieser Hinsicht fest eingefahrenen menschlichen Verhaltensweisen ist sie einfach nicht mehr aufzuhalten. Die Situation ist nun so, daß nicht mehr die Menschen die Gewalt in der Hand haben – jetzt hat die Gewalt die Menschen fest im Griff. Alle Beteiligten sind sowohl Täter wie auch Opfer, und die Frage nach der Schuld ist irrelevant. Damit würde nichts besser.

Die Prinzessin stiehlt ihrem Mann das Hütlein, als er schläft, und läßt ihn auf die Straße werfen. In der bearbeiteten Fassung wird unterschlagen, daß »nun der Feind auf ihn eindrang«. Es mag dumm gewesen sein, daß der Held den Beteuerungen seiner Frau geglaubt hat, ändert aber nichts daran, daß er jetzt aus bitterer Enttäuschung aufgebracht und wütend reagiert. Dazu ist sein Leben bedroht. Was soll er also machen? Das einzige, was ihm geblieben ist, ist sein Hörnlein.

Auf diesen Schluß läuft die Geschichte hinaus. Aber er ist absolut nicht so unausweichlich, wie es erscheint. Tatsächlich ist der Held in keiner wirklichen Zwangslage und hätte noch etliche andere Möglichkeiten. Er könnte fortlaufen, sich aus dem Land jagen lassen, und schließlich und endlich könnte er sich auch ergeben, bevor er die ganze Welt in die Luft jagt. Aber das sind vergebliche Hoffnungen. Ein Mann mit einer Wunderwaffe in der Hand, der gibt nicht auf – schon gar nicht, wenn er sich in die Enge getrieben fühlt. Und er nimmt keine Niederlage hin – um keinen Preis. Er wehrt sich, koste es, was es wolle, und er zieht Alternativen nicht einmal in Betracht. In dieser Lage leiten nicht Denken und vernünftige Überlegungen sein Handeln, sondern Gefühle bestimmen ihn. Er greift im Zorn nach seinem Hörnlein, und »in großem Zorn« bläst er »aus allen Kräften hinein«. Damit hat er, wie man heute wohl sagen würde, auf den Knopf gedrückt, und alles fällt zusammen: »Mauern, Festungswerk, Städte und Dörfer«. Die Menschen werden erschlagen, auch der König und die Königin, und die Urfassung schließt: »Da war der König allein und blies, bis er gestorben ist.«

Bibliographie

Die Märchen

Basile, Giambattista: Das Pentameron. Essen 1981
Bechstein, Ludwig: Sämtliche Märchen. München 1965
Brüder Grimm: Kinder- und Hausmärchen. Zürich 1946
Brüder Grimm: Kinder- und Hausmärchen. Band 3, Originalanmerkungen, Bruchstücke, Zeugnisse, Literatur. Stuttgart 1980
Musäus, Johann Karl August: Märchen und Sagen. Wiesbaden o.J.
Panzer, Friedrich (Hg.): Kinder- und Hausmärchen der Brüder Grimm. Vollständige Ausgabe in der Urfassung. Wiesbaden o.J.
Perrault, Charles: Märchen aus alter Zeit. Dreieich 1977
Rölleke, Heinz (Hrsg.): Die älteste Märchensammlung der Brüder Grimm, Synopse der handschriftlichen Urfassung von 1810. Cologny-Genève 1975

Sekundärliteratur zu den Märchen

Bastian, Ulrike: Die ›Kinder- und Hausmärchen‹ der Brüder Grimm in der literaturpädagogischen Diskussion des 19. und 20. Jahrhunderts. Frankfurt 1981
Bettelheim, Bruno: Kinder brauchen Märchen. Stuttgart 1977
Bittner, Günther: Über die Symbolik weiblicher Reifung im Volksmärchen. In: Laiblin, Wilhelm (Hrsg.): Märchenforschung und Tiefenpsychologie. Darmstadt 1969
Bolte, Johannes und Georg Polívka: Anmerkungen zu den Kinder- und Hausmärchen der Brüder Grimm. Leipzig 1913
Brackert, Helmut (Hrsg.): Und wenn sie nicht gestorben sind ... Perspektiven auf das Märchen. Frankfurt a.M. 1980
Doderer, Klaus (Hrsg.): Über Märchen für Kinder von heute. Weinheim/Basel 1983
Ellwanger, Wolfgang und Arnold Grömminger: Märchen – Erziehungshilfe oder Gefahr? Freiburg i.B. 1977
Fromm, Erich: Märchen, Mythen, Träume. Eine Einführung in das Verständnis einer vergessenen Sprache. Stuttgart 1980
Gmelin, Otto: Böses kommt aus Märchen. In: Die Grundschule, 7. Jg., 1975
Grimm, Jacob: Deutsche Mythologie, 3 Bde. Graz 1968
Laiblin, Wilhelm (Hrsg.): Märchenforschung und Tiefenpsychologie. Darmstadt 1969
Lenz, Friedel: Bildsprache der Märchen. Stuttgart 1980
Liungmann, Waldemar: Die schwedischen Volksmärchen. Berlin 1961
Mallet, Carl-Heinz: Das Einhorn bin ich. Das Bild des Menschen im Märchen. Hamburg 1982
Mallet, Carl-Heinz: Kennen Sie Kinder? Wie Kinder denken, handeln und fühlen, aufgezeigt an vier Grimmschen Märchen. Hamburg 1980

Riedel, Ingrid: Hans mein Igel. Wie ein abgelehntes Kind sein Glück findet. Stuttgart 1984
Ritz, Hans: Die Geschichte vom Rotkäppchen. Ursprünge, Analysen, Parodien eines Märchens. Göttingen 1983
Rölleke, Heinz: Herkunftsnachweise und Nachwort. In: Grimm, Kinder- und Hausmärchen, Band 3. Stuttgart 1980
Rougemont, Charlotte: ... dann leben sie noch heute. Erlebnisse und Erfahrungen beim Märchenerzählen. Münster 1982
Scherf, Walter: Lexikon der Zaubermärchen. Stuttgart 1982
Schödel, Siegfried (Hrsg.): Märchenanalysen. Stuttgart 1979
Stolleis, Michael: Der Ranzen, das Hütlein und das Hörnlein. In: Brackert, Helmut (Hrsg.): Und wenn sie nicht gestorben sind ..., Frankfurt a.M. 1980
Wittgenstein, Ottokar Graf: Märchen – Träume – Schicksale. Düsseldorf/ Köln 1965

Literatur zur Gewalt

Ariès, Philippe: Geschichte der Kindheit. Mit einem Vorwort von Hartmut von Hentig. München/Wien 1975
Augustinus, Aurelius: Die Bekenntnisse des heiligen Augustin. Köln 1960
Barring, Ludwig: Götterspruch und Henkerhand. Die Todesstrafen in der Geschichte der Menschheit. Essen 1980
Beuys, Barbara: Familienleben in Deutschland. Reinbek 1980
Borneman, Ernest: Sex im Volksmund. Der obszöne Wortschatz der Deutschen. Reinbek 1974
Brummbär, Bernd (Hrsg.): Comic-Strip-Tease, Sex und Porno im Comic-Strip. Frankfurt a.M. 1971
Die Heilige Schrift. Züricher Bibel. Luzern 1964
Die Bibel oder die ganze Heilige Schrift des Alten u. Neuen Testaments nach der Übersetzung D. Martin Luthers. Stuttgart 1933
Die Heilige Schrift des Alten und Neuen Testaments übersetzt von Hermann Menge. Stuttgart 1961
Eibl-Eibesfeldt, Irenäus: Krieg und Frieden aus der Sicht der Verhaltensforschung. München/Zürich 1975
Freud, Sigmund: Abriß der Psychoanalyse. Das Unbehagen in der Kultur. Frankfurt a.M. 1972
Freytag, Gustav: Bilder aus der deutschen Vergangenheit. Hamburg 1978
Friedell, Egon: Kulturgeschichte der Neuzeit, München 1969
Frischauer, Paul: Knaurs Sittengeschichte der Welt. München/Zürich 1968
Golther, Wolfgang: Handbuch der germanischen Mythologie. Stuttgart 1908
Goltzius, Hendrik: Eros und Gewalt. Dortmund 1983
Hays, Hoffman R.: Mythos Frau. Düsseldorf 1969
Heinz-Mohr, Gerd: Lexikon der Symbole. Bilder und Zeichen der christlichen Kunst. Düsseldorf/Köln 1971
Hengge, Paul: Die Bibel-Korrektur. Wien/Stuttgart 1979

Janus, Sam, Barbara Bess und Carol Saltus: Die Mächtigen und der Sex. Berlin/Frankfurt a.M./Wien 1979

Kant, Immanuel: Zum ewigen Frieden. Stuttgart 1958

Kerényi, Karl: Die Mythologie der Griechen. München 1966

Kohlmann, Theodor: Traurige Schicksale der Liebe. Moritatentafeln. Dortmund 1982

Kröher, Hein und Oss Kröher: Das sind unsere Lieder. Frankfurt a.M. 1977

Michel, Karl Markus und Tilman Spengler (Hrsg.): Kursbuch 70 »Macht«. Berlin 1982

Nolting, Hans-Peter: Lernfall Aggression. Wie sie entsteht – Wie sie zu vermindern ist. Reinbek 1978

Passet, Peter und Emilio Modena: Krieg und Frieden aus psychoanalytischer Sicht. Basel/Frankfurt a.M. 1983

Plack, Arno: Die Gesellschaft und das Böse. Eine Kritik der herrschenden Moral. München 1967

Röhrich, Lutz: Lexikon der sprichwörtlichen Redensarten. Freiburg/Basel/Wien 1973

Sade, Donatien-Alphonse-François Marquis De: Die Philosophie im Boudoir. München 1972

Schoeck, Helmut: Der Neid. Die Urgeschichte des Bösen. München/Wien 1980

Vollmer, W.: Wörterbuch der Mythologie aller Völker. Stuttgart 1874

Psychologie

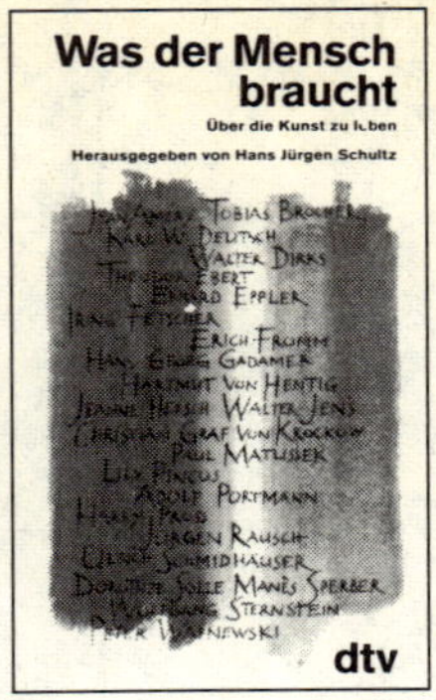

Detlef Berthelsen:
Alltag bei
Familie Freud
Die Erinnerungen
der Paula Fichtl
dtv 11130

K. R. Eisler:
Goethe
Eine psycho-
analytische Studie
1775 - 1796
2 Bände
dtv 4457

Viktor E. Frankl:
... trotzdem Ja zum
Leben sagen
Ein Psychologe erlebt
das Konzentrations-
lager
dtv 10023

Nancy Friday:
Eifersucht
Die dunkle Seite
der Liebe
dtv 11020

Werner D. Fröhlich:
Angst
Gefahrensignale und
ihre psychologische
Bedeutung
dtv 4395

Bernt Hoffmann:
Handbuch des
autogenen Trainings
Grundlagen, Technik,
Anwendung
dtv 11045

Letzte Tage
Sterbegeschichten aus
zwei Jahrtausenden
Herausgegeben von
Hans Jürgen Schultz
dtv 10981

Jacques Lusseyran:
Das wiedergefundene
Licht
Die Lebensgeschichte
eines Blinden im fran-
zösischen Widerstand
dtv/Klett-Cotta 11141

Psychobiologie
Wegweisende Texte
der Verhaltens-
forschung von Darwin
bis zur Gegenwart
Herausgegeben von
Klaus R. Scherer,
Adelheid Stahnke
und Paul Winkler
dtv 4452

Horst-Eberhard
Richter:
Die Chance des
Gewissens
Erinnerungen und
Assoziationen
dtv 10970

Der Selbstmord
in Berichten,
Briefen, Manifesten,
Dokumenten und
literarischen Texten
Herausgegeben von
Roger Willemsen
dtv 11021

L. Joseph Stone/
Joseph Church:
Kindheit und Jugend
Einführung in
die Entwicklungs-
psychologie
dtv 4299/4300

Was der Mensch braucht
Über die Kunst zu
leben
Herausgegeben von
Hans Jürgen Schultz
dtv 11142